中国保险行业协会
INSURANCE ASSOCIATION OF CHINA

保险行业职业教育培训系列教材

FUNDAMENTALS
OF INSURANCE

保险 基础知识

中国保险行业协会 编

中国金融出版社

责任编辑：贾　真
责任校对：刘　明
责任印制：王效端

图书在版编目（CIP）数据

保险基础知识 / 中国保险行业协会编 . —北京：中国金融出版社，2020.09

ISBN 978-7-5220-0781-6

Ⅰ．①保…　Ⅱ．①中…　Ⅲ．①保险学 — 教材 — 中国　Ⅳ．①F840

中国版本图书馆 CIP 数据核字（2020）第 161250 号

保险基础知识

BAOXIAN JICHU ZHISHI

出版
发行　**中国金融出版社**

社址　北京市丰台区益泽路 2 号

市场开发部　（010）66024766，63805472，63439533（传真）

网 上 书 店　www.cfph.cn

　　　　　　（010）66024766，63372837（传真）

读者服务部　（010）66070833，62568380

邮编　100071

经销　新华书店

印刷　保利达印务有限公司

尺寸　185 毫米 ×260 毫米

印张　20.25

字数　345 千

版次　2020 年 9 月第 1 版

印次　2024 年 11 月第 5 次印刷

定价　43.00 元

ISBN 978-7-5220-0781-6

如出现印装错误本社负责调换　　联系电话（010）63263947

总序

党的十九大报告指出，我国经济已由高速增长阶段转向高质量发展阶段，高质量发展需要创新驱动，而创新驱动本质上就是人才驱动，需要大量知识型、技能型、创新型的高素质人才。人才资源对经济社会发展的基础性、战略性、决定性作用不断增强，如何继续深化人力资源供给侧结构性改革、大力推行终身职业技能培训制度，构建更高水平的人才培养发展体系，培养更多适应高质量发展的各类专业人才，增强教育培训服务创新发展的能力，从而有效服务经济转型升级和发展方式转变将是各行各业面临的重要课题。

国以才立，政以才治，业以才兴。党和国家一直非常重视职业教育工作，早在 1987 年国务院就下发了《国家教育委员会关于改革和发展成人教育的决定》，明确"把开展岗位培训作为成人教育的重点，把提高从业人员本岗位需要的工作能力和生产技能作为重点，主要岗位的培训必须逐步规范化、制度化"。近年来，习近平总书记多次在不同场合发表重要讲话，为我国人才选拔培养引进工作指明了方向。习近平总书记在全国教育大会上的重要讲话中强调"要高度重视职业教育，大力推进产教融合，健全德技并修、工学结合的育人机制"。党的十八大以来，党中央、国务院对于职业教育改革发展也提出了一系列新要求。2018 年，国务院印发《关于推行终身职业技能培训制度的意见》，强调深化职业技能培训体制机制改革，提升职业技能培训基础能力，发挥院校、行业企业作用，加强职业技能培训教材开发，提高教材质量，规范教材使用。2019 年国务院印发《国家职业教育改革实施方案》，明确了一系列新的政策举措，引导行业企业深度参与技术技能人才培养培训，完善国家职业教育制度体系、巩固和发展国务院教育行政部门联合行业制定国家教学标准，同时强调行业协会要积极配合政府为培训评价组织提供好服务环境支持。

金融业是现代经济的核心和血脉，是国家资源配置和宏观调控的重要工具。在经济供给侧结构性改革中，金融业扮演着举足轻重的角色。金融高质量发展是实现经济高质量发展的重要支撑。保险业作为现代金融业的重要支柱，贯彻落实党的十九大精神，持续推进保险业供给侧结构调整，迈向高质量发展势在必行。保险行业始终把服务人民，满足群众多样化、多层次的保障需求放在首位，保险业只有不断改革创新，提升行业整体服务社会能力，才能更好地承载服务经济社会发展全局的使命和责任。

保险业作为知识密集型产业，从业者的专业服务能力将是行业最核心的竞争力。目前保险行业人才结构失衡，人才供需结构性矛盾突出，主要表现为高端管理人才、业务专业人才及复合型人才供不应求，现有行业从业者知识结构单一、知识技能更新速度滞后等。普遍存在的职业培训短板已导致有效行业人才后备不足。保险行业还得从完善行业专业岗位职业培训体系入手，逐步优化行业人才结构，使行业人才培训与发展规划更好地契合行业高质量健康发展的需要。

中国保险行业协会"保险行业职业教育培训系列教材"就是在这样的时代背景要求下产生的。中国保险行业协会始终本着自律、维权、服务、交流、宣传的服务宗旨，认真落实国家相关职业教育精神，致力于培养更多的行业高素质人才，从更好适应行业需求变化、进一步优化专业结构、引导行业有序开展专业技能培训入手，梳理行业企业工种岗位要求、评价专项职业能力，加快构建多层次行业职业教育标准；逐步构建和完善行业职业资格认证、专项职业技能等级考核评价体系；引导行业创新改革人才评价制度，推动企业建立职业资格认定和职业技能等级与企业认可、工作业绩评价相结合的评价体系，使保险行业职业教育培训与企业内评聘结果有机衔接。

本系列教材包含基础理论系列，实践操作系列，提升、展望、探究系列多个板块，力求逐步覆盖保险行业全产业链的每个主要业务环节，引导行业和社会资源与时俱进创新保险业教育理念和人才培养模式。教材的编写从保险行业专业岗位细分入手，针对每一个岗位的专业特征和能力需求，分级分类多层次展开。为确保专业性和权威性，编写组成员汇集了保险监管专家、国内外保险行业知名专家学者和资深保险实务专家。专家们将国内外最新理论成果和实践成果有机融入教材，力求将高质量的教材呈现在广大读者面前，努力打造让监管部门、业界和读者满意的职业教育培训教材。本系列教材适合作为高等院校保险专业课教材，也可作为各类保险从业人员培训的教材。希望本系列教材能帮助广大保险从业者迅速掌握保险业相关知识，持续提升自身专业能力和价值创造能力，为推动保险行业高质量发展、构建与中华民族伟大中国梦实现进程相适应的现代保险服务业贡献力量。

前言

　　保险作为风险管理的重要手段，对维护社会稳定和人民生活安定、促进现代社会经济的协调健康发展，都有着极其重要的意义。保险业作为国民经济重要的组成部分，必须加快发展才能更好地服务于国民经济发展和社会保障体制改革的需要。

　　人力资源是保险业发展的第一资源，国际化保险市场的竞争，归根结底是对高素质人才的竞争。保险行业的人才发展和培养起着基础性、战略性和决定性的作用，促进中国保险行业人才队伍健康稳定发展，将决定着保险企业，甚至是整个保险行业的兴衰。

　　《保险基础知识》作为中国保险行业协会职业教育培训系列教材之一，经过数次修订，已成为保险界经典、权威的培训教材。本教材力争突出内容新颖、结构完整、实操性强的特点，以介绍风险与保险开篇，介绍了风险的定义、要素与分类，以及风险管理的流程和处理方式等，以此为基础，对保险的原则、保险合同等进行了介绍；其次，针对保险的不同功能和分类，对财产保险、人身保险的基本概念与险种分别进行了阐述；最后，对再保险、保险经营、保险市场及保险监督管理进行了全面介绍。此次再版，笔者审慎地对原教材内容进行了精心设计、修订改写，更加充分地有机结合了理论性和实践性，以使其更贴近现代保险行业发展实际，更符合业内外人才培养需要，以期更好地为国家经济建设和保险业发展服务。本教材是现代职业教育体系"1+X"，即"学历证书＋若干职业技能等级证书"制度试点工作保险行业入选教材，可作为保险从业者业务能力提升的帮手，也可作为大学和科研机构专家教授教学和科研的参考。

　　本教材的修订得到了中国银保监会领导的大力支持和指导，中国保险行业协会会长邢炜多次对行业职业教育培训工作提出要求，副会长董路君亲自指导教材修订工作。教材编写组参阅、借鉴了大量国内外相关保险资料和国家保险业相关法律法规，付出了大量的精力和时间，在教材的撰写、研讨、审议、修订各个方面精益求精，力求高质量地将教材呈现在读者面前。在此，对参与本教材修订的陶存文、华新、马雪玲等同志表示感谢。在本教材的修订出版过程中，中保慧杰教育咨询（北京）有限公司作为保险行业"1+X"项目执行单位之一，做了大量的工作，中国金融出版社编辑部主任亓霞、编辑贾真为本教材的出版给予了大力的支持，在此一并表示感谢！

本教材的修订虽参阅了大量国内外、行业及保险公司的文献资料和研究报告，但因时间、资料、作者水平及其他条件限制，书中难免存在疏漏和不足之处，恳请同行和各位读者批评指正。

编委会

二〇二〇年八月

目录

第一章　风险与保险 ··· 1

    第一节　风险概述 ·· 3

    第二节　保险概述 ·· 11

第二章　保险合同 ·· 23

    第一节　保险合同及其特征 ······································ 25

    第二节　保险合同的主体和内容 ·································· 29

    第三节　保险合同的订立和变动 ·································· 36

    第四节　保险合同的争议处理 ···································· 42

第三章　保险原则 ·· 47

    第一节　保险利益原则 ·· 49

    第二节　最大诚信原则 ·· 55

    第三节　近因原则 ·· 63

    第四节　损失补偿原则 ·· 65

第四章　财产保险 ·· 79

    第一节　财产与责任保险概述 ···································· 81

    第二节　火灾保险 ·· 86

    第三节　机动车辆保险 ·· 90

    第四节　货物运输保险 ·· 93

    第五节　责任保险 ·· 98

    第六节　信用与保证保险 ······································· 105

第五章　人身保险 ……………………………………………………………… 113

　　第一节　人寿保险 …………………………………………………………… 115

　　第二节　意外伤害保险 ……………………………………………………… 132

　　第三节　健康保险 …………………………………………………………… 141

　　第四节　团体保险 …………………………………………………………… 145

第六章　再保险 …………………………………………………………………… 153

　　第一节　再保险概述 ………………………………………………………… 155

　　第二节　再保险的安排方式 ………………………………………………… 162

　　第三节　再保险合同 ………………………………………………………… 164

第七章　保险经营 ………………………………………………………………… 171

　　第一节　保险经营概述 ……………………………………………………… 173

　　第二节　保险营销 …………………………………………………………… 184

　　第三节　保险承保 …………………………………………………………… 195

　　第四节　保险理赔 …………………………………………………………… 200

　　第五节　保险资金运用 ……………………………………………………… 208

第八章　保险市场 ………………………………………………………………… 225

　　第一节　保险市场概述 ……………………………………………………… 227

　　第二节　保险市场中介 ……………………………………………………… 240

　　第三节　保险市场机制 ……………………………………………………… 253

第九章　保险监督管理 …………………………………………………………… 263

　　第一节　保险监管概述 ……………………………………………………… 265

　　第二节　保险监管体系及方式 ……………………………………………… 278

　　第三节　保险监管的内容 …………………………………………………… 287

答案与解析 ………………………………………………………………………… 301

第一章 风险与保险

教学目的

1. 掌握保险的含义、保险的要素、保险的特征、保险的种类等基本内容。
2. 理解风险的特征、可保风险的要件、保险的功能与作用。
3. 理解并运用不同的风险管理方法。

教学重点

1. 保险的基本要素。
2. 保险的特征与分类。
3. 可保风险的要件。
4. 保险的功能与作用。

第一节 风险概述

"无风险，无保险"，保险企业经营的对象就是风险，保险商品就是为投保人转嫁给保险人的各类风险提供保险保障，保险商品的交易过程从本质上来看就是保险人汇聚与分散风险的过程。

一、风险的含义和分类

（一）风险的定义

何谓风险？不同的学者有着不同的解释，其观点大致可以分为两类。

第一类定义强调风险本身的不确定性，认为风险是指在特定的条件下、特定的时期内某一事件的预期结果与实际结果的变动程度。具体而言，如果事件的结果只有一种可能，不存在发生变动的情况，则风险为零；如果事件可能出现的结果有几种，则风险存在。事件可能出现的结果越多，变动越大，风险也就越大。

第二类定义强调风险损失的不确定性。事件的预期结果和实际结果的偏离有三种情况：一是两者基本一致；二是实际结果小于预期结果，即损失；三是实际结果大于预期结果，即获利。其中，第二种情况即损失是讨论的重点。这种狭义的风险定义强调的是损失的不确定性结果的偏差。

（二）风险的分类

1. 按风险的性质划分

（1）纯粹风险，指仅有损失机会而无获利机会的风险。例如，家庭失火会带来家庭财产的损失，若发生火灾，即遭受损失；若无火灾事故，则无额外获利。

（2）投机风险，指既有损失机会也有获利机会的风险，例如，股票价格变动会给持有人带来风险，如果股价上升，则获利；股价下跌，则会有损失。

2. 按风险危及的对象划分

（1）财产风险，指可能引起财产毁损、灭失及因财产毁灭所致的其他利益损失的风险。例如，因汽车碰撞造成汽车车身变形，配件丧失原有功能，给车主带来经济损失。

（2）人身风险，指可能导致人的疾病、伤残、死亡或损失劳动力的风险，如瘟疫、碰撞、年老等。人身风险会影响本人及其家庭经济生活的稳定性。

（3）责任风险，指个人或单位因行为上的疏忽或过失，造成他人的财产损失或人身伤亡，依据法律、合同或道义应负的经济赔偿责任的风险。例如，医生的疏忽大意给患者造成误诊、病情加重等；企业生产或销售有缺陷的产品可能给消费者带来的损失等。

（4）信用风险，指在经济交往中，权利人与义务人之间，由于一方违约或违法行为给对方造成经济损失的风险。例如，在对外贸易活动中，进口商未按合同要求及时将货款支付给出口商，从而造成出口商经济损失的风险。

3. 按风险发生的原因划分

（1）自然风险，指由于自然原因引起的风险。自然力的不规则变化引起的种种现象，会对人们的生活和生产活动形成威胁，进而引发风险。

（2）社会风险，指由于社会主体的行为引起的风险。由于社会主体（自然人、法人、政府等）认知能力的局限性或约束力的缺失，在生产或生活中的不当行为，如盗窃、违约等，可能造成财产损失或人身风险事件。

4. 按风险涉及的范围划分

（1）基本风险，指影响整个团体乃至整个社会的风险，如经济衰退和地震。

（2）特定风险，指只与特定的个人或部门相关，而不影响整个团体和社会的风险，如火灾、盗抢。

5. 按风险产生的环境划分

（1）静态风险，指自然力的不规则变动或人们行为的错误或是当所导致的风险，如雷电、意外事故。

（2）动态风险，指社会经济或政治变动所导致的风险，如人口增长、环境的改变。

二、风险的构成要素

风险是由多种要素组成的，这些要素相互作用，共同决定了风险的存在及发展、变化。一般认为，风险的组成要素包括以下几个方面。

（一）风险因素

风险因素指足以引起或增加风险事故发生的条件，以及风险事故发生时，促使损失增加、扩大的条件。根据形态的不同，风险因素可以分为有形风险因素和无形风险因素。其中，有形风险因素又称实质因素或物质性因素；无形风险因素包括道德风险因素和心理风险因素。

道德风险因素指与人的道德修养及品行有关的无形风险因素。例如，由于人的不诚实或不良企图，故意导致风险的发生，如欺诈、纵火等恶意行为，都属于道德风险因素。

心理风险因素指与人的心理状态有关的无形风险因素。例如，人的过失、疏忽、侥幸心理或依赖保险的心理等，造成风险事故发生的概率增加。例如，购买家庭财产保险以后放松对家庭财产的保护就属于心理风险因素。

（二）风险事故

风险事故是造成生命、财产损失的偶发事件，是造成损失的直接原因。只有发生风险事故，才会导致损失或伤害。风险事故意味着风险由可能性转化为现实性，即风险的发生。就某一事件来说，在一定的条件下，它可能是造成损失的直接原因，则它成为风险事故；而在其他条件下，它又可能是造成损失的间接原因，则它成为风险因素。

（三）损失

由于风险的存在，就有发生损失的可能性，如财产价值或个人所得的减少。但这种财产价值或所得的损失，必须以"非故意"所导致的损失为限。因而，在风险管理中，损失是指非故意的、非预期的、非计划的经济价值的减少，即经济损失，这是狭义的损失定义。一般以失去所有权或预期利益、支出费用、承担责任等形式表现。而像精神打击、折旧、馈赠等均不能作为损失。

风险的存在和发展离不开以上因素的相互联系、相互作用，其中风险因素是引起或增加风险事故的潜在原因，是损失发生的间接原因；而风险事故是会直接引起损失的具体事件。

三、风险的特征

（一）客观性

风险是一种客观存在，不以人的意志为转移。就像我们所熟知的自然灾害、意外事故、生老病死及决策失误等。虽然我们知道这些风险的存在，也能够部分地控制它们，但我们无法完全消除它们，即风险是无法完全控制和排除的。尽管风险是无法完全控制和排除的，但就风险的发生而言，它是有一定的规律性的，而这种规律性又为我们提供了认识风险、评估风险并进行风险管理，从而将风险所造成的损失降到最低的可能性。

（二）损害性

无损害或损失，也就无风险。损害是风险发生的后果，凡是风险都会给人们的利益造成损害。有些损害，如经济上的损失，可以直接用货币进行衡量；有些损害，如人身损害，虽然不能直接以货币计量，但一般都表现为受害人收入的减少或支出的增加，或者两者兼而有之，因此仍然可以量化为一种经济上的损失。需要注意的是，保险不能保证风险不发生，但可以消除风险发生的后果，即对损失进行经济补偿。

（三）不确定性

风险及其所造成的损失总体上是必然的、可知的，但在个体上却是偶然的、不可知的，具有不确定性。正是风险的这种总体上的必然性与个体上的偶然性的统一才构成了风险的不确定性。具体而言，风险的不确定性表现为以下三个方面。

1. 空间上的不确定性

以火灾为例，总体来说，所有的建筑物都面临火灾的风险，并且也必然有些建筑物发生火灾，但是，具体到某一栋建筑物是否发生火灾，则是不确定的。

2. 时间上的不确定性

比如，人总是要死的，这是人生的必然现象，但是何时死亡，在健康状况正常的情况下是不可预知的。

3. 结果上的不确定性

比如，台风区、洪涝区，人们往往知道每年或大或小要遭受台风或洪水的袭击，但是人们却无法预知未来年份发生的台风或洪水是否会造成财产损失或人身伤亡及其程度如何。

（四）可测定性

虽然某一风险的发生具有不确定性，但是总体风险事故的发生是具有规律性和可测性的。就风险总体而言，对一定时期内特定风险发生的频率和损失率，是可以依据概率论原理加以正确测定的，即把不确定性化为确定性。在保险精算实践中，最典型的运用是生命表。正是这种单一标的风险发生的不确定性及总体标的风险发生的规律性和可测性，构成了保险经营风险的质的规定性，两者缺一不可。风险的可测性为保险费率的厘定提供了科学依据。

（五）可变性

风险的可变性是指在一定条件下风险具有可转化的特性。世界上任何事物都是互相联系、互相依存、互相制约的，而任何事物都处于变动和变化之中，这些变化必然会引起风险的变化。例如，科学发明和文明进步，都可能使风险因素发生变动。

四、风险的管理与保险

（一）风险管理的流程

风险管理是人们对各种风险进行识别、评估和处理的主动行为。通过风险管理，人们试图用最小的成本代价来获得最大的安全保障。风险管理的流程包括风险识别、风险评估、风险处理及风险管理效果评价四个环节（见图1-1）。

图 1-1　风险管理流程

1. 风险识别

风险识别是风险管理的第一步，它是指人们对面临的及潜在的风险加以判断、归类和鉴定风险性质的过程。风险识别主要包括风险感知和风险分析两方面，前者主要指各种风险的明确，后者主要指掌握产生风险的原因。风险识别的常见方法包括现场调查法、审核表调查法、组织结构图示法、流程图法、危险因素和可行性研究、事故树法等。

2. 风险评估

风险评估一般包括风险衡量和风险评价两部分，但在实务中风险衡量和风险评价有时难以明确区分。

风险衡量是指在风险识别的基础上，通过对所收集的大量详细损失资料加以分析，运用概率论和数理统计，估计和预测风险发生的概率和损失程度。风险衡量不仅使风险管理建立在科学的基础上，而且使风险的分析定量化。

风险评价是指综合考虑风险的发生概率和损失程度，得出风险发生的可能性及风险的危害程度，并与公认的安全指标比较，确定相应的危险等级，然后根据危险等级，决定是否需要采取处理措施及如何采取处理措施。风险评价的方法主要包括检查表式综合评价法、优良可劣评价法、权衡风险方法、成本—效益分析法、可靠性风险评价方法等。

3. 风险处理

根据风险评估的结果，人们需要选择最佳风险管理技术来处理风险。风险处理的技术分为控制型和融资型两大类。前者的目的是降低损失频率和减少损失程度，重点在于改变引起意外事故和扩大损失的各种条件。后者的目的是以提供基金和订立保险合同等方式，消化发生损失的成本，即对无法控制的风险进行财务安排。

4. 风险管理效果评价

风险识别、评估和处理之后，需要进行风险管理效果评价，也就是对风险管理技术适用性及其收益性情况的分析、检查、修正和评估，风险管理效果的大小取决于是否能以最小风险成本取得最大安全保障。

（二）风险处理方式

风险处理方式包括控制型方式和融资型方式两类（见图1-2）。这两类风险处理方式的区别在于，控制型方式能够减少风险带来的实际损失；融资型方式不能减少实际损失，但能够降低损失导致的财务后果。

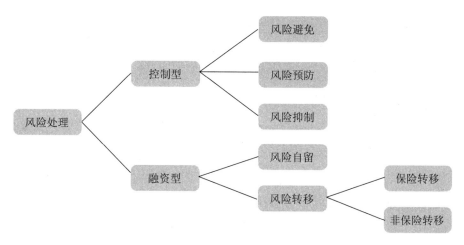

图 1-2　风险处理方式的分类

1. 控制型方式

（1）避免。避免是指设法回避损失发生的可能性，即从根本上消除特定的风险单位和中途放弃某些既存的风险单位。它是处理风险的一种消极方式。采用避免方式通常在两种情况下进行：一是当某特定风险所致损失频率和损失程度相当高时；二是处理风险时其成本大于其产生的效益时。

（2）预防。预防是指在损失发生前为了消除或减少可能引发损失的各种因素而采取的处理风险的具体措施。预防通常在损失频率高且损失程度低时采用。预防措施可以分为工程物理法和人类行为法。前者是损失预防侧重于风险单位的物质因素的一种方法，适用于哈顿的能量释放理论；后者是损失预防侧重于人们行为教育的一种方法，适用于亨利屈的骨牌理论。

（3）抑制。抑制是指在损失发生时或之后为减小损失程度而采取的各项措施。它是处理风险的有效方式，例如，安装自动喷淋系统和火灾警报器等，可以减轻火灾的损失程度，防止损失扩大。

2. 融资型方式

（1）自留。自留是指对风险的自我承担，即人们自我承受风险损害后果的方法。自留风险有主动自留和被动自留之分。通常自留风险在风险所致损失频率和程度低、损失短期内可预测及最大损失对企业或单位不影响其财务稳定时采用。在这样的情况下，采用风险自留，其成本要低于其他处理风险技术的成本，且处理方便有效。虽然自留风险可减少潜在损失、节省费用支出和取得基金运用收益等，但自留风险有时会因风险单位数量的限制而无法实现其处理风险的功效，一旦发生风险损害，可能导致财务调度上的困难而失去其作用。在风险管理实践中，自留的具体措施包括坏账准备等会计处理、信贷（借入资金）、提取准备金、设立专用基金及建立专业自保公司等。

（2）转移。转移是指人们为避免承担风险损失，有意识地将损失或与损失有关的财务后果转移给他人承担的一种风险处理方式。转移的具体方式主要有两种，即保险转移和非保险转移。保险转移是指向保险公司投保，以交纳保险费为代价，将风险转移给保险人承担。当发生风险损失时，保险人按照合同约定责任给予经济补偿。非保险转移可以细分为两种方式，一是出让转移，二是合同转移。前者一般适用于投机风险。比如，当预测股市行情下跌时，赶快出让手中的股票，从而把股票跌价损失的风险转移出去。后者适用于企业将具有风险的生产经营活动承包给对方，并在合同中明确规定由对方承担风险损失的赔偿责任。比如，通过承包合同，建设单位可以将建筑、安装工程中的一部分风险转移给施工单位等。

五、可保风险

保险是一种重要的融资型风险处理方式。那些可被保险公司接受的风险，或可以向保险公司转嫁的风险，称为可保风险或可保危险。一般来说，作为理想的可保风险，通常需要满足以下要件。

（一）风险必须是纯粹风险

纯粹风险与投机风险相对应。纯粹风险是仅有损失机会并无获利可能的风险；投机风险则不然，既有损失的可能，又有获利的机会。保险人不能承保投机风险，其原因在于：第一，投机风险有获利可能，因而风险损失的预测变得困难；第二，投机风险所造成的损失有时并非意外，这一点与保险的宗旨相悖。

（二）风险的发生必须具有偶然性

风险是客观存在的，风险的偶然性是对个体标的而言的，如对某个人、某个企业等。偶然性包含两层意思：一是发生的可能性，不可能发生的风险是不存在的；二是发生的不确定性，即发生的对象、时间、地点、原因和损失程度等，都是不确定的。与之相对应，对必然发生的风险，保险人是不予承保的。比如，某人患了绝症并已确诊，他就不能向保险公司投保死亡保险，因为在可预见的时间内，死亡对他来说已是必然的。

（三）风险的发生必须是意外且非故意的

风险发生的意外性是指风险导致的损失后果必须是在被保险人意料之外的，是非故意行为导致的风险损失和非必然发生的风险损失。

风险发生的意外性包含两层意思：一是风险的发生或风险损害后果的扩展都不是投保人的故意行为；二是风险的发生是不可预知的，因为可预知的风险往往带有必然性。比如，投保人故意行为引发的风险事件或扩大损害后果均为道德风险，保险人是不予赔偿的。

（四）大量独立的同质风险单位存在

这一条件是要满足保险经营的大数法则要求。所谓"同质"，是指各风险单位遭遇风险事故从而造成损失的概率和损失程度大体相近；所谓"独立"，是指一风险单位是否发生风险事故、受多大损失，与其他风险单位无关。只有存在大量同质的风险单位且其中只有少数风险单位受损时，才能体现大数法则所揭示的规律，正确计算损失概率。否则厘定出来的保险费率就有可能会出现两种情况：一是保险费率定得太高，投保人无力支付；二是保险费率定得过低，影响保险人的偿付能力。

第二节　保险概述

一、保险的含义

根据《中华人民共和国保险法》（以下简称《保险法》）第二条的规定，保险是指投保人根据合同约定，向保险人支付保险费，保险人对于合同约定的可能发生的事故因其发生所造成的财产损失承担赔偿保险金责任，或者当被保险人死亡、伤残、疾病或者达到合同约定的年龄、期限等条件时承担给付保险金责任的商业保险行为。

从经济角度看，保险是集合同类风险单位以分摊意外损失的一种经济制度。

保险制度体现一定的经济关系。在投保人和保险人之间，是一种商品交换关系。投保人根据合同约定，向保险人支付保险费，实际上是将其面临的不确定的大额损失转变为确定性的小额支出，将未来大额的或持续的支出转变为当前固定性的安排；保险人则是为面临风险的被保险人提供保险经济保障。在投保人（被保险人）之间，体现的是国民收入的一种再分配关系。一定时期内少数保险标的的风险损失，由参加保险的全部被保险人分摊，因此，投保人（被保险人）之间也是一种互助共济关系。

从法律角度看，保险是一种合同行为。保险合同当事人双方在法律地位平等的基础上，签订合同，承担各自的义务，享受各自的权利。具体而言，保险人的主要权利是收取保险费，其主要义务是当约定的保险事故或保险事件发生时向被保险人或受益人赔付保险金。投保人、被保险人的权利义务则与保险人正好相对，即投保人必须履行支付保险费等保险合同规定的义务，被保险人、受益人的主要权利是当约定的保险事故或保险事件发生时向保险人请求支付保险金。

从风险管理角度看，保险是一种风险转移机制。通过保险这种机制，将众多的单位和个人结合起来，变个体应对风险为大家共同应对风险，从而提高个体对风险损失的承受能力。投保人购买保险，实际上是将被保险人面临风险转嫁给了保险公司。而保险人则借助大数法则，将大量同质风险单位集合起来，按照损失分摊原则建立保险基金，以实现集散风险、分摊损失。

二、保险的特征

（一）互助性

保险具有"一人为众，众为一人"的互助特性。保险人用众多投保人交纳的保险费建立的保险基金，对少数遭受损失的被保险人提供了赔偿或给付，从而通过保险分摊了单个被保险人所不能承担的风险，在被保险人之间形成了一种经济互助关系。保险这种互助机制，可以降低社会后备基金的规模，从而降低全社会的风险管理成本。

（二）法律性

保险关系的确立，以保险合同为基础。保险是一种合同行为，通过合同约定的双方的权利、义务受法律的保护和规范。各国往往都有专门的立法和机构，对保险活动进行规范和监管。

（三）经济性

保险是通过其补偿或给付而实现损失分摊的一种经济保障活动。其保障对象财产和人身，都直接或间接属于社会再生产中的生产资料和劳动力两大经济要素；其实现保障的手段，大多采取支付货币的形式进行补偿或给付；其保障的根本目的，无论从宏观的角度还是微观的角度，都是确保社会经济生活的稳定。

（四）商品性

保险体现了一种对价交换的经济关系，也就是商品经济关系。这种商品经济关系表现为在一定时期内投保人通过支付保费获得保险保障服务，而保险人则通过提供保险保障服务而收取保费，双方等价交换。

（五）科学性

保险是一种处理风险的科学有效措施。现代保险经营以概率论和大数法则等科学的数理理论为基础，保险产品的设计、保险费率的厘定及保险准备金的提存等都是以科学的数理计算为依据的。

三、保险的要素

（一）保险专营机构

保险专营机构即上文提到的保险人。从世界各国保险业经营实践看，保险公司是保险专营机构的主要形态。《保险法》第六条规定："保险业务由依照本法设立的保险公司及法律、行政法规规定的其他保险组织经营，其他单位和个人不得经营保险业务。"

（二）保险合同

保险合同是保险人与投保人之间权利与义务关系的载体，保险活动当事人需要通过签订保险合同来明确双方相应的权利和义务。保险合同受《保险法》《民法典》等法律保护，同时也由法律加以规范和调整。

（三）保险利益

保险利益是指投保人或者被保险人对保险标的具有法律上承认的利益。在一般情况下，保险利益既是投保人能够与保险人订立保险合同的前提，也是保险合同在整个存续期间保持效力的条件，否则保险合同无效或失效。

（四）大量独立的同质风险单位

保险经营必须满足大数法则的要求。大数法则是从数量的角度来研究随机现象，并从中获得这些随机现象所服从的规律。大量独立的同质风险单位的存在，使保险费率的厘定得以符合大数法则的要求，制定出的费率水平公平合理，保险的经营有了科学的依据。保险人通过保险将众多被保险人所面临的风险汇聚起来，在发生保险事故时将其中少数人遭受的损失在所有被保险人之间实现分摊，从而实现风险的分散。

（五）保险基金

保险基金主要由保险公司的实收资本和历年的以收抵支后的结余及保险公司的责任准备金等构成，是一种主要用于满足保险事故发生时被保险人、受益人赔付要求的货币形态的后备金。保险基金决定着保险公司的承保能力，它既是保险公司稳定经营的经济基础，也是保险公司进行投资活动的前提条件。

四、保险的功能与作用

保险的功能决定保险的作用，保险的作用是其功能在特定历史时期和社会条件下的反映。随着保险业的逐步发展及其在经济领域、社会领域地位的不断提升，其功能和作用也在不断地演变和发展。

（一）保险的功能

保险的功能可以分为基本功能和派生功能。基本功能包括经济补偿功能和损失分摊功能，派生功能包括资金融通功能和社会管理功能。

1. 基本功能

（1）经济补偿功能。保险能够把集中起来的保险费用于赔付被保险人当合同约定的保险事故发生时所致的经济损失。这种赔付使因风险事故所致的实际损失在价值上得到补偿，有利于社会再生产的连续进行。但财产保险与人身保险性质不同，人的身体和生命价值难以用货币来衡量，所以人身保险的保险金额，由投保人根据被保险人对人身保险的需要程度和投保人的交费能力，在法律允许的范围内，与保险人协商后确定，约定保险责任发生时，进行给付。

（2）损失分摊功能。对于个体来说，风险是不确定的，但是对于同质风险的群体来说，风险发生的概率是可以确定的。这使保险可以作为一种损失分摊的方法，所以保险既是风险集聚的过程，也是风险分散的过程。以大数法则为基础集聚保险费建立保险基金，用于补偿发生风险事故的个体。保险通过"人人为大家，大家为一人"的制度安排，实现了损失的分摊。

2. 派生功能

（1）资金融通功能。保险公司通过收取保费建立保险基金，在事故发生后，对被保险人进行赔付，但往往交保险费和支付保险赔款的时间有一定的间隔，像长期寿险甚至会长达几十年。在这一时间空档中，保险公司可以使用这些保险资金进行投资，如投资银行存款、债券、股票、抵押贷款和不动产等。这就是保险所具有的独特的资金融通功能。

（2）社会管理功能。保险是社会保障体系的重要组成部分，在完善社会保障体系方面发挥着重要作用。首先，最大诚信原则贯穿保险双方的合同关系，对于增强社会的诚信意识方面具有潜移默化的作用，同时，保险在经营过程中可以收集企业和个人的履约行为记录，为社会信用体系的建立和管理提供了重要资源。其次，保险公司对损失的合理补偿，可以提高事故处理的效率，减少当事人可能出现的事故纠纷，为维护正常、有序的社会关系创造了有利条件，大大提高了社会运行的效率。最后，保险公司在经营过程中积累了大量风险损失资料，为全社会风险管理提供了有力的数据支持。同时，保险公司能够积极配合有关部门做好防灾防损，开展广泛宣传，培养投保人的风险防范意识，降低风险发生的概率，实现对风险的控制和管理，促进经济效益与社会效益的统一。

（二）保险的作用

根据影响对象的不同，保险的作用可以分为微观和宏观两个层面。

1. 保险的微观作用

（1）帮助家庭和企业实现财务稳定。家庭是劳动力再生产的基本单位，家庭生活安定是人们从事生产劳动、学习、休息和社会活动的基本保证。然而，死亡、疾病和财产损失等各种风险事故的发生常使个人或家庭遭到损害，导致其正常的生活秩序遭到破坏。通过交纳相对固定的保费，家庭成员可以免除生活水平因灾害冲击大幅降低的后顾之忧，从而能够安心生产，和谐生活。

企业通过投保企业财产保险，同样能够把企业不确定的巨额灾害损失，化为固定的、少量的保险费支出。在遭遇灾害事故损失时，企业可以及时得到保险赔偿，重新购置资产，恢复生产经营，同时减少其利润和费用等间接经营损失。此外，企业还可以通过购买雇主责任保险或员工意外伤害保险、团体保险等，转嫁对雇员的责任。

（2）促进家庭和企业加强风险管理。由于保险具有损失补偿功能，被保险人并不能从风险损失中获得额外的利益，因此，防患于未然是被保险人和保险公司利益一致的行为。保险公司积累的丰富的风险管理经验，可以帮助和指导被保险人尽可能地消除风险隐患，达到防灾防损的目的。保险公司还可以通过保险合同的约束和保险费率杠杆调动被保险人防灾防损的积极性，共同做好风险管理工作。

2. 保险的宏观作用

（1）保障社会再生产。社会再生产过程由生产、分配、交换和消费四个环节组成，它们在时间上是连续的，在空间上是均衡的。但是，再生产过程的这种连续性和均衡性会因遭遇各种灾害事故而被迫中断和失衡。保险经济补偿能及时和迅速地修复这种中断和失衡，从而保证社会再生产的连续性和稳定性。

（2）推动商品流通和消费。商品必须通过流通过程的交换才能进入生产消费或生活消费，而在交换行为中难免存在着交易双方的资信风险和产品质量风险等问题，保险是克服这些问题的有效方法。比如，履约保证保险为债权人提供了履约担保；产品质量保证保险不仅为消费者提供了产品质量问题的经济补偿承诺，而且还相当于为厂商的产品做了可信赖的"广告"。保险对刺激消费也能起到重要作用。保险可以消除人们对未来不确定风险的忧虑，改善人们的心理预期，并在一定程度上替代养老、医疗和子女教育等预防性储蓄，促进居民进行当期消费。对于一些单靠储蓄难以支付的耐用消费品，如汽车、住房等，保险可以为其消费信贷提供保障，帮助居民实现提前消费。比如，提供汽车贷款保险，可以保证汽车销售商及时回收货款；提供个人住房按揭保险，可以降低银行的贷款风险。

（3）拉动投资。通过发挥资金融通功能，实现从居民储蓄向社会投资的转化，保险不仅可以为经济建设积累巨额长期资金，还可以提高金融市场资源配置的效率。保险公司特别是人寿保险公司，作为拥有大量资金的机构投资者，在资金运用中既要寻求尽可能高的收益，又要采取适当措施准备应付未来不确定的赔付，因而有强烈的风险分散需求，是稳定金融市场的重要力量。同时，投资者可以将企业运营过程中面临的各种风险转嫁给保险公司，从而降低投资风险，改善投资环境，保证投资者的预期收益，增强其投资积极性。

（4）支持对外贸易。由于国际贸易经济涉及国家、地区间的经贸往来，货物往往要经过海洋运输、陆上运输、航空运输等若干环节，因而遭到自然灾害或意外事故而导致损失的风险也较大，这就使保险成为必需。例如，海上货物运输保险可以承保海上运输中因为自然灾害、意外事故和共同海损发生的损失及费用。同时，国家为了鼓励和扩大出口，一些政策性保险（如出口信用保险）常被用作向卖方提供风险损失补偿保障。它既可帮助出口方获得银行贷款，又可为创汇提供保障，这一切有力地推动了对外贸易的发展。此外，保险作为国际收支中无形贸易的重要组成部分，在自身开展业务的同时，也为国家争取到了大量的外汇资金。

（5）促进科技创新。"科学技术是第一生产力"，但在科学技术的开发与应用中，不可避免地伴有风险的发生。保险可以对企业采用新技术时带来的各种风险提供保障，为企业开发新技术、新产品及使用专利壮胆，消除科技创新人员的人身安全后顾之忧，从而促进先进技术的开发、应用和推广。

（6）分担政府责任。家庭生活安定、企业生产安全是整个社会稳定的基础。如前所述，保险能够帮助家庭和企业实现财务稳定，使其免予陷入财务困境，因而能够大大减轻政府的"维稳"责任。同时，保险作为社会保障体系的重要组成部分，是对社会保险的有力补充，能够有效缓解政府在社会保障方面的财政压力。

综上所述，保险的作用主要有二：一是作为"社会稳定器"，保障社会经济的安定；二是作为"社会助动器"，为资本投资、生产和流通保驾护航。

五、保险的分类

保险分类的标准产生于社会实践，并随着社会实践的变化而变化，主要有以下几种。

（一）按照承保方式分类

以承保方式为标准，保险可以被区分为原保险、再保险、复合保险、重复保险和共同保险。

1. 原保险

原保险是再保险的对称，是指投保人与保险人直接签订保险合同而成立保险关系的一种保险。在原保险关系中，被保险人将其风险转嫁给保险人，当保险标的遭受保险责任范围内的损失时，保险人直接对被保险人承担损失赔偿责任。

2. 再保险

再保险也称分保，是指保险人将其承担的风险和责任，部分或全部转移给其他保险人的一种保险。关于再保险的有关内容，本书会在第六章中详细讨论。

3. 复合保险

复合保险是指投保人以保险利益的全部或部分，分别向数个保险人投保相同种类保险，签订数个保险合同，其保险金额总和不超过保险价值的一种保险。

4. 重复保险

重复保险是指投保人对同一保险标的、同一保险利益、同一保险事故分别与数个保险人订立保险合同，且保险金额总和超过保险价值的一种保险。可见，重复保险与复合保险的区别在于，其保险金额的总和超过保险价值。

5. 共同保险

共同保险是指投保人与两个以上保险人之间，就同一保险利益，对同一风险共同缔结保险合同的一种保险。在实务中，数个保险人可能以某一保险公司的名义签发一张保险单，然后每一保险公司对保险事故损失比例分担责任。

共同保险与再保险的不同：首先，反映的保险关系不同。共同保险反映的是投保人与各保险人之间的关系，这种保险关系是一种直接的法律关系；再保险反映的是原保险人与再保险人之间的关系，再保险接受人与原投保人之间并不发生直接的关系。其次，对风险的分摊方式不同。共同保险的各保险公司对其承担风险责任的分摊是第一次分摊，而再保险则是对风险责任进行的第二次分摊；共同保险是风险的横向分担，再保险则为风险的纵向分担。

（二）按照实施方式分类

以实施方式为标准，保险可以被区分为自愿保险和法定保险。

1. 自愿保险

自愿保险也称任意保险，是指保险双方当事人通过签订保险合同，或是需要保险保障的人自愿组合、实施的一种保险。前者如商业保险、合作保险等。自愿保险的保险关系，是当事人之间自由决定、彼此合意后所成立的合同关系。投保人可以自由决定是否投保、向谁投保、中途退保等，也可以自由选择保障范围、保障程度和保险期限等。保险人也可以根据情况自愿决定是否承保、怎样承保，并且自由选择保险标的，选择设定投保条件等。

2. 法定保险

法定保险又称强制保险，是国家对一定的对象以法律、法令或条例规定其必须投保的一种保险。法定保险的保险关系虽然也产生于投保人与保险人之间的合同行为，但受制于国家或者政府的法律规定。具体体现在：一是全面性。只要属于法律规定的保险对象，无论其是否愿意，都必须参加保险。二是统一性。法定保险的保险金额和保险费率，不是由投保人和保险人自行决定，而是由国家法律统一标准规定。

（三）按照保险标的分类

从总体上看，保险通常被区分为财产保险与人身保险。随着社会关系不断变化和保险经营技术的不断改进，责任保险、信用保险和保证保险日益受到重视，并逐渐从传统保险业务中分离出来，成为独立的保险业务种类。于是，现代保险业务的框架便由财产保险、人身保险、责任保险、信用保险和保证保险构成。

1. 财产保险

财产保险是指以财产及其相关利益为保险标的、因保险事故的发生导致财产的损失，以金钱或实物进行补偿的一种保险。广义的财产保险是人身保险以外一切保险业务的统称，具体包括财产损失保险、责任保险和信用保证保险。狭义的财产保险即财产损失保险，是以有形的财产物资为保险标的的一种保险。

2. 人身保险

人身保险是以人的身体或生命为保险标的的一种保险。根据保障范围的不同，人身保险可以区分为人寿保险、意外伤害保险和健康保险。

（1）人寿保险。人寿保险是以人的寿命为保险标的，当发生保险事故时，保险人对被保险人履行给付保险金责任的一种保险。

（2）意外伤害保险。意外伤害保险是指被保险人在保险有效期间因遭遇非本意的、外来的、突然的意外事故，致使其身体蒙受伤害因而残废或死亡时，保险人按照合同约定给付保险金的一种人身保险。

（3）健康保险。健康保险是以被保险人的身体为保险标的，使被保险人在疾病或意外事故所致伤害时发生的费用或损失获得补偿的一种保险。

3. 责任保险

责任保险是以被保险人依法应负的民事损害赔偿责任或经过特别约定的合同责任为保险标的的一种保险。责任保险的种类主要包括公众责任保险、产品责任保险、职业责任保险和雇主责任保险等。

4. 信用保险和保证保险

信用保险的投保人和被保险人都是权利人，所承担的是契约的一方因另一方不履约而遭受的损失。保证保险的投保人是义务人，被保险人是权利人，保证当投保人不履行合同义务或有不法行为使权利人蒙受经济损失时，由保险人承担赔偿责任。

◆ 课后习题

1.【单选】按风险的性质分类，风险可分为（　　　）。

A. 人身风险与财产风险　　　　　　　B. 纯粹风险与投机风险

C. 经济风险与技术风险　　　　　　　D. 自然风险与社会风险

2.【单选】股市的波动属于（　　　）性质的风险。

A. 自然风险　　　　B. 投机风险　　　　C. 社会风险　　　　D. 纯粹风险

3.【单选】对于损失概率小、损失程度小的风险应该采用的风险管理方法是（　　　）。

A. 保险　　　　　　B. 自留风险　　　　C. 避免风险　　　　D. 预防风险

4.【单选】对于损失概率高、损失程度低的风险应该采用的风险管理方法是（　　　）。

A. 保险　　　　　　B. 自留风险　　　　C. 避免风险　　　　D. 预防风险

5.【单选】某建筑工程队在施工时偷工减料导致建筑物塌陷，则造成损失事故发生的风险因素是（　　　）。

A. 物质风险因素　　B. 道德风险因素　　C. 心理风险因素　　D. 思想风险因素

6.【单选】（　　　）是指保险双方以法律、法规或行政命令为依据建立的保险关系。

A. 社会保险　　　　B. 强制保险　　　　C. 政策性保险　　　　D. 商业保险

7.【单选】人寿保险的保险标的是（　　　）。

A. 被保险人的生命　　　　　　　　　B. 投保人的生命

C. 被保险人的生命或身体　　　　　　D. 被保险人的身体

8.【单选】不属于财产保险的是（　　）。

A. 财产损失保险　　B. 人寿保险　　　　C. 责任保险　　　　D. 信用保险

9.【多选】按照保险业务承保方式分类，商业保险分为（　　）。

A. 资源保险　　　　B. 再保险　　　　　C. 共同保险　　　　D. 重复保险

E. 协议保险

10.【多选】（　　）是保险的基本职能。

A. 防灾防损　　　　B. 资金融通　　　　C. 损失分摊　　　　D. 经济补偿

第二章　保险合同

教学目的

1. 掌握保险合同的特征、保险合同的种类、保险合同的形式、保险合同的主体、保险合同的内容及保险合同的变更与终止。

2. 熟悉保险合同的争议处理方法，并能运用保险合同的知识分析实务中保险合同的相关法律问题。

教学重点

1. 保险合同的基本概念。

2. 保险合同的特征。

3. 保险合同的形式。

4. 保险合同的内容。

5. 保险合同的变更与终止。

第一节　保险合同及其特征

一、保险合同的定义

保险合同是指投保人与保险人订立的、约定保险权利义务关系的协议。这一具有法律约束力的协议确保了保险消费者的权益能够获得法律保障。根据当事人双方的约定，投保人一次性或分期支付保险费给保险人，保险人承诺在特定事件发生时或约定期限届满时履行保险赔付责任。保险是一种虚拟商品，其载体就是保险合同中约定的各种条款，如有关保险标的、保险期间、保险事故、保险赔偿范围和方式等条款。保险交易也属于延时交易，交易双方并非能够立即结清。保险合同还是保险监管机构监管的内容、保险合同当事人履约的依据，而且在当事人发生纠纷并诉至法院或提交仲裁时，是人民法院或仲裁机构据此明断是非、作出公正裁决的重要证据。总而言之，保险合同既是保险功能得以落实的具体手段，也是保险法规制度的主要内容。

二、保险合同的特征

保险合同是合同的一种，其具备一般合同所共有的特征。除此之外，保险合同又是一种特定的合同类型，故而存在一些不同于一般合同的特性。

（一）双务性

合同以给付义务是否由双方当事人互负为标准，可分为双务合同和单务合同。双务合同是指双方互负对方给付义务的合同，如买卖、租赁等合同。单务合同则是指仅有一方当事人负有给付义务的合同，如赠与、无偿保管合同等。

保险合同是典型的双务合同。依据保险合同的约定，投保人负有支付保险费的义务，保险人负有在保险期间承担被保险人风险的义务。保险人的风险承担义务意味着，从保险期间开始之日起，保险保障对象的损害风险就依约定全部或部分移转至保险人处。一旦承保范围内的保险事故在保险期间发生，保险人赔偿或给付保险金；如果保险事故在保险期间未发生，保险人也在这段时间内提供了经济上和精神上的保障，使投保人、被保险人免予后顾之忧。

（二）射幸性

以合同的法律效果在订约时是否确定为标准，合同可分为实定合同和射幸合同。实定合同是指合同的法律效果在订约时已经确定的合同。绝大多数合同都是实定合同。射幸合同是指合同的法律效果在订约时不能确定的合同，如保险、彩票和赌博等均属于此类合同。保险合同的射幸性体现在，虽然投保人确定要支付保险费，但是保险人是否给付保险金，在合同订立当时无法明确，而取决于合同订立后不确定的偶发事故。此外，当事人双方的支出与收入具有显著的不平衡性。如果在保险保障期间发生保险事故，被保险人从保险人处获得的保险赔付数额可能远远超出其所支付的保险费金额，而保险人赔付的保险金可能大大高于其从投保人处收取的保费。如果在保险保障期间未发生保险事故，被保险人在支付保费的同时无法获得任何经济补偿，而保险人则只收取保费，却无赔付之责。

正是由于保险合同的射幸性，保险法律对保险合同的规制，特别强调道德风险的控制和保险费率设定的公平合理。射幸性因其以小博大的特性，容易滋生道德风险。为了应对道德风险可能造成的危害，法律一般禁止或限制以赌博为目的和手段的非良善的射幸行为。还须着重指出的是，保险合同的射幸性只是就单个保险合同而言的，并不适用于保险合同总体。假如全面考察保险合同的总体，则保险费与保险金之间的关系，并不是完全依赖于偶然事件的发生，而是以精确的数理计算为基础，要遵循大数法则。全部的保险费收入和全部的保险金支出大体上也是保持相互平衡的。

（三）补偿性或给付性

保险的最主要功能是补偿损失，使被保险人恢复到损失发生前的经济状况，而非改善或增益其经济状况，故保险合同具有补偿性的特点。从基本原理上来说，补偿性在财产保险中体现为补偿具体经济损失，而在人身保险中较多体现为补偿抽象损失，因为人身损害往往难以量化。但是现实中谈及补偿性更多的是针对财产保险而言，此外兼及损失补偿型的意外伤害保险和健康保险，如补偿具体医疗费用和住院费用的意外伤害保险或健康保险。保险合同的补偿性避免了投保人或被保险人不当利用保险制度，通过购买保险而获利；或者故意制造保险事故，引发道德风险。保险合同的补偿性衍生出了所谓的损失补偿原则，为落实该项原则，保险法律规定了保险利益、保险代位权、重复保险禁止、超额保险禁止等多种制度。

保险合同的补偿性强调的是保险人的赔付数额与被保险人的实际损失额具有直接相关性，而非赔付数额等同于实际损失。囿于投保人的保费支付能力和保险人经营风险的正常控制等因素，保险人未必一定会在损失发生后足额补偿被保险人所遭受的损失。在实务中，投保人为节省保费，没有按照保险标的物的全部价值购买保险，或者保险人为了回避不可控风险而常常在保单中设定保险赔付的上限，这都可能导致被保险人最终无法获得与损失完全对等的补偿。

（四）有偿性

以当事人取得权益是否须付相应代价为标准，合同可分为有偿合同和无偿合同。有偿合同是指当事人一方享有合同规定的权益，须向对方当事人偿付相应代价的合同，如买卖、租赁等合同。无偿合同是指当事人一方享有合同规定的权益，不必向对方当事人偿付相应代价的合同，如赠与、借用等合同。保险合同是有偿合同，投保人如果想让保险人承担损失风险、提供保险保障，就必须支付相应的保险费作为代价。保险费的收取和积累必不可少，否则保险赔付就成了无源之水。保险合同是强制性的有偿合同，必须有投保人交付保险费的约定，方为有效。如果保险合同中没有交付保险费的约定，或者明确约定免除投保人交付保险费的义务，那么该保险合同全部无效。

（五）诺成性

以合同的成立是否须交付标的物或完成其他给付为标准，合同分为诺成合同和实践合同。诺成合同是指当事人双方意思表示一致即告成立的合同，如买卖合同。实践合同是指除双方当事人的意思表示一致外，仍须交付标的物或完成其他给付才能成立的合同，如使用借贷、消费借贷、保管合同等。目前通常认为，保险合同是诺成合同，其成立不以投保人交付保险费为必要，但是保险合同的生效，又是否以交付保险费为要件，可由当事人自由约定。实践中，财产保险合同较多约定合同生效不以交付保险费为必要，而人身保险合同（特别是人寿保险合同）则往往与此相反。

（六）继续性

以时间因素在合同履行中所处的地位和所起的作用为标准，合同分为一时性合同和继续性合同。一时性合同是指一次给付便使合同内容实现的合同，如买卖、赠与等合同。继续性合同是指合同内容并非一次给付即可完结，而是继续地实现的合同，如租赁合同。保险合同是典型的继续性合同，其继续期间因保险种类的不同而长短不一。举例来说，人寿保险合同的期间较长，而运输货物保险合同的期间较短。但是不管继续期间或长或短，各类保险合同的内容都并非一次给付即可完结，保险人的风险保障期间往往要持续一定的时日。

（七）附和性

附和合同是指一方当事人提出合同的主要内容，另一方当事人只能作出总体上接受或不接受他方条件的决定，而一般没有商议变更的余地。保险合同即是如此，一般由保险人一方预先拟订保险合同的具体内容，投保人只能就合同内容整体做同意与否的意思表示，而往往没有修改某项条款的权利。保险合同的附和性主要由三方面因素决定：第一，保险合同的技术性。保险业的经营须以合理的计算为基础，极为专业性和技术化，如保障风险的评估、保险费率的确定和保险事故的查勘理赔等，普通消费者对如此事项并不熟知，更无法自己拟订合同内容。第二，保险业务运作的团体性。表面上看，投保人签订保险合同，只与保险人发生法律关系，但是实质上投保人乃是借由保险合同的订立加入保险人所组织的风险共同体，那么保险人在与面临相同或类似风险的投保人订立保险合同时，就必须保持标准的一致性，如此才对各方公平，也使保险业务运作更具可持续性。第三，交易成本控制的需要。随着保险业务的发展，保险人签发的同一险种保单成千上万，如果每次缔约均要与投保人进行充分协商，既低效又高成本。因此，绝大多数保险合同都是附和合同，个别保险合同针对特殊领域也有可能采取双方当事人充分协商的方式来订立。

第二节　保险合同的主体和内容

一、保险合同的主体

保险合同是法律关系的一种，而法律关系中必定存在主体，以享有权利或承担义务，因此保险合同也有其主体。一般认为，保险合同的主体包括保险合同的当事人和关系人等。

（一）保险合同的当事人

1. 保险人

保险人是指与投保人订立保险合同，并按照合同约定承担赔偿或者给付保险金责任的保险公司。保险人是经营保险业务的组织，其通过保险费的收取来集聚保险基金，并在保险事故发生时履行保险保障之责。我国《保险法》不仅规定了高标准的设立条件，也明确了保险公司的设立采用核准制，即使完全符合设立条件也未必能成功设立，设立保险公司还应当经国务院保险监督管理机构批准。

2. 投保人

投保人是指与保险人订立保险合同，并按照合同约定负有支付保险费义务的人。投保人是保险人在保险合同中的相对方，既可以是自然人，也可以是法人等组织。投保人本人或者其相关代理人、监护人应具备相应的民事行为能力，保险合同才能有效。相关保险利害关系人必须对保险标的具有保险利益，否则不仅保险将沦为赌博并滋生道德风险，而且保险合同在法律上也会无效。依据保险法律规定，在人身保险中，投保人必须对保险标的具有保险利益；在财产保险中，被保险人而非投保人被要求对保险标的具有保险利益。另外，投保人还负有支付保险费的义务。保险合同是有偿合同，投保人寻求保险保障所支付的主要代价就是保险费。

（二）保险合同的关系人

1. 被保险人

在财产保险中，保险事故一旦发生，造成被保险人人身之外的由其拥有或享有权益的财产遭受损害，财产保险将补偿此种损害，所以财产保险中的被保险人是受到保险保障、享有保险金请求权的人。然而在人身保险中，存在发生死亡这一保险事故的可能，于是通常在保险合同中另行约定一个或多个受益人来享有保险金给付请求权，因此人身保险中的被保险人是保险合同承保的风险所连接的人。投保人可以成为被保险人。无论是在财产保险中还是人身保险中，被保险人都是保险事故发生时受到损失或损害的人。

为了保护被保险人在保险关系中的正当权益和防止可能产生的道德风险，法律赋予被保险人在一定情形下享有同意权，例如，在人身保险中，以死亡为给付保险金条件的合同，未经被保险人书面同意并认可保险金额的，保险合同无效；依照以死亡为给付保险金条件的合同所签发的保险单，未经被保险人同意不得转让或者质押；人身保险合同受益人的指定，须经被保险人同意或由其亲自指定。在财产保险中，保险人为维护保险标的的安全而采取安全措施的，须经被保险人同意。与此同时，由于被保险人虽非保险合同的当事人，但不少法定或约定义务将被保险人与投保人并列作为义务主体。法定义务包括危险增加的通知义务、维护财产保险标的安全的义务、保险事故发生的通知义务、提供保险事故证明和资料的义务和减损义务等。

关于被保险人的资格，法律通常不做严格限制。被保险人既可以是完全民事行为能力人，也可以是限制民事行为能力人或无民事行为能力人。但是为了保护未成年人和精神病人等无民事行为能力人，有效防范道德风险，法律禁止为无民事行为能力人投保以死亡为给付保险金条件的人身保险，保险人也不得承保。不过父母投保的除外。

2. 受益人

受益人是指由被保险人或者投保人在保险合同中指定的，在保险事故发生时享有保险金受领权的人。投保人、被保险人可以为受益人，但是在人身保险中被保险人不能作为受益人。在财产保险中，并没有受益人这个概念。

受益人是在保险事故发生时享有保险金受领权的人，但由于其并非保险合同当事人，故不负保险费的支付义务，保险人也不得请求其支付。然而，这也并不妨碍在投保人不愿或不能交纳保险费时，为了维持保险合同的效力，受益人替代投保人交纳保险费。受益人可以由投保人或被保险人指定，不过投保人指定受益人时须经被保险人同意。投保人为与其有劳动关系的劳动者投保人身保险，不得指定被保险人及其近亲属以外的人为受益人。被保险人为无民事行为能力人或者限制民事行为能力人的，可以由其监护人指定受益人。被保险人或者投保人可以指定一人或者数人为受益人。受益人为数人的，被保险人或者投保人可以确定受益顺序和受益份额；未确定受益份额的，受益人按照相等份额享有受益权。不仅如此，已经指定的受益人可以变更或撤销。被保险人或者投保人可以变更受益人，只不过如果是投保人提议变更受益人，还须经过被保险人同意。除此之外，受益人的具体确定方法有两个：第一，具名指定，即在保险合同中明确列出受益人的名字，可以是一人，也可以是多人，如受益人为张三；第二，类名指定，即在保险合同中以符合特定身份关系的人作为受益人，如受益人为法定继承人、配偶和子女等。在类名指定下，应以保险事故发生时作为特定受益人的判断时间点。

受益人的受益权在性质上是期待权，而非既得权，因为投保人或被保险人可以变更或撤销受益人。如果到保险事故发生时仍未被变更或撤销，方才转化为既得权。因此，要是受益人在保险事故发生前死亡的，其受益权灭失，不能由其继承人继承。受益人所受领的保险金不属于投保人或被保险人的遗产，一方面无须征收遗产税，另一方面也不属于投保人或被保险人之债权人的债务清偿请求范围。受益人的受益权在如下三种情形下丧失：第一，受益人先于被保险人死亡，且投保人和被保险人并未放弃其指定和变更受益人的权利；第二，受益人故意造成被保险人死亡、伤残、疾病的，或者故意杀害被保险人未遂的；第三，类名指定受益人的情形下，原本具备特定身份关系的人丧失了该身份关系。例如，保险合同约定受益人为妻子，投保人的妻子刘某在保险合同存续期间与投保人解除婚姻关系。

没有载明受益人的保单如何处理

　　新婚不久的吴小明在一次交通事故中不幸身故，在悲痛之际，吴小明因保单还引发了一场婆媳间的纠纷。吴小明结婚前，母亲张某让儿子买了一份保额为20万元的终身寿险，受益人一栏中没有填写具体的受益人，而是法定。两年后，吴小明和相恋多年的女友小莉结婚，谁想天有不测风云，吴小明不幸身故。事后母亲想起儿子婚前的20万元保额的终身寿险，并向保险公司索赔，儿媳小莉也要向保险公司索要保险金。双方都有自己的理由：母亲张某认为，保险是在儿子单身时买的，那时的法定受益人应该是自己，所以应获得全额的赔付；妻子小莉则认为，妻子是丈夫的合法继承人，保险的赔付金额理应有自己的份额。双方争执不下，分歧越来越大，请问保险金应该如何给付？

　　按《保险法》的规定，被保险人死亡后，没有指定受益人的保险金，作为被保险人的遗产，由保险人向被保险人的继承人履行给付保险金的义务。本案中，吴小明身故时保单上的受益人为法定，这笔保险赔付额应作为被保险人吴小明的遗产，根据《继承法》的规定，被保险人的遗产由第一顺序法定继承人继承，没有第一顺序法定继承人的，由第二顺序法定继承人继承。显然，妻子、母亲均为第一顺序法定继承人，且继承份额相等，故双方应各得 10 万元。

二、保险合同的内容

　　保险合同的内容，是指保险合同中约定的所有条款，包含有保险合同当事人之间的诸项权利义务关系。保险合同多为格式合同，条款由保险人预先拟订。保险合同的内容在实质上体现为保险合同的条款，而在形式上又存在多种载体。

（一）保险合同的基本条款

　　根据保险合同条款的重要程度，可将保险合同条款分为基本条款和特约条款。基本条款是指保险法律明确规定保险合同应记载的事项，是保险合同必不可少的条款，记载了保险合同的主要内容。而特约条款则是指在基本条款之外，由保险合同当事人双方根据险种特性和主体实际需要，针对具体事项通过协商一致而达成特别约定的条款。依据《保险法》第十八条的规定，保险合同的基本条款包括以下九条。

1. 主体的姓名（名称）及住所

保险合同的主体包括保险人、投保人、被保险人和受益人，他们是合同条款约定权利的具体享有者和义务的具体承担人。之所以保险合同必须记载合同主体的姓名（名称）及住所，是由于在合同成立后，保险费的交付、危险增加或事故发生等的通知、事故查勘理赔、保险金的实际赔付等，都与之有密切联系。保险合同权利的行使、合同义务的履行，都需要确知行使或履行对象的关键信息，才能便利如约完成。在保险实务上，往往在姓名和住所的信息之外，还会要求记载联络电话、电子邮箱等其他相关信息，如此实际上更为符合现在的沟通联系方式，便利保险合同的具体履行。

2. 保险标的

保险标的是指作为保险合同保障对象的财产权利关系或有关主体对其寿命、身体或健康的利害关系。保险标的与保险标的物并不相同，保险标的物仅存在于财产保险之中，而且即使对于财产保险而言，一个标的物上往往有多个权利关系，仅记载保险标的物，也无法准确指出保险保障的具体对象。例如，以一栋房屋作为保险标的物，假定该房屋上有所有权、抵押权和租赁权等，所有权人、抵押权人和租户均可以以该栋房屋投保，如果保险合同中仅记载保险标的物，根本无法反映出保障对象为何。因此，保险保障的对象并非特定的物或人身，而是财产权利关系和人身权利关系。换句话说，应是保险标的，而非保险标的物。明确保险标的具有三项意义：确定具体险种和保险费率；判断相关主体对保险标的是否具有保险利益；决定保险人的客观承保范围。

3. 保险事故

保险事故是指保险合同所承担的损害或不利的可能性，也就是保险合同所承保的危险。如是保险事故造成的损失，保险人要承担相应的保险责任；如非保险事故造成的损失，则属于责任免除，保险人并不承担保险责任。保险合同一般会详细列明保险事故的种类、范围，如火灾、意外身亡、到期日仍然生存或死亡等。同时，也会以"除外条款"的方式将除外不保危险界定清楚，例如，在住宅火灾保险中明确约定地震、海啸引发的火灾为不保危险，在健康保险中明确约定整形手术住院属于赔偿的除外情形。

4. 保险金额

保险金额是指投保人和保险人在保险合同中约定的，在保险事故发生时保险人承担给付保险金责任的最高限额。保险金额必须一开始就在保险合同中明确约定，因为它不仅是保险赔付的最高限额，还是确定保险费数额的基本依据。在约定保险金额时，应当综合考虑投保人的保险费支付的主观意愿和客观能力、被保险人或受益人的实际需要、保险人的风险承受能力等。此外，保险金额的确定还要受到两项因素的制约：其一，严格遵循保险利益原则。无论保险金额多大，都要求有关主体对保险标的享有保险利益。其二，在财产保险中，保险金额不得超过保险价值。保险价值是指保险标的物所具有的实际价值。保险价值只存在于一般财产保险中，而不包括责任保险这种特殊财产保险，更不适用于人身保险。

5. 保险期限

保险期限是指保险人承担保险责任的起讫期间。保险人为保险标的提供的保险保障，是存在时间上限制的。只有在保险期限之内发生的保险事故，保险人才可能承担保险责任。保险期限也是计算保险费的依据，通常保险期限越长，保险费收取越高。保险期限的计算大致有两种方法：其一，按照日历年计算。例如，某一财产保险合同约定保险期限为一年。其二，以某一事件的起讫为存续期间。例如，某一货物运输保险合同约定保险期限为该次货物运输全程。

6. 保险费

保险费是指投保人向保险人支付的、用于获得保险人提供保险保障的对价。保险合同是有偿合同，保险费的交付为保险合同成立的必要条件。保险费的交付也是保险人所经营的保险保障基金的来源。保险费的交付方式可分为一次性支付和分期支付，分期支付的方式多见于长期性的人寿保险中。

7. 保险金给付办法

保险金是指保险人在保险事故发生时实际应当赔付给被保险人或受益人的金钱数额。保险金的计算，受到损失程度、保险金额、保险价值等多种因素的影响和限制。保险金的给付关系着保险消费者一方保险权益的实现，十分重要，故应当在订立保险合同时就明确保险金的给付办法，如给付标准和给付方式等。

8. 违约责任和争议处理

违约责任是指合同当事人一方不履行合同义务，或者其履行不符合法律规定或合同约定时，应向另一方当事人承担赔偿损失、支付违约金等不利后果。在保险合同中明确相关违约责任，有利于促进保险合同的顺利履行。不过依据保险法律，投保人一方的法定义务或约定义务都多为不真正义务，其义务的不履行一般不会导致违约责任的承担，而往往引起投保人一方既有权利的减损。例如，投保人违反如实告知义务的法律后果，不是投保人承担违约责任，而是丧失保险金赔付请求权。

保险合同当事人之间发生争议的，可以采取和解、调解、仲裁或诉讼的方式加以解决。在保险合同中明确争议的解决方法，有助于及时定分止争。

9. 合同订立的年、月、日

合同订立的年、月、日就是保险合同成立的日期。该日期对于判断保险责任开始日期、保险利益存在与否等具有重要的法律意义。

（二）保险合同的主要形式

《保险法》第十三条规定，保险人在保险合同订立后有签发书面保险凭证的义务。保险合同在保险实务中主要有如下书面形式。

1. 投保单

投保单是指投保人向保险人申请订立保险合同的书面要约。投保单一般由保险人事前准备，依循统一格式印制。投保人须按照投保单上所列事项逐一填写。投保人通过投保单的填写和提交，一方面是发出保险要约，另一方面是向保险人如实告知投保人一方的相关信息和保险标的及其所涉风险的具体状况，以便利保险人作出是否同意承保和收取多少保险费的决定。正因为如此，一旦投保单存在内容不实、故意隐瞒或欺诈的情形，会对保险合同的效力造成严重影响。在投保单提交给保险人之后，如果保险人审核承保不通过，则保险合同不成立，投保单作废；假使保险人审核承保通过，那么保险合同成立，投保单经保险人签章承诺后即成为保险合同的正式凭证，构成保险合同的一部分。

2. 暂保单

暂保单是指在正式保险单签发之前由保险人提供给投保人的临时保险单。在保险实务中，投保人在提交投保单的同时往往会交纳全部保险费或首期保险费。然而，保险保障并不会马上获得，尚须等待保险人进行一段时间的投保申请审核，只有当保险人核保通过之时，保险合同方才成立。这一方面不利于保护那些急需获得保险保障的保险消费者，甚至可能违背其合理预期。例如，购买汽车之人在买车的同时也购买了相关车险，但是保险公司核保尚需一定时日，这就有可能造成车辆在一段时间内行驶在路上却缺乏保险保障的尴尬局面。另一方面，也不利于保险人招徕新保险业务和稳定既有保险业务。暂保单的提供可以化解上述不利状况，在限制其不遭滥用的前提下，无疑也是提升保险服务品质的良途。暂保单的内容较正式保单而言更为简单，仅仅载明被保险人、保险标的、保险期间等重要事项，当事人之间的具体权利义务关系则以保险单的约定为准。暂保单具有与正式保险单同样的效力，但是其有效期限较短，通常不超过三十日。

3. 保险单

保险单是指保险合同订立之后，保险人向投保人签发的有关保险合同的正式书面凭证。保险单内容的制定在早期完全是当事人自由协商确定，但是现代社会的保险单日益格式化，一般由保险人事前制作并提供。保险单具有如下法律意义：第一，证明保险合同成立；第二，确认保险合同的诸项权利义务关系，作为当事人履行保险合同的依据；第三，在特定情形下，具有类似证券的作用。例如，在货物运输保险中，保险单可以随着保险标的权利的转让而移转，受让人可以依据保险单而享有相关保险权益。

4. 保险凭证

保险凭证，又称小保单，是保险人向投保人签发的，用于证明保险合同已经成立或者保险单已经出立的书面凭证。保险凭证是一种简化了的保险单，其与保险单具有同等的法律效力。凡是保险凭证上没有载明的内容，以同一险种的正式保险单为准。保险凭证内容与正式保险单内容相抵触的，以保险凭证上的特约条款为准。保险凭证主要在以下三种情形下使用：第一，在机动车事故责任强制保险中，为了方便被保险人随身携带以供有关部门检查，保险人往往出具保险凭证给投保人；第二，在团体保险中，团体保险的保险单留存于投保人处，此外还需要提供给团体保险的每一被保险人一张单独的保险凭证，以资证明其受该团体保险的保障；第三，在货物运输保险中，根据预约合同的约定，需要对每一笔货运签发单独的保险凭证。

第三节　保险合同的订立和变动

保险合同不是一个一成不变的事物，其自有产生、变化和终结的发展历程，准确把握每一个阶段十分重要。

一、保险合同的订立

保险合同的订立是指投保人和保险人为了缔结合同而作出意思表示并达成一致的过程。保险合同是一种典型的有名合同，其订立过程与一般合同订立过程基本无异，须经过要约和承诺两个阶段，这在保险实务中具体体现为投保人申请和保险人同意。

（一）保险要约

要约是指一方当事人以缔结合同为目的，向相对方当事人提出合同的具体条件，希望相对方当事人予以接受的意思表示。根据《合同法》的规定，一个有效的要约必须具备以下条件：第一，要约须是特定人所为的意思表示；第二，要约须向相对人发出；第三，要约须以订立合同为目的并表示一经承诺即接受约束；第四，要约内容须具体确定。保险要约若想有效，也必须符合上述四项条件。必须要注意的是：其一，在保险实务中，为了宣传保险产品和开展业务的便利，保险人预先根据不同险种印制不同的保险单并通过商业手段向社会大众进行推销的行为，并不构成保险要约，而是要约邀请。保险人仍要保留其核保权，掌握对所投保风险进行评估的权利。其二，保险要约内容须具体确定，应当包括所订立保险合同的主要条款，如保险合同主体、保险标的、保险险种、保险期间、保险费和保险金额、保险责任等。其三，依保险惯例，投保单一般事先由保险人印制完成，投保人再详细填写后自行或经由保险经纪人交至保险人处，投保单的交付就视为保险要约的发出。投保单可由保险经纪人代为填写，只要其后投保人在该投保单上签字盖章，该代填的投保单在法律效力上与投保人自行填写的并无差别。除了当场填写投保单，投保人可以选择以电话、电子邮件、传真和网络等多种方式为保险要约。当然，为了有效避免纠纷，当场填写投保单在保险实践中更为普遍。其四，《合同法》第十六条第一款规定，要约到达受要约人时生效。保险要约也是如此，在其到达受要约人处时发生效力，使要约人受其拘束。

（二）保险承诺

承诺是指受要约人所作出的同意要约从而使合同成立的意思表示。根据《合同法》的规定，一个有效的承诺必须具备以下条件：第一，承诺必须由受要约人向要约人作出；第二，承诺的内容应当与要约的内容一致；第三，承诺必须在要约的存续期间内作出。

在保险实务中，保险承诺往往是保险人就投保人提出的投保单进行审核，评定投保单所揭示出的保险标的状况是否符合投保的条件。如果不符，则拒绝承保，不作出承诺；如果符合，则接受投保，作出承诺。具体的承诺可以由保险人本人或其授权的代理人作出，也必须向投保人或其代理人作出，方为有效。

二、保险合同的成立、有效与生效

（一）保险合同的成立

保险合同的成立是指投保人与保险人就保险合同的条款达成协议，保险合同作为一种事实状态已经现实存在。《保险法》第十三条规定，投保人提出保险要求，经保险人同意承保，保险合同成立。依此，保险合同的成立与一般合同的成立并无差别，需要具备两项要件：第一，存在投保人和保险人这一对双方当事人；第二，投保人和保险人就保险合同的内容、条款意思表示一致。除此之外，保险合同的成立并无其他构成要件。

（二）保险合同的有效

保险合同的有效是指依法已经成立的保险合同，因符合法律规定的条件，可以按照当事人双方意思表示的内容发生相应的法律效果。成立是一种事实判断，而有效是一种价值判断。保险合同的有效一方面要符合一般合同的有效要件，另一方面又因其自身的特殊性，须满足一定的特殊要件。

保险合同的一般有效要件：第一，主体适格。主体适格指投保人和保险人作为保险合同的当事人都应当具备相应的缔约能力。投保人为自然人的，如果本人缔约能力有所缺失，可以由其法定代理人代理。保险人在我国必须是依法设立的从事保险经营活动的公司。第二，意思表示真实。保险合同当事人就保险合同内容条款达成一致，是其内心真实想法的反映，不存在欺诈、胁迫和乘人之危等情形。第三，内容合法。保险合同约定的内容不得违反保险法律的强制性、禁止性规定，也不得违反公共秩序和善良风俗。

保险合同的特殊有效要件：第一，存在可保风险。保险制度是以风险存在为前提的，无风险则无保险。第二，保险费交付的约定。保险合同是双务合同，全体投保人的保险费交纳是保险人在事故发生之时能够进行赔付的先决条件。第三，存在保险利益。第四，死亡保险中的特定要求。其一，以死亡为给付保险金条件的合同，未经被保险人同意并认可保险金额的，合同无效。其二，投保人不得为无民事行为能力人投保以死亡为给付保险金条件的人身保险，保险人也不得承保。父母为其未成年子女投保的人身保险，不受前款规定限制。但是，因被保险人死亡给付的保险金总和不得超过国务院保险监督管理机构规定的限额。第五，财产保险中无超额保险。超额保险是指在财产保险中合同约定的保险金额超过保险价值的保险。《保险法》第五十五条规定，保险金额不得超过保险价值。超过保险价值的，超过部分无效。

（三）保险合同的生效

保险合同的生效是指已经成立且有效的保险合同实际发生其法律效力。生效之后，投保人和保险人就应当即时开始按照约定行使权利和履行义务。依法成立的保险合同，自成立时生效。投保人和保险人可以对合同的效力约定附条件或者附期限。举例而言，假如保险合同中约定保险合同自保险单送达之日起生效，这就是附生效条件。合同成立且有效的情形下，并未马上生效，而是得等到保险单送达投保人之日才开始生效；假设保险合同中约定保险合同于某一特定日期生效，这就是附生效期限。合同成立且有效的情形下，并未马上生效，而是得等到特定日期届满才开始生效。

三、保险合同的变动

在正常情况下，保险合同的效力会从订立之后开始，并维持其效力直到保险期间结束。但是由于主客观情况的变化，保险合同也会产生变动。

（一）保险合同的变更

保险合同的变更有广义和狭义之分。广义的变更包括保险合同各要素的变更，既包括内容的变更，也包括主体的变更。而狭义的变更仅仅包括内容的变更，而主体的变更属于保险合同的转让。我国保险法律采用的是狭义说，即保险合同的变更是指在保险合同的存续期间内，经当事人双方协商一致或者依照法律的规定，对保险合同的内容在局部予以修改或加以补充。保险合同的变更可进一步分为约定变更和法定变更。约定变更由当事人自行协商确定，法定变更有多种情形：其一，当保险标的的危险显著变化时。《保险法》第五十二条规定，在合同有效期内，保险标的的危险程度显著增加的，被保险人应当按照合同约定及时通知保险人，保险人可以按照合同约定增加保险费或者解除合同。《保险法》第五十三条规定，据以确定保险费率的有关情况发生变化，保险标的的危险程度明显减少的，除合同另有约定外，保险人应当降低保险费，并按日计算退还相应的保险费。其二，当事人有不诚信行为时。《保险法》第三十二条规定，投保人申报的被保险人年龄不真实，致使投保人支付的保险费少于应付保险费的，保险人有权更正并要求投保人补交保险费，或者在给付保险金时按照实付保险费与应付保险费的比例支付。投保人申报的被保险人年龄不真实，致使投保人支付的保险费多于应付保险费的，保险人应当将多收的保险费退还投保人。

（二）保险合同的转让

保险合同的转让是指保险合同的当事人一方依法将其合同权利义务关系全部或部分转让给第三人的行为。保险合同的转让可以分为人身保险合同的转让和财产保险合同的转让。

人身保险合同的转让要么是因当事人之间的合意，要么是因保险人被强制解散或破产引起的。第一，在保险事故发生之前进行的转让。投保人此时可以将保险单转让给他人，不过如要转让的是"以死亡为给付保险金条件"的人身保险合同，还须经过被保险人的书面同意。保险人转让则须依据《保险法》转让给其他经营有人寿保险业务的保险公司。第二，在保险事故发生以后进行的转让。保险事故发生后，受益人的保险金请求权利和保险人的保险赔付义务可以实际履行。受益人转让其合同权利，仅需通知保险人即可，不用取得他人同意；而保险人转让其合同债务，则须征得受益人的同意。

财产保险合同的转让通常是由保险标的的转让引起的。依据《保险法》第四十九条的规定，保险标的转让的，保险标的的受让人承继被保险人的权利和义务。保险标的转让的，被保险人或者受让人应当及时通知保险人，但货物运输保险合同和另有约定的合同除外。因保险标的转让导致危险程度显著增加的，保险人自收到前款规定的通知之日起三十日内，可以按照合同约定增加保险费或者解除合同。保险人解除合同的，应当将已收取的保险费，按照合同约定扣除自保险责任开始之日起至合同解除之日止应收的部分后，退还投保人。被保险人、受让人未履行本条第二款规定的通知义务的，因转让导致保险标的危险程度显著增加而发生的保险事故，保险人不承担赔偿保险金的责任。

（三）保险合同的中止与复效

中止与复效都是保险合同所独有的效力状态。在一些长期保险中，保险费的交纳是分期交付的，为了维护保险消费者的正当权益，保险法律设置了保险合同的中止和复效制度。保险合同的中止是指在保险合同的有效期内，因某种特殊事由的出现，而使保险合同的效力暂时停止。依据《保险法》第三十六条的规定，合同约定分期支付保险费，投保人支付首期保险费后，除合同另有约定外，投保人自保险人催告之日起超过三十日未支付当期保险费，或者超过约定的期限六十日未支付当期保险费的，合同效力中止，或者由保险人按照合同约定的条件减少保险金额。中止期间内，如果保险事故发生，保险人不用承担保险赔偿责任。保险合同的复效是指导致保险合同效力中止的事由消除后，经过一定的程序，被中止的合同重新恢复其效力。但是，自合同效力中止之日起满二年双方未达成协议的，保险人有权解除合同。

（四）保险合同的解除

保险合同的解除是指在保险合同的有效期间内出现解除合同的事由时，基于一方当事人或双方当事人的意思表示，而使保险合同法律关系归于消灭的法律行为。保险合同的解除可以分为约定解除和法定解除。

约定解除可以进一步区分为协商解除和约定解除权。协商解除是指在保险合同成立以后，保险合同当事人通过平等协商来解除合同。约定解除权是指保险合同当事人在保险合同订立当时就在保险合同中明确约定一定的解除事由，一旦之后约定的事由成立，则保险合同的当事人一方可以直接行使解除权，使保险合同关系归于消灭。

法定解除是指在保险合同存续期间且尚未实际履行完毕之前，保险合同当事人依据法定情形解除合同的行为。《保险法》第十五条规定，除本法另有规定或者保险合同另有约定外，保险合同成立后，投保人可以解除合同，保险人不得解除合同。一方面，该条赋予了投保人以法定的任意解除权。在保险合同存续期间，投保人可以随时且不以任何理由解除合同，无须与保险人商议或取得其同意，只要通知即可。但是，投保人的任意解除权也并非完全绝对。货物运输保险合同和运输工具航程保险合同，保险责任开始后，合同当事人不得解除合同。另外，强制保险中投保人也不能任意解除合同。另一方面，保险人并无一般性的解除权，只有在法律规定的特定情形之下才有解除合同的权利，且其解除权利还会受到诸种限制。保险人具有解除权的法定情形大致有以下几种：其一，投保人违反如实告知义务的；其二，被保险人或受益人谎称发生保险事故或故意制造保险事故的；其三，投保人、被保险人未尽维护保险标的安全的义务；其四，保险标的危险程度增加；其五，投保人申报的被保险人年龄不实；其六，人身保险经过中止期而未能复效；其七，投保人经催告后仍不交纳保险费；其八，保险标的发生部分损失且已赔付保险金。

（五）保险合同的终止

保险合同的终止是指保险合同的权利义务关系彻底终结。保险合同终止的主要原因如下：其一，因期限届满而终止；其二，因保险赔付义务完全履行而终止；其三，因当事人解除合同而终止；其四，保险标的物灭失或被保险人死亡；等等。保险合同终止的法律效果为其效力从终止之日起丧失，且不溯及既往。

第四节　保险合同的争议处理

保险合同的争议是指在保险合同成立以后，当事人双方就信息披露是否到位、保险合同是否依约履行及保险赔偿是否合适等问题发生认识不一致并引起纠纷。无论纠纷源自何种原因，都需要按照一定的程序和规则来处理。

一、解决保险合同争议的方式

根据我国有关法律的规定，保险合同争议的解决方式有如下四种。

（一）和解

和解是指保险合同双方当事人在平等自愿且相互谅解的前提下，通过交涉、协商、讨价还价的过程，最终达成合意以解决纠纷的方式。和解的形式多样，简

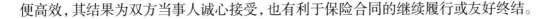

便高效，其结果为双方当事人诚心接受，也有利于保险合同的继续履行或友好终结。

（二）调解

调解是指在第三人主持下，以国家法律、法规、规章和政策及社会公德为依据，对保险纠纷双方进行斡旋、劝说，促使他们相互谅解，进行协商，自愿达成协议，消除纷争的活动，在我国常见的是法院的司法调解。依据《民事诉讼法》的相关规定，人民法院审理民事案件，根据当事人自愿的原则，在事实清楚的基础上，分清是非，进行调解。调解达成协议，必须双方自愿，不得强迫。调解协议的内容不得违反法律规定。调解书经双方当事人签收后，即具有法律效力，不得违反，可以申请强制执行。调解未达成协议或者调解书送达前一方反悔的，人民法院应当及时判决。

（三）仲裁

仲裁是指保险合同双方当事人自愿将他们之间已经发生或将来可能发生的争议事项交由双方同意的非司法机构的第三人独立、公正地进行审理判断，并作出对各方具有约束力的裁定结果的一种法律层面的纠纷解决制度。仲裁具有自治性、专业性、灵活性、保密性和经济性等特点。仲裁这种纠纷解决方式较之诉讼能够在极大程度上节约成本，更有助于对效益的追求。与诉讼相比，仲裁实行一裁终局的制度，而且仲裁的期限本身也比较短，这样可以尽早解决案件，使保险法律关系当事人双方及时从保险纠纷中解脱出来，从事新的保险活动。另外，仲裁以当事人之间的合意授权为基础，在纠纷解决的基础理念上有着和诉讼迥异的特点，仲裁更有利于彻底解决争端。

（四）诉讼

诉讼是指保险纠纷双方将纠纷交给国家司法机关（主要是法院）处断，以国家司法权力作为保障的纠纷解决方式。诉讼对于保险纠纷的解决具有权威性和强制性。依据《民事诉讼法》第二十四条的规定，因保险合同纠纷提起的诉讼，由被告住所地或者保险标的物所在地人民法院管辖。

二、保险合同条款的解释

所谓合同解释是指运用各种解释规则和方法，确定合同条款的真意，以消除纠纷的行为。当保险合同条款用语准确、内容清晰无歧义的情况下，根本无须运用解释方法去解释保险合同条款。但是一旦投保人、被保险人、受益人与保险人之间就合同条款的理解产生不同意见并引发纠纷时，就需要纠纷裁决主体运用一定的解释方法去解释具体的条款，以利于纠纷解决。

（一）保险合同中记载内容不一致时的解释规则

由于保险实务中部分保险公司经营不够规范，经常出现投保单与保险单、其他保险凭证上的条款内容不一致，或者非格式条款与格式条款内容不一致，或者保险凭证的内容记载时间或记载方法不一致等问题，常常引发当事人之间的认知纠纷。《保险法》对此未做规范，而是其后最高人民法院发布的《关于适用〈中华人民共和国保险法〉若干问题的解释（二）》第十四条规定了处理规则：（1）投保单与保险单或者其他保险凭证不一致的，以投保单为准。但不一致的情形系经保险人说明并经投保人同意的，以投保人签收的保险单或者其他保险凭证载明的内容为准。（2）非格式条款与格式条款不一致的，以非格式条款为准。（3）保险凭证记载的时间不同的，以形成时间在后的为准。（4）保险凭证存在手写和打印两种方式的，以双方签字、盖章的手写部分的内容为准。

（二）保险合同条款的"通常解释"规则

当保险合同中记载内容不存在不一致，或者不一致的情形已按上述处理规则解决之时，保险合同当事人对于合同条款理解仍然存在争议的，应当按照文义解释规则、整体解释规则、目的解释规则、习惯解释规则或诚信解释规则来探求对于合同条款的"通常理解"。文义解释是按照合同条款通常的文字含义来进行解释。文义解释要求被解释的合同字句本身具有单一且明确的含义，如地震、泥石流等。一旦合同文字的意思并不明确时，就尝试运用整体解释规则、目的解释规则、习惯解释规则或诚信解释规则来进行补充解释。

（三）保险合同条款的歧义利益解释规则

只有在通过上述"通常解释"规则解释，对于格式保险合同条款的理解仍然存在两种或两种以上解释的，方才可以根据《保险法》第三十条后段的规定，人民法院或者仲裁机构应当作出有利于被保险人和受益人的解释。之所以有此解释规则，是因为保险合同多为格式合同，保险合同条款往往由保险人事先拟订，投保人只能整体接受或整体不接受，加之保险合同中条文晦涩，专业性、技术性太强，投保人一方往往难以准确理解，较难就合同条款达成真正的合意，如此造成了十分不公的局面。为了保护保险消费者，实现公平，《保险法》规定了有利于投保人一方的解释规则，即歧义利益解释规则或不利解释规则。然而，仍须注意的是，该项规则的适用不得滥用：其一，该规则为后顺位的解释规则，应在穷尽其他解释方法之后仍有问题，方可适用；其二，如果须解释的保险合同条款并非是格式条款，而是个别商议条款，不得适用。

课后习题

1.【单选】保险合同是（　　）约定权利与义务关系的协议。

A. 保险人与投保人　　　　　　　　B. 保险人与受益人

C. 投保人与被保险人　　　　　　　D. 保险人与被保险人

2.【多选】保险合同双方发生争议时，可以采用（　　）的方式解决。

A. 诉讼　　　　　B. 和解　　　　　C. 仲裁　　　　　D. 调解

3.【单选】下列属于保险合同当事人的是（　　）。

A. 投保人　　　　B. 受益人　　　　C. 保险代理人　　　D. 保险经纪人

4.【单选】暂保单的有效期一般为（　　）。

A. 15 天　　　　B. 30 天　　　　C. 45 天　　　　D. 60 天

5.【单选】分期支付保险费的保险合同，投保人在支付了首期保险费后，未按约定或法定期限支付当期保险费的，合同效力中止。合同效力中止之后（　　）内双方未就恢复效力达成协议的，保险人有权解除保险合同。

A. 1 年　　　　B. 2 年　　　　C. 3 年　　　　D. 5 年

6.【单选】保险合同主体的权利与义务的变更属于（　　）。

A. 内容变更　　　B. 主体变更　　　C. 客体变更　　　D. 利益变更

7.【单选】投保人为订立保险合同而向保险人提出的书面要约是（　　）。

A. 保险单　　　　B. 暂保单　　　　C. 投保单　　　　D. 保险凭证

8.【单选】以下关于人身保险合同中受益人获得的保险金的说法正确的是（　　）。

A. 属于被保险人的遗产，纳入遗产分配

B. 不属于被保险人遗产，不纳入遗产分配，但可以用于清偿被保险人生前

债务

C. 不属于被保险人遗产，不纳入遗产分配，也不可以用于清偿被保险人生前债务

D. 属于被保险人遗产，纳入遗产分配，可用于清偿被保险人生前债务

9.【单选】（　　）是指保险合同当事人中至少有一方并不必然履行金钱给付义务。

A. 有偿性　　　　B. 附和性　　　　C. 双务性　　　　D. 射幸性

10.【单选】保险人承担赔偿和给付保险金责任的最高限额叫（　　）。

A. 保险价值　　　B. 实际损失　　　C. 赔偿限额　　　D. 保险金额

第三章　保险原则

教学目的

1. 了解保险利益原则、最大诚信原则、近因原则、损失补偿原则及其派生原则在保险理论及实务中的重要地位。
2. 掌握保险利益的含义、保险利益确立的条件、保险利益原则的具体内容、最大诚信原则及其内容、告知的含义、保证的含义、损失补偿原则的质与量的规定性、权利代位及物上代位的内容、重复保险的分摊方法、近因原则的基本内容、近因原则的运用。
3. 理解保险利益原则在实务中的运用、违反最大诚信原则的情形及其法律后果、影响损失补偿原则实施的因素等。

教学重点

1. 保险利益原则及其意义。
2. 最大诚信原则的内容。
3. 近因原则及其运用。
4. 损失补偿原则的赔偿方式。

第一节 保险利益原则

一、保险利益原则的含义

保险利益原则是指在签订和履行保险合同的过程中，投保人或被保险人对保险标的必须具有保险利益。保险利益既是订立保险合同的前提条件，也是保险合同生效及在存续期间保持效力的前提条件。一般情况下，投保人只有对保险标的具有保险利益，才有条件或有资格与保险人订立保险合同，双方签订的保险合同才能生效，否则，为非法的或无效的合同。

（一）保险利益的含义

保险利益是指投保人或被保险人对保险标的所具有的法律上承认的经济利益。这种经济利益因保险标的的完好、健在而存在，因保险标的的损毁、伤害而受损。保险利益是投保人或被保险人可以向保险人投保的利益，是保险人可提供保险保障的最大额度。保险利益体现了投保人或被保险人对保险标的所具有的法律上承认的利害关系。投保人或被保险人因保险标的的未发生风险事故而受益，因保险标的的遭受风险事故而受到损失。

（二）保险利益的要件

并非投保人或被保险人对保险标的所拥有的任何利益都可称为保险利益，保险利益必须具备下列条件。

1. 保险利益必须是合法的利益

所谓合法的利益，是指投保人或被保险人对保险标的的利益必须是法律认可并且受到法律保护的利益，即在法律上可以主张的利益。相反，违反法律规定或通过不正当手段获得的利益，都不能成为保险利益。例如，以盗窃、诈骗、贪污、走私等手段获取的财物都不能成为保险合同的标的物，由此产生的利益不能构成保险利益。

2. 保险利益必须是确定的利益

所谓确定的利益，是指已经确定或可以确定的利益，包括现有利益、预期利益、责任利益和合同利益。保险利益必须是客观存在的、可以实现的利益，而不是仅仅凭主观臆测、推测可能获得的利益。

3. 保险利益必须是经济利益

所谓经济利益，是指投保人或被保险人对保险标的的利益价值必须能够用货币衡量。因为保险的目的是为了弥补被保险人因保险标的出险所遭受的经济损失，这种经济损失正是基于当事人对保险标的所拥有的经济利益为前提。

（三）坚持保险利益原则的意义

保险合同的成立必须具备保险利益的意义在于以下三个方面。

1. 防止道德风险的发生

若无保险利益原则，投保人以与自己毫无利害关系的保险标的投保，就会出现投保人为谋取保险赔偿而任意购买保险，并期盼保险事故发生的现象；或投保人在保险事故发生后不积极施救，甚至为了获得巨额赔偿或给付而谎报或蓄意制造保险事故等。而在保险利益原则规定下，由于投保人与被保险人存在利害制约关系，一般不会诱发道德风险事故的发生。

2. 区别保险与赌博的标准

若保险合同生效不以保险利益为前提，保险合同则会变成赌博合同。如果能以与自己毫无关系的保险标的投保，投保人就可能因保险事故的发生而获得远远高于所交保险费的额外收益，这种收益不是绝对的补偿，而是以较小的损失谋取较大的经济利益的投机行为，因此，保险利益原则是把保险与赌博从本质上区分开的标准。

3. 规定保险保障的最高限度，便于衡量损失

作为一种经济补偿制度，保险的宗旨在于补偿被保险人因保险标的的出险所遭受的经济损失，但不允许被保险人通过保险获得额外的利益。因此，必须以投保人或被保险人在保险标的上所具有的经济利益，即保险利益作为保险保障的最高限度，否则被保险人将因保险获利，这既有悖于损失补偿原则，又容易诱发道德风险和赌博行为。除此之外，保险利益原则还可避免保险人与被保险人在赔偿金额上产生纠纷。

二、财产保险的保险利益

（一）保险利益的来源

保险利益体现的是投保人或被保险人与保险标的之间的经济利益关系，这种经济利益关系在财产保险中来源于投保人对保险标的所拥有的各种权利。其中，财产所有权是最能代表保险利益的一种方式，但是，除此之外还存在其他形式的保险利益。

1. 财产所有人、经营管理人的保险利益

对财产所有人而言，其对自身所拥有的财产具有保险利益，因为如果财产遭受损害，其所有人将蒙受经济损失。对财产经营管理人而言，虽然其负责经营的财产不为其所有，但由于其对财产拥有经营权或使用权而享有由此产生的利益及承担相应的责任，因而财产经营管理人对该财产具有保险利益。

2. 抵押权人与质押权人的保险利益

抵押与出质都是债权的一种担保，当债权不能获得清偿时，抵押权人或质押权人有从抵押或出质的财产价值中优先受偿的权利。抵押权人与质押权人因债权债务关系对财产具有经济上的利害关系，因而对抵押、处置的财产均具有保险利益。例如，发放不动产抵押贷款的金融机构对抵押财产具有保险利益。

3. 负有经济责任的财产保管人和承租人等的保险利益

财产的保管人、承租人、承包人、承运人等对其所保管、使用的财产负有经济责任，因此具有保险利益。例如，租车人在承租期间对其所租用的车辆具有保险利益，因为如果车辆完好，租车人可以根据租车合同的规定使用，以实现其租车的目的。但是，如果车辆受损，其必须对车主赔偿损失。

4. 合同双方当事人的保险利益

在合同关系中，一方当事人或双方当事人只要合同标的的损失可能给他们带来损失，其对合同标的就具有保险利益。例如，在进出口贸易中，出口方或进口方均具有投保货物运输保险的保险利益。

（二）保险利益存在的时间要求

财产保险不仅要求投保人在投保时对保险标的具有保险利益，而且要求保险利益在保险有效期内始终存在，特别是发生保险事故时，被保险人对保险标的必须具有保险利益。如果投保人或被保险人在订立保险时具有保险利益，但在保险合同履行过程中失去了保险利益，则保险合同随之失效，保险人不承担经济赔偿责任。这是由财产保险的补偿性所决定的，因为没有保险利益就无所谓损失，自然也就无须补偿。

但根据国际惯例，在海上保险中对保险利益的要求有所例外，即不要求投保人在订立保险合同时具有保险利益，只要求被保险人在保险标的遭受损失时，必须具有保险利益，否则就不能取得保险赔偿。我国《保险法》第十二条第二款也规定："财产保险的被保险人在保险事故发生时，对保险标的应当具有保险利益。"第四十八条规定："保险事故发生时，被保险人对保险标的不具有保险利益的，不得向保险人请求赔偿保险金。"可见，财产保险对保险利益的要求重点在保险事故发生时。

（三）确定保险利益价值的依据

财产保险保险利益价值的确定要依据保险标的的实际价值，也就是说，保险标的的实际价值即为投保人对保险标的的所具有的保险利益价值。投保人只能根据保险标的的实际价值投保，在保险标的实际价值的限度内确定保险金额，如果保险金额超过保险标的的实际价值，超过部分无效。我国《保险法》第五十五条第三款规定："保险金额不得超过保险价值。超过保险价值的，超过部分无效，保险人应当退还相应的保险费。"

三、人身保险的保险利益

（一）保险利益的来源

人身保险的保险利益来源于投保人与被保险人之间所具有的各种利害关系。

第一，人身关系，指投保人以自己的生命和身体作为保险标的。任何人对自己的生命和身体都具有最大的利害关系，因而具有保险利益。

第二，亲属关系，指投保人的配偶、子女、父母等家庭成员。由于家庭成员之间具有婚姻、血缘、抚养和赡养关系，因而也具有经济上的利害关系，所以，投保人对其家庭成员具有保险利益。

第三，雇佣关系。由于企业或雇主与其雇员之间具有经济利益关系，因而，企业或雇主对其雇员具有保险利益，所以，企业或雇主可以作为投保人为其雇员订立人身保险合同。

第四，债权债务关系。由于债权人债权的实现有赖于债务人依约履行义务，债务人的生死存亡，关系到债权人的切身利益，所以，债权人对债务人具有保险利益。但是，债权人的生死安危与债务人并无利害关系，不影响债务人债务的履行，因此，债务人对债权人无保险利益。

对于人身保险的保险利益的来源，我国保险立法和实务基本上是采取利益和同意相结合的原则。《保险法》第三十一条规定："投保人对下列成员具有保险利益：（一）本人；（二）配偶、子女、父母；（三）前项以外与投保人有抚养、赡养或者抚养关系的家庭其他成员、近亲属；（四）与投保人有关劳动关系的劳动者。除前款规定外，被保险人同意投保人为其订立合同的，视为投保人对被保险人具有保险利益。"第三十三条规定："投保人不得为无民事行为能力人投保以死亡为给付保险金条件的人身保险，保险人也不得承保。父母为其未成年子女投保的人身保险，不受前款规定限制。但是，因被保险人死亡给付的保险金总和不得超过国务院保险监督管理机构规定的限额。"这些规定是为了保护无民事行为能力人和未成年子女免受侵害。

在健康保险中，是否存在保险利益取决于健康保险单是定额保险合同还是补偿性保险合同。对于定额保险合同，如重大疾病保险，其保险利益的规定与人寿保险相同。对于补偿性保险合同，如医疗费用保险，其保险利益的规定与财产保险相同。

（二）保险利益存在的时间要求

与财产保险利益时间要求不同的是，人身保险着重强调投保人在订立保险合同时对被保险人必须具有保险利益，保险合同生效后，就不再追究投保人对被保险人的保险利益问题。法律规定受益人必须由被保险人指定，如果由于受益人的故意行为致使被保险人受到伤害，受益人则丧失受益权，这能有效防范受益人谋财害命，从而保障被保险人的人身安全和利益。此外，人身保险合同具有储蓄的性质，被保险人或受益人所领取的保险金相当部分是投保人或被保险人所交纳的保险费和利息的积累。所以，人身保险的保险利益只要求在投保时存在。《保险法》第十二条第一款规定："人身保险的投保人在保险合同订立时，对被保险人应当具有保险利益。"第三十一条第三款规定："订立合同时，投保人对被保险人不具有保险利益的，合同无效。"

（三）确定保险利益价值的依据

由于人身保险保险标的是人的生命或身体，是无法估价的，因而其保险利益也无法以货币计量。所以，人身保险金额的确定依据是被保险人的保险需要与投保人的保险费支付能力。

四、责任保险的保险利益

责任保险的保险标的是被保险人对第三者依法应负的赔偿责任。因承担经济赔偿责任而支付损害赔偿金和其他费用的人具有责任保险的保险利益。它是基于法律上的民事赔偿责任而产生的保险利益，如对第三者的责任、职业责任、产品责任、公众责任、雇主责任等。

第一，各种固定场所的所有人或经营人对其客户、观众等人身伤害或财产损失，依法承担经济赔偿责任的，具有保险利益，可投保公众责任险。

第二，各类专业人员，如会计师、律师、医师等，由于工作上的疏忽或过失导致他人遭受损害而依法承担经济赔偿责任的，具有保险利益，可投保职业责任险。

第三，制造商、销售商等因商品质量或其他问题给消费者造成人身伤害或财产损失，依照法律承担经济赔偿责任的，具有保险利益，可投保产品责任险。

第四，雇主对其雇员在雇佣期间从事业务时因遭受意外导致伤、残、死亡或患有与职业有关的职业病而依法或根据雇佣合同应承担经济赔偿责任的，具有保险利益，可投保雇主责任保险。

五、信用保证保险的保险利益

在信用和保证保险中，权利人与被保险人之间必须建立经济合同关系。由于他们之间存在经济上的利害关系，因此具有保险利益。具体而言，债权人对债务人的信用具有保险利益，可以投保信用保险。债务人对自身的信用也具有保险利益，可按照债权人的要求投保自身信用的保险，即保证保险。

第二节　最大诚信原则

一、最大诚信原则的含义

最大诚信原则的基本含义是保险双方在签订和履行保险合同时，必须以最大的诚意履行自己应尽的义务，并且保险合同双方应向对方提供影响对方作出签约决定的全部真实情况，互不欺骗和隐瞒，恪守合同的认定与承诺，否则保险合同无效。《保险法》第五条规定："保险活动当事人行使权利、履行义务应当遵循诚实信用原则。"

坚持最大诚信原则是为了确保保险合同的顺利履行，维护保险双方当事人的利益，所以，该原则适用于保险双方当事人。由于信息不对称的存在，投保方更加了解保险标的的情况，保险人需要依靠投保方告知的风险来决定是否承保、如何承保及适用的费率；而保险人由于保险的专业性和技术性，使保险合同均采用附和合同形式，一般投保人或被保险人不易理解和掌握，因此要求被保险人在订立保险合同时必须如实向投保人说明保险合同的条款内容，以最大诚意履行其应尽的义务与责任。

二、最大诚信原则的内容

最大诚信原则的主要内容包括告知、保证、弃权与禁止反言。在现代保险合同及其有关法律规定中，告知与保证是对投保人、保险人等保险合同关系的共同约束。弃权和禁止反言的规定主要是约束保险人。

（一）告知

告知是指保险合同当事人一方在合同缔结前和缔结时及合同有效期内就重要事实向对方所作的口头或书面的陈述。最大诚信原则要求的是如实告知，投保人或被保险人和保险人都有如实告知的义务。投保人或被保险人在保险合同缔结前或签订合同时及在合同有效期内应尽量将已知和应知的与保险标的有关的重要事实如实告知保险人；保险人在保险合同缔结前或缔结时也应将对投保人有利害关系的重要事实如实向投保人陈述。

1. 投保人或被保险人的告知

投保人或被保险人必须告知的重要事实是那些足以影响谨慎的保险人决定是否承保及保险费率的事实，包括有关保险标的的实际状况、风险程度、投保人或被保险人具有何种保险利益、合同有效期内保险标的的用途及风险的增加、权属关系的转移等事实。属于重要的事实主要有：超出事物正常状态的事实；保险人所负责任较大的事实；有关投保人和被保险人的详细情况；保险合同有效期内危险增加的事实等。《保险法》第十六条第一款规定："订立保险合同，保险人就保险标的的或者被保险人的有关情况提出询问的，投保人应当如实告知。"投保人或被保险人对某些事在未经询问时可以保持沉默，无须告知，保险人不得以此为由使合同无效或拒绝承担赔付责任。

2. 保险人的告知

保险人必须告知的事实是足以影响善意的投保人或被保险人是否投保及投保条件的事实，主要包括两方面：一是在保险合同订立时要采用格式条款，并且保险人应主动向投保人说明保险合同的条款内容，对于责任免除条款还要进行明确说明。《保险法》第十七条第二款规定："对保险合同中免除保险人责任的条款，保险人在订立合同时应当在投保单、保险单或者其他保险凭证上作出足以引起投保人注意的提示，并对该条款的内容以书面或者口头形式向投保人作出明确说明；未作提示或者明确说明的，该条款不产生效力。"二是在保险合同约定的条件满足后或保险事故发生后，保险人应当按合同约定如实履行给付或赔偿义务。

案例 3-1

免责条款的告知义务

2013 年 9 月 6 日，马某为其所有的车号为甘 N 牌照重型半挂牵引车投保了某保险公司神行车保系列产品，其中车上责任险（乘客）赔偿限额为 10 万元 ×2 座。2014 年 5 月 24 日 23 时许，驾驶员马甲驾驶该车在兰州市天奇物流园倒车时，该车副驾驶座位上的第三人马乙不慎从车内摔至地下，导致其左腿受伤。后经诊断，马乙为左腿骨折及韧带损伤。住院期间，马某为第三人马乙支付了医疗费 11591.07 元，赔付误工费、护理费等各项费用共计 5.2 万元，第三人马乙遂将要求保险公司支付保险金的权利转让给了马某。2014 年 10 月 17 日，保险公司向马某发出拒赔通知书一份，双方协商无果后，遂酿成纠纷。

保险公司拒赔理由：标的车驾驶员所持有的 A2 驾驶证在出险时属于实习期，依照保险合同免责条款和法律禁止性的规定，本次事故不属于保险责任，保险公司不应承担赔付保险金的责任。

兰州铁路运输法院审理认为，保险公司将法律、行政法规中的禁止性规定情形作为保险合同免责条款的免责事由，应向马某作出提示，但保险公司不能提供证据证明已履行上述义务，故该条款不产生效力，法院对该辩解意见不予采信。据此，法院判决保险公司自本判决生效之日起十日内，向原告马某赔付保险金 41430 元。

本案的关键在于保险人是否履行了告知义务。《保险法》第十七条第二款规定："对保险合同中免除保险人责任的条款，保险人在订立合同时应当在投保单、保险单或者其他保险凭证上作出足以引起投保人注意的提示，并对该条款的内容以书面或者口头的形式向投保人作出明确说明；未作提示或者明确说明的，该条款不产生效力。"本案中，"持有实习期驾照发生交通事故不属于保险责任范畴。"保险公司并没有对此免责条款向投保人或被保险人作明确说明，因此该免责条款无效。

3. 告知的形式

告知包括口头和书面的陈述。对保险人来说，履行告知义务不以投保人的请求或询问为条件，而应主动告知，对保险合同条款内容作出说明；保险人若在合同订立以后才对投保人说明，其说明无效。

对投保人来说，告知的立法形式有两种：一是无限告知，二是询问告知。无限告知即法律或保险人对告知的内容没有明确规定，只要事实上与保险标的的危险状况有关的任何重要事实，投保人都有义务告知保险人。询问告知也称主观告知，即告知的内容以保险人的询问为限，投保人对保险人询问的问题必须如实告知，对询问以外的问题，投保人无须告知。目前世界上大多数国家，包括我国在内的保险立法均采用询问告知的形式。《保险法》第十六条第一款规定："订立保险合同，保险人就保险标的或者被保险人的有关情况提出询问的，投保人应当如实告知。"

（二）保证

保证是最大诚信原则的另一项重要内容。所谓保证，是指保险人在签发保险单或承担保险责任之前要求投保人或被保险人对某一事项的作为或不作为，某项事态的存在或不存在作出的承诺或确认。保证的内容属于保险合同的重要条款之一，是保险人签发保险单或承担保险责任所需投保人或被保险人履行某种义务的条件，其目的在于控制风险，确保保险标的及周围环境处于良好状态。保证的类型可分为以下几种。

1. 根据保证事项是否已存在，可分为确认保证与承诺保证

（1）确认保证。确认保证是投保人或被保险人对过去或现在某一特定事实的存在或不存在的保证。确认保证是要求对过去或投保当时的事实作出如实的陈述，而不是对该事实以后的发展情况作保证。例如，在投保人身保险时，投保人保证被保险人在过去和投保当时健康状况良好，但不保证今后也一定如此。

（2）承诺保证。承诺保证是指投保人或被保险人对将来某一事项的作为或不作为的保证，即对该事项今后的发展作保证。例如，在投保家庭财产保险时，保证不在家中放置危险品；在投保家庭财产盗窃险时，投保人或被保险人保证家中无人时，门窗一定关好、上锁。

2. 根据保证存在的形式，可分为明示保证和默示保证

（1）明示保证。明示保证是指以文字或书面形式载明于保险合同中，成为保险合同的条款。例如，我国机动车辆保险条款"被保险人必须对车辆妥善保管、使用、保养，使之处于正常技术状态"即为明示保证。

（2）默示保证。默示保证一般是国际惯例通行的准则，习惯上或社会公认的被保险人应在保险实践中遵守的规则，而不载明于保险合同中。默示保证在海上保险中运用较多，如海上保险的默示保证有三项：一是保险的船舶必须有适航能力；二是要按预定的或习惯的航线航行；三是必须从事合法的运输业务。

默示保证与明示保证具有同等的法律效力，被保险人都必须严格遵守。保证与告知都是最大诚信的主要内容，但二者仍有区别。告知强调的是诚实，对有关保险标的的重要事实如实申报；而保证则强调守信、恪守诺言，言行一致，承诺的事项与事实一致。告知是订立保险合同时所作的陈述，包括口头或书面的陈述；而保证通常作为合同的条款载明于保险合同上，要求投保人或者被保险人在整个

保险期限内遵守。因此，保证对投保人或被保险人的要求比告知更为严格。此外，告知的目的在于使保险人能够正确估计其所承担的危险，而保证则在于控制危险，减少危险事故的发生。

（三）弃权与禁止反言

为了保障被保险人的利益，限制保险人利用违反告知或保证而拒绝承担保险责任，各国保险法一般都有弃权与禁止反言的规定，以约束保险人及其代理人的行为，平衡保险人与投保人或被保险人的权利义务关系。

1. 弃权

弃权是指保险合同一方当事人放弃其在保险合同中的某项权利，包括解约权和抗辩权。尽管从概念上看，弃权的主体既可以是保险人，也可以是投保人或被保险人，但在多数情况下，该规定主要用于约束保险人。

弃权一般因保险人单方面的言辞或行为而发生效力。构成保险人的弃权必须具备两个条件：首先，保险人必须知道投保人或被保险人有违反告知义务或保证条款的情形，因而享有合同解除权或抗辩权。其次，保险人必须有弃权的意思表示，包括明示表示和默示表示。对于默示弃权，可以从保险人的行为中推断。如保险人知道投保人或被保险人有违背约定义务的情形，而仍然作出如下行为的，通常被视为默示弃权。

第一，投保人未按期交纳保险费，或违背其他约定的义务，保险人原本有权解除合同，但却在已知该种情形的情况下仍然接受投保人逾期交付的保险费，则证明保险人有继续维持合同的意思表示，因此，其本应享有的合同解除权或抗辩权视为放弃。

第二，被保险人违反防灾减损义务，保险人可以解除保险合同，但在已知该事实的情况下并没有解除保险合同，而是指示被保险人采取必要的防灾减损措施，该行为可视为保险人放弃合同解除权。

第三，投保人、被保险人或受益人在保险事故发生时，应于约定或法定的时间内通知保险人，但投保人、被保险人或受益人逾期通知而保险人仍接受，可视为保险人对逾期通知抗辩权的放弃。

第四，在保险合同有效期限内，保险标的危险增加，保险人有权解除合同或者请求增加保费，当保险人请求增加保险费或者继续收取保险费时，则视为保险人放弃合同的解除权。

2. 禁止反言

禁止反言是指合同的一方既然已经放弃其在合同中可以主张的某种权利，则不得再向他方主张这种权利。例如，保险人明知有影响保险合同效力的因素或事实存在，却以其言辞或行为误导不知情的投保人或被保险人相信保险合同无瑕疵，则保险人不得再以该因素或者事实的存在对保险合同的效力提出抗辩，即禁止保险人反言。禁止反言以欺诈或者致人误解的行为为基础。保险人有如下情形之一的，在诉讼中将被禁止反言。

第一，保险人明知订立的保险合同有违背条件、无效、失效或其他可解除的原因，仍然向投保人签发保险单，并收取保险费。

第二，保险代理人就投保申请书及保险单上的条款做错误的解释，使投保人或被保险人信以为真而投保。

第三，保险代理人代替投保人填写投保申请书时，为使投保申请内容易被保险人接受，故意将不实的事项填入投保申请书，或隐瞒某些事项，而投保人在保险单上签名时不知其虚伪。

第四，保险人或其代理人表示已按照投保人或被保险人的请求完成应当由保险人完成的某一行为，而事实上并未实施，如保险单的批注、同意等，致使投保人或被保险人相信已完成。

在保险实践中，弃权与禁止反言主要用于约束保险人，要求保险人为其行为及代理人行为负责，这有利于平衡保险人与投保人或被保险人的权利与义务关系，使最大诚信原则得到最好的落实。保险条款中的不可抗辩条款是弃权与禁止反言的体现，在人寿保险中，规定保险方只能在合同订立之后的一定期限内，一般为2年，以被保险方告知不实或隐瞒为由解除合同。如果超过规定期限没有解除合同的，则视为保险人已经放弃这一权利，不得再以此为由解除合同。

案例 3-2

弃权与禁止反言

某客运公司在某保险公司为其一辆28座乘客位的客运车投保了道路客运承运人责任保险。保险合同约定保险责任范围为运输过程中所造成的本车上乘客人身、财产损失，每座的赔偿限额为40万元。投保时，该保险公司收取了包括驾驶员座位在内的29个座位的保费。在保险期内，该辆客车在运送旅客途中发生了交通事故，驾驶员当场死亡。客运公司在向死者家属赔偿了 60 余万元之后向保险公司提出索赔，遭拒后诉至法院要求按约定赔偿 40 万元。

　　本案的关键在于保险公司的情形符合禁止反言的规定。保险公司在承保时按 29 个座位承保，此时已明知该 29 个座位中包含了 1 个驾驶员座位，并且对该驾驶员座位实际收取了保费，应视为保险公司已认可将驾驶员列入了被保险责任范围。由此看出，保险人在承保时存在事实弃权，即保险人在承保时放弃了将驾驶员座位免赔条款适用对象的权利，就不得在将来事故发生后又根据合同条款拒绝偿付，违反了自己的保险承诺，适用禁止反言。所以，本案中保险公司应该履行赔偿责任。

三、违反最大诚信原则的法律后果

（一）告知义务的违反及其法律后果

　　在保险实务中，投保人或被保险人违反告知的表现主要有四种：漏报、误告、隐瞒、欺诈。漏报是指投保人一方由于疏忽对某些事项未予告知，或者对重要事实误认为不重要而未告知；误告是指投保人一方由于对重要事实认识的局限，包括不知道、理解不全面或不准确而导致误告，但并非故意欺骗；隐瞒是指投保人一方明知某些事实会影响保险人承保的决定或承保的条件而故意不告知；欺诈是指投保人一方怀有不良企图，有意捏造事实，弄虚作假，故意作不实告知。

　　只要投保人或被保险人违反告知义务，保险人有权宣告保险合同无效或不承担赔偿责任。《保险法》也对此作出了具体规定，依据违反告知情形的严重程度，分别规定了解除保险合同、不承担赔偿或给付保险金责任、退还保险费或按比例减少保险金等不同后果，具体如下。

　　1. 关于解除保险合同的规定

　　第十六条第二款规定："投保人故意或者因重大过失未履行前款[①]规定的如实告知义务，足以影响保险人决定是否同意承保或者提高保险费率的，保险人有权解除合同。"但第三款同时规定："前款规定的合同解除权，自保险人知道有解除事由之日起，超过三十日不行使而消灭。自合同成立之日起超过二年的，保

---

　　① "前款"即"订立保险合同，保险人就保险标的或者被保险人的有关情况提出询问的，投保人应当如实告知"。

险人不得解除合同；发生保险事故的，保险人应当承担赔偿或者给付保险金的责任。"

第二十七条第一款规定："未发生保险事故，被保险人或者受益人谎称发生了保险事故，向保险人提出赔偿或者给付保险金请求的，保险人有权解除合同，并不退还保险费。"第二款还规定："投保人、被保险人故意制造保险事故的，保险人有权解除合同，不承担赔偿或者给付保险金的责任。"

2. 关于不承担赔偿或者给付保险金责任的规定

第十六条第四款规定："投保人故意不履行如实告知义务的，保险人对于合同解除前发生的保险事故，不承担赔偿或者给付保险金的责任，并不退还保险费。"但第六款同时规定："保险人在合同订立时已经知道投保人未如实告知的情况的，保险人不得解除合同；发生保险事故的，保险人应当承担赔偿或者给付保险金的责任。"

第二十七条第三款规定："保险事故发生后，投保人、被保险人或者受益人以伪造、变造的有关证明、资料或者其他证据，编造虚假的事故原因或者夸大损失程度的，保险人对其虚报的部分不承担赔偿或者给付保险金的责任。"

第五十二条第二款规定："被保险人未履行前款①规定的通知义务的，因保险标的的危险程度显著增加而发生的保险事故，保险人不承担赔偿保险金的责任。"

3. 关于退还保险费或按比例减少保险金的规定

第十六条第五款规定："投保人因重大过失未履行如实告知义务，对保险事故的发生有严重影响的，保险人对于合同解除前发生的保险事故，不承担赔偿或者给付保险金的责任，但应当退还保险费。"

第三十二条规定："投保人申报的被保险人年龄不真实，并且其真实年龄不符合合同约定的年龄限制的，保险人可以解除合同，并按照合同约定退还保险单的现金价值。保险人行使合同解除权，适用本法第十六条第三款、第六款的规定。投保人申报的被保险人年龄不真实，致使投保人支付的保险费少于应付保险费的，保险人有权更正并要求投保人补交保险费，或者在给付保险金时按照实付保险费与应付保险费的比例支付。投保人申报的被保险人年龄不真实，致使投保人支付的保险费多于应付保险费的，保险人应当将多收的保险费退还投保人。"

---

① "前款"指"在合同有效期内，保险标的的危险程度显著增加的，被保险人应当按照合同约定及时通知保险人"。

（二）保证义务的违反及法律后果

保险活动中，无论是明示保证还是默示保证，保证的事项均属于重要事实，是订立保险合同的条件和基础。投保人或被保险人一旦违反保证事项，无论是否有过失，无论是否对保险人造成损害，保险合同即告失效，或者保险人可以拒绝赔偿损失或给付保险金。对于保证的事项，无论故意或无意违反保证义务的，都应如此处理。而且对于破坏保证的，通常除人寿保险外，保险人一般不退还保险费。

第三节　近因原则

近因原则是保险四大基本原则之一，是确定保险责任的重要原则。近因原则在保险实务中发挥着重要作用。

一、近因原则的含义

所谓近因，不是指在时间或空间上与损失结果最为接近的原因，而是指促成损失结果的最有效的、起决定作用的原因。

近因原则的基本含义是指若造成保险标的损失的近因属于保险责任范围，则保险人应负赔偿责任；若造成保险标的损失的近因不属于保险责任范围，则保险人不负赔偿责任。近因原则是判断风险事故与保险标的损失之间的因果关系，从而确定保险赔偿责任的一项基本原则，其旨在确立一种公平合理的保险人归责机制。

在保险实践中，保险标的的损害并不总是由单一因素造成的，导致损害的因素往往错综复杂，表现形式也多种多样。有的是同时发生，有的是不间断地发生，有的是时断时续地发生；并且这一连串的原因有的属于保险责任，有的不属于保险责任。对于这些理赔案件，一定要坚持运用近因原则来判定保险人是否承担保险理赔责任。

二、近因原则的运用

（一）单一原因致损近因的判定

单一原因致损，即损失由单一原因造成。如果事故发生所致损失的原因只有一个，显然该原因为损失的近因。如果这个近因属于保险责任范围，则保险人应对损失负赔偿责任；如果这个近因是除外责任，保险人则不予赔付。例如，某人投保人身意外伤害保险，后来不幸死于癌症，由于其死亡的近因为癌症，是人身意外伤害保险的除外责任，故保险人对其死亡不负赔偿责任。

（二）多种原因同时致损近因的判定

多种原因同时致损，即损失由多种原因造成，且这些原因几乎同时发生，无法区分时间上的先后顺序。如果损失的发生由同时存在的多种原因导致，且对损失都起决定性作用，则它们都是近因。保险人是否承担赔付责任，应区分两种情况：一是如果这些原因都属于保险责任，则保险人应负赔偿责任；相反，如果这些原因都属于除外责任，保险人则不负赔偿责任。二是如果这些原因中既有保险责任，也有除外责任，保险人是否承担赔付责任，则要看损失结果是否容易分解，即区分损失的原因。对于损失结果可以分别计算的，保险人只负责保险责任所致损失的赔付；对于损失结果难以划分的，保险人一般不予赔付。

（三）多种原因连续发生致损近因的判定

多种原因连续发生，即损失由若干个连续发生的原因造成，且各原因之间的因果关系没有中断。如果损失的发生是由具有因果关系的连续事故所致，保险人是否承担赔付责任，也要区分两种情况：一是如果这些原因中没有除外责任，则这些原因即为损失的近因，保险人应负赔偿责任。二是如果这些原因中既有保险责任，也有除外责任，则要看损失的前因是保险责任还是除外责任。如果前因是保险责任，后因是除外责任，且后因是前因的必然结果，则保险人应负赔偿责任；相反，如果前因是除外责任，后因是保险责任，且后因是前因的必然结果，则保险人不负赔偿责任。

（四）多种原因间断发生致损近因的判定

多种原因间断发生，即损失是由间断发生的多种原因造成的。如果风险事故

> **案例 3-3**
>
> ### 近因原则
>
> 　　2019 年 2 月 5 日，某建筑公司为单位职工投保团体人身意外伤害保险，保额为 5 万元。12 月 10 日，职工李四在场地工作时被铲车撞伤，造成右腿膝关节以上骨折，在医院治疗过程中因医院住院大楼发生火灾，李四行动不便无法逃离，被大火烧死。被保险人家属与保险公司就本事故的近因及保险金给付问题产生纠纷，请问应该如何处理？
>
> 　　保险公司应当按照被保险人死亡给付李四的家属保险金。本案中，第一次意外事故属于工伤，保险人本应按照残疾程度百分比给付保额的一定比例，但随后因住院大楼火灾事故，李四行动不便无法逃离，最终被大火烧死，火灾仍然是被保险人死亡的近因，故保险人应全额给付死亡保险金。

的发生与损失之间的因果关系由于另外独立的新原因介入而中断，则该新原因即为损失的近因。如果该新原因属于保险责任，则保险人应负赔偿责任；相反，如果该新原因属于除外责任，则保险人不负赔偿责任。

第四节　损失补偿原则

　　损失补偿原则是保险四大基本原则之一，主要适用于财产保险。损失补偿原则基于保险损失补偿的基本职能为保险理赔特别是财产保险的理赔提供了指引。

一、损失补偿原则的含义

　　损失补偿是保险的基本职能，直接体现保险的经济补偿功能。损失补偿原则是指保险合同成立并生效后，保险标的发生保险合同约定的责任范围内的损失，保险人按照约定对被保险人进行赔偿，以使其恢复到损失前的状态。具体来讲，损失补偿原则有两层含义：一是被保险人受到保险合同中约定的保险事故所致损失，才有权要求保险公司补偿，如果在保险合同有效期内发生保险事故，但是被保险人并未遭受损失，则无权要求保险公司赔偿；二是损失补偿以保险事故导致的实际损失为依据，损失补偿的标准是恰好使标的恢复到损失前的状态，以合同中约定的保险金额为上限。被保险人不得因保险赔偿获得额外收益。损失补偿原则主要适用于财产保险及其他补偿性保险合同。

损失补偿原则的两层含义在保险理赔业务中具有重要的指导意义。

第一，将保险合同双方的权利义务客观化、合理化，保障保险经济补偿职能的发挥。损失补偿原则，对保险人来讲，可约束其赔偿行为；对被保险人来讲，可限定其获得赔偿的额度。如果发生保险合同约定的事故并导致保险标的发生损失，投保人没有得到充分赔偿以恢复到事故发生前状况，则违背了保险的经济补偿功能，该原则保证了投保人合法利益的实现；反之，对保险人来讲，依照保险合同约定履行保险赔偿责任时，其责任范围受到损失赔偿原则的限定，以保险事故所致实际损失为上限，保护了保险人的权益。

第二，阻止被保险人通过保险谋取额外利益。损失补偿原则中规定保险事故发生且导致保险标的损失是保险赔偿的前提，同时，规定同一损失所得保险赔偿总额不得超过实际损失发生总额，这两点严格保证了被保险人不可通过保险谋取利益。因此，该原则有效防止了投保人企图通过保险谋取额外利益的行为。

第三，损失补偿原则有效控制道德风险的发生。该原则规定保险人的保险赔偿以保险标的实际损失额为依据，损失多少赔偿多少，赔偿以保险标的恢复到损失前的状态为最高标准。该规定大大削弱了投保人的道德风险，进而创造良好的保险运行环境。

二、损失补偿原则的基本内容

（一）被保险人请求损失赔偿的条件

1. 被保险人对保险标的具有保险利益

根据前面所述的保险利益原则，财产保险要求投保人或被保险人在订立保险合同时对保险标的具有保险利益，同时在保险合同期间，特别是在保险事故发生时，被保险人和保险标的必须具有保险利益，保险标的损伤直接导致被保险人的财产损失。保险利益的存在是被保险人要求损失补偿的前提条件，否则无权要求保险人进行损失补偿。

2. 保险事故必须在保险合同规定的保险责任范围内

遭受损失的必须是保险标的，而且保险标的损失的发生必须是由保险合同约定的保险责任范围内的事故造成的。如果事故不在约定的保险责任范围内，则保险公司不具有损失赔偿责任。

3. 被保险人遭受的损失必须能用货币衡量

如果保险标的损伤对被保险人造成的损失不能用货币来衡量，则保险公司无法核定确切损失，从而无法对被保险人进行赔偿。

（二）损失补偿的范围

坚持损失补偿原则，即要求保险人在承担赔偿责任时，把握赔偿额度的三个上限，从而保证被保险人的损失得到充分的补偿，同时保证被保险人不会获得额外收益。

1. 以保险事故导致的保险标的的实际损失为限

保险标的遭受保险责任范围内的损失时，保险人根据保险合同承担赔偿责任，其应当支付的赔款根据保险标的的实际损失来确定。实际损失的核定，通常以损失发生时，受损财产的现金价值为标准。一般根据损失当时财产的市场价值确定赔偿（定值保险和重置价值保险例外）。

2. 以保险金额为限

保险金额是保险公司计算收取保险费的基础和依据，也是保险合同中规定的保险人承担赔偿或给付责任的最高额度。在任何情况下，保险人的赔偿金额都不能超过保险金额，保险金额约定了赔偿责任的上限。

应注意的是，保险事故发生后，为了鼓励被保险人采取积极措施防止或减少标的的损失，法律规定由保险人承担为此必要的合理费用，并在保险标的的赔偿金额之外另行计算，最高不超过保险金额的数额。因此，保险人的实际理赔支出不受限于保险金额。

3. 以保险利益为限

保险利益是指投保人或被保险人对保险标的的具有的法律上承认的利益。保险利益是订立保险合同的基础，也是被保险人索赔的依据，保险人对被保险人的赔偿以保险利益为最高限额。

一般情况下，根据保险利益确定保险金额，保险标的出险后，保险赔偿也受限于保险利益，被保险人只对其具有保险利益的损失拥有求偿权。保险事故发生时，被保险人已经对标的不具有保险利益的，则无权要求保险公司赔偿。

（三）损失补偿方式

损失补偿方式是损失补偿原则在保险人承担理赔责任时采用的具体方法。财产保险赔偿主要有以下两种方式。

1. 第一损失赔偿方式

这种赔偿方式具体是指在财产保险当中，以保险额度为限，以实际损失为依据进行赔偿，也称为第一危险赔偿方式。相对保险额度内的第一损失，保险额度之外的损失作为第二损失，第二损失由被保险人自负。第一损失赔偿的具体计算公式如下：

（1）当损失金额≤保险金额时，赔偿金额＝损失金额。

（2）当损失金额＞保险金额时，赔偿金额＝保险金额。

2. 比例赔偿方式

比例赔偿方式以保险保障程度为依据，即按照保险金额与保险标的实际价值的比例来计算赔偿金额。计算公式如下：

$$\frac{赔偿金额}{损失金额} = \frac{保险金额}{出险时保险标的的实际价值}$$

$$赔偿金额 = 损失金额 \times \frac{保险金额}{出险时保险标的的实际价值}$$

比例赔偿方式多用于不定值保险的理赔中。

案例 3-4

损失补偿方式中第一损失赔偿与比例损失赔偿

某高校实验室有 300 万元的财产，向保险公司投保财产保险，保险金额为 200 万元。在保险合同期限内，实验室遭受水灾，财产损失达到 100 万元。如果采用第一损失赔偿方式，损失金额 100 万元＜保险金额 200 万元。那么，保险公司应赔偿全部损失 100 万元。

某企业投保企业财产保险，保险金额为 900 万元，保险期间内发生保险事故，保险公司对企业财产的评估价值为 1000 万元。如果企业财产发生全损，保险公司的赔偿金额为多少？如果发生部分损失，损失金额为 500 万元，保险公司的赔偿金额为多少？采用比例赔偿方式进行计算为全损赔偿金额＝保险金额＝900

万元，公式如下：

$$部分损失赔偿金额 = 损失金额 \times \frac{保险金额}{出险时保险标的的实际价值}$$

$$= 500 \times \frac{900}{1000} = 450（万元）$$

比例赔偿方式鼓励投保人足额投保，保障程度越高，损失赔偿的比例就越高，只有足额投保，才能得到充分的损失赔偿。

三、损失补偿原则的例外

损失补偿原则虽是保险的四大基本原则之一，但在实践运用中有一些例外的情况。

（一）人身保险

人身保险以人的生命和身体为保险标的，由于生命和身体是无法估价的，其保险利益也无法确定。当被保险人失去生命或发生伤残，给本人及家庭带来的经济损失及精神创伤都是无法估量的，保险赔偿也无法弥补这些损失，只能缓解死亡及伤残带来的经济损失，给予家庭一定的精神抚慰。因此，在人身保险中，损失无法确定，也就不存在损失补偿的说法，人身保险合同属于给付性合同，并非补偿性合同。

（二）定值保险

定值保险是指保险合同双方当事人在订立合同时，约定保险标的的价值，并以此确定为保险金额，视为足额投保。当保险事故发生时，保险人无论保险标的出险时的市价如何，即无论保险标的的实际价值是大于还是小于保险金额，均按照损失程度十足赔付。其计算公式：

$$保险赔款 = 保险金额 \times 损失程度$$

在这种情况下，保险赔款有可能超过实际损失，因此，定值保险是损失补偿原则的例外。定值保险通常适用于市价难以确定的特殊标的。例如，古玩字画、文物等稀缺物品，市价波动可能很大或者一时难以定价，为避免争议，保险合同双方需事先约定一个固定的数值作为保险价值进行保险。

（三）重置价值保险

重置价值保险是指以保险人重置重建保险标的所需费用或成本确定保险金额的保险。一般财产保险是按保险标的的实际价值投保，发生损失时，按实际损失赔付，使受损的财产恢复到出险前的状态，由此恢复被保险人失去的经济利益。但是，由于通货膨胀或者市场周期等因素，有些财产即使按照实际价值足额投保，保险事故发生时，财产市场价值增加，此时被保险人得到的保险赔款并不足以重建或重置财产。针对这种情况，为满足投保人需求，保险人允许投保人以超过保险标的实际价值的重建或重置成本进行投保，发生损失时，按照重置成本进行赔付。这样就可能出现保险赔款大于保险标的的实际损失的情况，因此，重置价值保险也是损失补偿原则的例外。

重置价值保险可以保证被保险人在财产发生全损时，保险赔偿金足够其重建或重置财产，相当于被保险人将其财产恢复到崭新状态。可见，重置价值保险是有利于被保险人的，保险赔款有可能高于保险标的的实际价值，这在一定程度上容易诱发道德风险。因此，应严格控制重置价值保险的运用范围，对于实际价值和重置价值差别大的企业，特别是对设备更新慢、生产技术多年不变的企业，应当慎重采用重置价值条款。

四、损失补偿原则的派生原则

（一）代位求偿原则

代位求偿原则是损失补偿原则的派生原则。其指在财产保险中，保险人依照法律或者保险合同规定对被保险人的损失进行赔付后，依法取得对保险标的的损失负有责任的第三方的追偿权或者对保险标的的所有权。

坚持代位求偿原则的原因主要有两点：第一，防止被保险人通过保险事故从保险人及有责第三方获得双倍赔偿进而额外获利，保证损失补偿原则的有效实行。如果保险标的的实际损失存在有赔偿责任的第三方，那么被保险人既享有国家法律规定的对第三方的请求赔偿权，又享有保险合同规定的对保险人的求偿权，这两种权利同时执行就会发生双重赔偿，这不符合损失补偿原则。因此，在这种情况下，被保险人的这种权利的实行不可重复，但可互相补充。第二，从保险人角度来讲，代位求偿原则是维护社会公平的要求，也是保险人维护自身合法权益的必要原则。国家法律要求致害人对受害人承担经济赔偿责任，如果受害人因为保险赔偿而放弃对致害人的索赔，则是对法律的蔑视，严重违背社会公平。这不仅使致害人通过被害人与保险人签订的保险合同而获益，而且使保险人因承担致害人的赔偿责任而损害了自身利益。因此，代位求偿原则既保证了被保险人不能通过保险额外获益，也保证了致害人对其行为应负的赔偿责任，维护了保险人的合法权益和社会公平。

代位求偿原则主要包括权利代位和物上代位。

1. 权利代位

权利代位即代位求偿权，是指在财产保险中，保险标的由于第三者的疏忽、过失或故意行为所造成的损失，保险人依照保险合同的约定对被保险人支付保险赔款后，依法取得对第三者的索赔权。如果被保险人已经从第三者取得损害赔偿的，保险人赔偿保险金时，可以相应扣减被保险人从第三者已取得的赔偿金额。

（1）代位求偿权产生的条件。保险人行使代位求偿权必须具备以下三个条件。

第一，损害事故及受损标的都在保险合同约定的保险责任范围内。由保险责任范围内的事故造成的保险标的损失是保险赔偿的前提。

第二，保险事故的发生是由第三者的责任造成的。被保险人依法对肇事方具有民事损害索赔权利是代位求偿的主要内容。如果被保险人不具有对第三方法律上准许的民事损害索赔权利，那么保险人自然无法代位求偿。

第三，保险人按合同规定对被保险人履行赔偿义务之后，才有权取得代位求偿权，即先赔后追。

（2）保险人在代位求偿中的权益范围。保险人在代位求偿中享有的权益以其对被保险人赔付的金额为限，如果保险人从第三者责任方追偿的金额大于对被保险人的补偿，超出的部分应归还给被保险人，防止保险人获得不当得利。

当被保险人获得的保险赔款小于第三者对其造成的损失，被保险人有权向第三者请求赔偿差额部分。例如，《保险法》第六十条第三款规定："保险人依照本条第一款规定行使代位请求赔偿的权利，不影响被保险人就未取得赔偿的部分向第三者请求赔偿的权利。"

（3）保险人代位求偿权的方式。权益取得的方式一般有两种：一是法定方式，即权益的取得无须经过任何人的确认；二是约定方式，即权益的取得必须经过双方当事人的确认。我国保险代位求偿权的取得采用法定方式，保险人自向被保险人赔偿起，在赔偿金额范围内代位行使被保险人对第三者的请求赔偿权，无须经过被保险人的确认。然而，在保险理赔实践中，保险人支付保险赔款后，通常要求被保险人出具权益转让书，将其对第三者的求偿权利转让给保险人。权益转让书载明保险赔款的时间和金额，明确了保险人获得代位求偿权的时间和向第三者求偿所能获得的最高额度。从法律上看，权益转让书不是权益转移的要件，不会影响保险人取得代位求偿权。

保险人支付保险赔款后依法取得代位求偿权，但是保险人能否顺利履行代位求偿权取决于被保险人和第三者之间债的关系。基于此，法律对被保险人放弃对第三者的请求赔偿权所应承担的责任作了规定。《保险法》第六十一条规定："保险事故发生后，保险人未赔偿保险金之前，被保险人放弃对第三者的请求赔偿的权利的，保险人不承担赔偿保险金的责任。保险人向被保险人赔偿保险金后，被保险人未经保险人同意放弃对第三者请求赔偿的权利的，该行为无效。被保险人故意或者因重大过失致使保险人不能行使代位请求赔偿的权利的，保险人可以扣减或者要求返还相应的保险金。"

被保险人负有协助保险人向第三者追偿的义务，包括提供必要的文件和其他所知道的有关情况。

（4）代位求偿的对象及其限制。保险代位求偿权的对象为对保险事故的发生和保险标的的损失负有民事赔偿责任的第三者，它可以是法人，也可以是自然人。

在财产保险合同中，保险人不得对被保险人的家庭成员或者其组成人员行使代位求偿权。这是因为被保险人的家庭成员和被保险人的利益是一致的，如果保险人向被保险人赔偿后，又向其家庭成员追偿，这无异于向被保险人索还，那么被保险人的利益并没有得到真正的补偿。基于此，保险人不得向被保险人的家庭成员或其组成人员行使代位求偿权，除非他们故意造成保险事故的发生。

案例 3-5

代位求偿

2018 年 7 月 20 日，某电器公司与某航空公司办理了货物托运手续，委托航空公司运 300 台 29 英寸彩色电视机，总货款为 90 万元。同日，该电器公司又在恒久保险公司投保了运输保险，保险金额为 90 万元。该电器公司交付了保险费，保险公司出具了保险单。

飞机在降落时，发生机械故障，机身剧烈抖动，致使 300 台电视机全部损坏。

电器公司向保险公司索赔，保险公司审查了全部有关材料，确认后，赔付电器公司90万元。赔付后，保险公司向航空公司提出追偿。航空公司拒绝赔付，理由是其与保险公司没有任何关系。保险公司起诉，航空公司为被告，电器公司为第三人。

结合本案例，保险公司是否有权要求航空公司赔偿？

代位求偿权是指，因第三者对保险标的的损害而造成保险事故的，保险人自向被保险人赔偿保险金之日起，在赔偿金额范围内代位行使被保险人对第三者请求赔偿的权利。

（1）如果被保险人已经从第三者取得损害赔偿的，保险人赔偿保险金时，可以相应扣减被保险人从第三者处取得的赔偿金额。（2）保险人依法向第三者请求赔偿时，不影响被保险人就未取得赔偿的部分向第三者请求赔偿，即被保险标的的保险金额不足弥补其实际损失时，被保险人还可就未能得到保险赔偿的损失请求第三者给予赔偿。在保险人向第三者行使代位请求赔偿权利时，被保险人应当向保险人提供必要的文件和其所知道的有关情况。

保险公司有权要求航空公司赔偿，依据是《保险法》第六十条的规定："因第三者对保险标的的损害而造成保险事故的，保险人自向被保险人赔偿保险金之日起，在赔偿金额范围内代位行使被保险人对第三者请求赔偿的权利。前款规定的保险事故发生后，被保险人已经从第三者取得损害赔偿的，保险人赔偿保险金时，可以相应扣减被保险人从第三者已取得的赔偿金额。保险人依照第一款行使代位请求赔偿的权利，不影响被保险人就未取得赔偿的部分向第三者请求赔偿的权利。"

2. 物上代位

物上代位是指保险标的遭受保险责任范围内的损失，保险人按照保险金额全数赔付后，依法取得该保险标的的所有权。

（1）物上代位产生的条件。物上代位通常产生于对保险标的作推定全损的处理。由于推定全损是保险标的并未完全损毁或灭失，即还有残值，而失踪可能是被他人非法占有，并非物质上的灭失，日后还有索还的可能，所以保险人按全损支付保险赔款后，理应获得标的的所有权，否则被保险人有可能因此获得额外利益。

（2）物上代位权的取得。保险人一般通过委付取得物上代位权。委付是指保险标的发生推定全损时，投保人或被保险人将保险标的的一切权益和责任转移给保险人，进而请求保险人按保险金额全额赔偿的行为。委付是一种放弃物权的法律行为，在海上保险中运用较多。委付的成立必须具备以下四个条件。

第一，委付必须由被保险人向保险人提出。《海商法》第二百四十九条第一款规定："保险标的发生推定全损，被保险人要求保险人按照全部损失赔偿的，应当向保险人委付保险标的。保险人可以接受委付，也可以不接受委付，但是应当在合理的时间内将接受委付或者不接受委付的决定通知被保险人。"委付是被保险人获得全损赔偿的前提，委付通知通常采取书面形式。

第二，委付应明确是指对保险标的的全部。委付的前提是保险标的的推定全损，由于保险标的的不可分性，委付也具有不可分性，所以委付应明确是指对保险标的的全部。如果保险标的是由独立可分的部分组成，可明确其中具有委付原因的独立部分，请求委付。

第三，委付不得附有条件。这是为保障保险人的利益，委付是被保险人为获得全损赔偿而进行物权转移，将保险标的的利益与责任均转移给保险人，日后保险标的的任何利益和被保险人没有关系。这减少了理赔的复杂性，避免了保险合同双方的纠纷。

第四，委付必须经过保险人的同意。被保险人具有申请委付的权利，保险人也具有接受与否的权利。保险人可以接受委付，也可以不接受委付，因为委付不仅将保险标的的所有权益转移给保险人，也将所有义务转移给保险人，所以保险人在接受委付前应权衡利弊，避免产生更多的损失。

案例 3-6

物上代位

个体运输专业户张三将其拥有的运输车辆向某保险公司足额投保了车辆损失险(保险金额为15万元)及第三者责任险(保险金额为50万元)，保险期为1年。在保险期限内的某一天，该车在外出办事途中坠入悬崖下一条湍急的河流中，该车驾驶员有合格驾驶执照，系张三哥哥，随车遇难。事故发生后，张某向保险公司报案索赔。

保险公司经过现场查勘，认为地形险要，无法打捞，按推定全损处理，当即赔付张三15万元人民币；同时声明，车内尸体及善后工作保险公司不负责任，由车主自理。

后来，为了打捞哥哥尸体，张三与王五达成一协议，双方约定：由王五负责打捞汽车，车内尸体及死者身上采购货物的 2800 元现金归张三，残车归王五，王五向张某支付 4000 元。残车终于被打捞起来，双方按约行事。

保险公司知悉后，认为张三未经保险公司允许擅自处理实际所有权已转让的残车是违法的。你支持哪一方？

1. 保险公司按推定全损给了车主张三全额赔偿。因此，保险人已取得了残车的实际所有权，只是认为地形险要而暂时没有进行打捞，因此，原车主未经保险公司同意转让残车是非法的。

2. 保险公司已经对张三进行了全额赔偿，而张三又通过转让残车获取了 4000 元的额外收入，显然不符合财产保险中的损失补偿原则。因此，保险公司有权要求追回张三所得的 4000 元，这正是损失补偿原则的体现。

3. 王五获得的是张三非法转让的残车，但由于他是受张三之托打捞，付出了艰辛的劳动，并且获得该车是有偿的，可见为善意取得，保险公司如果要求其归还残车，则应补偿王五打捞付出的艰辛劳动及支付给张三的 4000 元。

（二）重复保险分摊原则

1. 重复保险分摊原则的含义

重复保险分摊原则也是损失补偿原则的派生原则。重复保险分摊原则是指在重复保险的情况下，当保险事故发生时，各保险人应采取适当的分摊方法分配赔偿责任，使被保险人既能得到充分的补偿，又不会通过重复保险而获得重复赔偿，进而额外获益。重复保险分摊原则主要运用于重复保险的情况。

重复保险指的是投保人对同一标的、同一保险利益、同一保险事故分别向两个或两个以上保险人订立合同的保险，保险金额总和超过保险标的的价值。具体来讲，重复保险必须具备下列条件。

第一，必须基于同一保险标的、同一保险利益、同一保险事故与两个或两个以上保险人订立保险合同，这三个"同一"缺一不可。

第二，同一保险期间。如果是基于同一保险标的、同一保险利益及同一保险事故与两个或两个以上的保险人订立保险合同，但保险期间不同，也不构成重复保险问题。

第三，与两个或两个以上的保险人订立数个保险合同，且保险金额的总和超过保险标的的价值。如果只与一个保险人订立保险合同，保险金额超过保险标的价值的，则为超额保险。同样，投保人和两个或两个以上保险人订立同一个保险合同也不是重复保险，而是共同保险。

重复投保原则上是不允许的，但在事实上是存在的。其原因通常是由于投保人或者被保险人的疏忽，或者源于投保人为求得心理上更大安全感的欲望，当然也存在投保人为骗取超额赔款故意为之。《保险法》第五十六条规定："重复保险的投保人应当将重复保险的有关情况通知各保险人。"

2. 重复保险的分摊方式

在重复保险的情况下，保险事故发生后，理赔责任由各保险人分摊，一般来说，有以下三种分摊方式。

（1）比例责任分摊方式。比例责任制又称保险金额比例分摊制，是各保险人按各自单独承保的保险金额占总保险金额的比例来分摊保险事故损失的方式。计算公式如下：

各保险人承担的赔偿责任 = 损失金额 × （该保险人的保险金额 / 所有保险人的保险金额之和）

（2）限额责任分摊方式。限额责任分摊方式是指保险人承担的赔偿责任以单独承保时的赔款额占各保险人赔偿限额总额作为分摊的比例而不是以保额为分摊的基础。计算公式如下：

各保险人承担的赔偿责任 = 损失金额 × （该保险人的保险金额 / 各保险人赔偿限额总额）

（3）顺序责任分摊方式。顺序责任分摊方式按出单时间顺序赔偿，先出单的公司首先在其保险限额内赔偿，后出单的公司只在其损失额超出前家公司的保额时，再在其保险限额内赔偿超出部分，如果再有其他保险公司承保，那么按照此方法依据时间顺序顺推下去。

案例 3-7

重复保险的分摊计算

某企业有大型进口设备价值 100 万元，现同时向甲、乙两家财产保险公司投保了一年期的机器损坏保险，甲公司承保金额为 100 万元，乙公司承保金额为 50 万元，此即为重复保险。若在保险有效期内，设备发生保险责任范围内损坏，损失 60 万元，甲、乙两家财产保险公司如何分摊赔偿责任？

解：比例责任分摊方式下：

$$甲公司承担的赔偿责任 = 60 \times \frac{100}{100+50} = 40（万元）$$

$$乙公司承担的赔偿责任 = 60 \times \frac{50}{100+50} = 20（万元）$$

限额责任分摊方式下：

$$甲公司承担的赔偿责任 = 60 \times \frac{60}{60+50} = 32.73（万元）$$

$$乙公司承担的赔偿责任 = 60 \times \frac{50}{60+50} = 27.27（万元）$$

顺序责任分摊方式下：假定两家公司的出单顺序为甲、乙，则甲公司先赔偿，赔偿 60 万元，乙公司就不需要承担赔偿责任。

◆ 课后习题

1.【单选】我国《保险法》采取（　　）的形式要求保险人履行告知义务。

A. 无限告知　　　　B. 询问告知　　　　C. 明确列明　　　　D. 承诺告知

2.【单选】为未来的事实作出的保证是指（　　）。

A. 确认保证　　　　B. 承诺保证　　　　C. 默示保证　　　　D. 信用证

3.【单选】投保人对保险标的所具有的法律上承认的利益被称为（　　）。

A. 保险利益　　　　B. 经济利益　　　　C. 法律利益　　　　D. 保险金额

4.【多选】在我国，法律上承认的对人身保险合同的被保险人有保险利益的人员有（　　）。

A. 本人　　　　　　B. 配偶、父母、子女

C. 家庭其他成员　　D. 被保险人同意的为其订立人身保险合同的

5.【单选】人身保险的投保人在（　　）时，必须对保险标的具有保险利益。

A. 确定保险金额　　　　　　　　　B. 订立合同时

C. 保险事故发生　　　　　　　　　D. 请求保险金给付

6.【单选】保险损失的近因，是指在保险事故发生时（　　）。

A. 时间上最接近损失的原因　　　　B. 离损失最接近的原因

C. 空间上最接近损失的原因　　　　D. 最有效、起决定作用的原因

7.【多选】在财产保险的赔偿过程中，损失赔偿原则的限制条件有（　　）。

A. 以不足额保险为基础　　　　　　B. 以实际损失为限

C. 以保险金额为限　　　　　　　　D. 以保险利益为限

8.【单选】保险人行使代位求偿权时，如果依代位求偿取得第三人赔偿金额超过保险人的赔偿金额，其超过部分应归（　　）所有。

A. 保险人　　　　B. 被保险人　　　　C. 第三者　　　　D. 国家

9.【单选】在最大诚信原则中，弃权与禁止反言约束的对象主要是（　　）。

A. 投保人　　　　　　　　　　　　B. 保险人

C. 保险代理人　　　　　　　　　　D. 投保人与保险代理人

10.【多选】在保险活动中，投保人或者被保险人违反告知义务的表现形式主要有（　　）。

A. 漏报　　　　B. 误告　　　　C. 隐瞒　　　　D. 欺诈　　　　E. 侵占

第四章　财产保险

教学目的

1. 掌握财产保险的含义、基本分类。

2. 掌握财产保险与人身保险的区别。

3. 熟悉火灾保险、机动车辆保险、责任保险与保证保险的保险责任。

教学重点

1. 财产保险的赔偿原则。

2. 横向比较财产保险与人身保险。

3. 产品质量保证保险与产品责任保险的保险责任比较。

4. 海洋运输保险的专业名词，如实际全损、推定全损、共同海损、单独海损、货物的几种计价等。

5. 海洋运输保险的基本险种及其保险责任。

第一节　财产与责任保险概述

按照保险标的来分，从总体上看，保险通常被划分为财产保险与人身保险。财产保险是指以财产及其相关利益为保险标的、因保险事故的发生导致财产的损失，以金钱或实物进行补偿的一种保险。广义财产保险指包括各种财产损失保险、责任保险、信用保险和保证保险等业务在内的一切非人身保险业务；狭义财产保险则仅指各种财产损失保险，它强调保险标的是各种具体的财产物资。广义财产保险概念的界定与本章的研究范围和内容一致，而本章所提的财产与责任保险概念不是一个专业名词，而是一个习惯用语。

一、财产与责任保险及其分类

（一）财产与责任保险的定义

财产与责任保险是指投保人根据合同约定，向保险人交付保险费，保险人按照保险合同的约定，对所承保的财产及其有关利益、法律责任等保险标的，因自然灾害或意外事故造成的经济损失，承担补偿责任的一种保险。保险行业所说的财产与责任保险属于广义财产保险范畴。

（二）财产与责任保险的分类

在现实生活中，按照保险标的的属性原则，通常将财产与责任保险分为三大类别，每一类别项下包括若干险种，如图 4-1 所示。

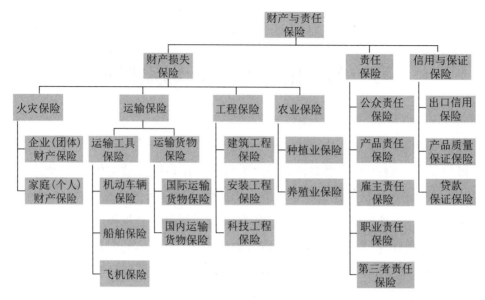

图 4-1　财产与责任保险种类划分

由图 4-1 可知，财产与责任保险的业务范围比较宽泛，既包括有形的财产保险，如各种火灾保险、运输保险、工程保险和农业保险等，又包括无形的财产保险，如责任保险、信用与保证保险等；既包括静态下的财产保险业务，如火灾保险、责任保险、信用与保证保险等，又包括动态下的财产保险业务，如运输保险、工程保险和农业保险等；既包括国内保险业务，又包括国际保险业务；等等。

1. 财产损失保险

财产损失保险是以各种财产物资损失风险为承保内容的一种保险业务，包括火灾保险、运输保险、工程保险和农业保险等。不同的财产损失保险有不同的险别，例如，火灾保险可以分为企业（团体）财产保险、家庭（个人）财产保险等，运输保险可以分为运输工具保险、运输货物保险等，工程保险可以分为建筑工程保险、安装工程保险和科技工程保险等。

农业保险是一种特殊的财产损失保险。由于农业保险的保险标的是一种具有生命特征的财产，这种财产的生产方式及其可能遭遇的风险，均不同于其他财产损失保险，所以，农业保险可以作为单独的财产损失保险业务来经营。农业保险可以分为种植业保险和养殖业保险等。

2. 责任保险

责任保险是随着国家法律制度不断完善而发展起来的一种保险，责任保险的承保标的是被保险人可能面临的有关民事法律责任。责任保险包括公众责任保险、

产品责任保险、雇主责任保险、职业责任保险及第三者责任保险等保险业务种类。

3. 信用与保证保险

信用与保证保险是国家商品经济和信用经济发展到一定阶段的产物。信用与保证保险的保险标的是投保人可能面临的商业信用风险。信用与保证保险业务包括出口信用保险、产品质量保证保险、贷款保证保险等。

二、财产保险与人身保险的区别

财产保险与人身保险是构成整个保险业的两个独立的业务类别，它们在经营和运作方面存在着较大的区别。

（一）保险标的不同

一方面，财产保险的保险标的一般是法人或自然人所拥有的各种物质财产和有关利益，而人身保险的保险标的是自然人的身体与生命。另一方面，财产保险的保险标的一般均有客观而具体的价值标准，可以用货币来衡量其价值，而人身保险的保险标的是无法用货币来计价的。

（二）定价依据不同

财产保险的保险费率，是根据保险对象所面临的各种风险的大小及损失率的高低来确定的，它需要采用大数法则原理；而人身保险的保险费率，以经验生命表为厘定费率的主要依据，同时必须考虑利率水平和投资收益水平。因此，在保险经营实务中，保险费率的厘定是否适当，财产保险取决于保险人对各种风险事故的预测是否与各种风险事故的实际发生频率和损害程度相一致，人身保险则取决于保险人对经验生命表、利率水平和投资收益率的测算是否准确。

（三）被保险方获偿权益不同

当保险事件发生以后，财产保险遵循损失补偿原则，强调保险人必然按照保险合同规定履行赔偿义务，同时也不允许被保险人通过保险获得额外利益，从而不仅适用权益转让原则，而且还适用重复保险损失分摊和损余折抵赔款等原则。而在人身保险中，则只讲被保险人依法受益，除医药费重复给付或赔偿不被允许外，并不限制被保险人获得多份合法的赔偿金，既不存在重复保险损失分摊的问题，也不存在代位求偿的问题。

三、财产与责任保险的赔偿原则

保险赔偿在财产与责任保险经营活动中具有特别重要的意义，是保险合同双方实现其权利和义务的核心内容，能够直接体现财产与责任保险的经济补偿职能。

（一）赔偿原则的基本内容

第一，先有损失，后有补偿。按照赔偿原则，财产与责任保险的补偿必须以损失的存在为前提，而且该损失必须是发生在保险期间内，属于保险责任范围内的损失。

第二，损失补偿具有最高金额限制。最高金额限制的含义包括三个方面的具体内容：（1）保险赔偿以不超过实际损失为限；（2）保险赔偿以不超过保险利益为限；（3）保险赔偿以不超过保险金额（责任保险合同约定的赔偿限额）为限。

（二）赔偿原则的例外

赔偿原则在财产与责任保险应用中，通常出现以下几种例外情形。第一，在约定有免赔额条款的保险中，保险人的赔偿标准是在被保险人实际损失范围内扣除免赔额部分。第二，在定值保险中，保险赔偿通常是以事先约定的保险价值为基础计算赔偿金额，而不是以保险标的实际价值为基础计算赔偿金额。第三，在重置成本保险中，保险金额是以被保险人的重置或重建保险标的所需的费用或成本来确定的，承保时一般会超过原保险标的的实际价值。第四，被保险人合理支付的施救费用、查勘费用和有关诉讼费用，由保险人承担。具体包括：（1）保险事故发生后，被保险人为防止或减少保险标的的损失所支付的施救费用。该费用可以在保险标的的损失赔偿金额以外另行计算，但以不超过保险金额为限。（2）被保险人为查明和确定保险事故的性质、原因和损失程度所支付的查勘费用。（3）责任保险的被保险人因保险纠纷而支付的有关诉讼费用。

四、财产与责任保险的作用

财产与责任保险作为一种集分散风险、补偿损失的特殊机制，对社会经济发展的促进作用主要表现在以下几个方面。

第一，能够补偿被保险人的经济利益损失，维护社会再生产的顺利进行。任何单位或者个人都难以完全避免各种自然灾害和意外事故的袭击，因此，财产与责任保险是一种必要的经济损失补偿机制。建立和发展财产与责任保险制度，可以通过保险人的工作对遭灾受损的被保险人进行及时的经济补偿，受灾单位或个人就能够及时恢复受损的财产或利益，从而保障生产和经营的持续不间断地进行，有利于整个国民经济有计划、按比例地协调发展。

第二，有利于提高整个社会的防灾减损意识，使各种灾害事故的发生及其危害后果得到有效控制。尽管各种灾害事故是不以人的意志为转移的，是无法完全避免的，但财产与责任保险制度的建立，首先是形成了一支专门从事各种灾害事故风险管理的专业队伍，其次是保险人从自身利益出发也必须高度重视对被保险人的风险管理工作，并积极参与社会化的防灾防损工作。因此，财产与责任保险的发展，客观上使社会防灾防损的力量得到壮大和强化，最终使灾害事故及其损害后果得以减轻。

第三，有利于创造公平的竞争环境，维护市场经济的正常运行。市场经济是自由竞争的经济，而各种灾害事故作为不确定的风险因素却往往造成竞争环境的不公平。例如，两家生产同样产品的企业，其产品质量都是优良的，但一家遭灾受损，无法维持正常的生产秩序，另一家未遭灾，则会趁有利时机迅速扩展市场。因此，灾害事故的发生会造成竞争的不公平。如果建立财产与责任保险制度，各企业便可以将平时不确定的风险通过一笔较为公平的保险费转嫁给保险人，这种不稳定因素的消除，使竞争的社会环境更加公平化，对于市场经济的正常运行有着重要的维系作用。

第四，有利于安定城乡居民的日常生活，稳定社会秩序。随着经济的持续发展，城乡居民的收入水平不断提高，家庭财富也日益增长，如果没有财产与责任保险，贫困的社会成员会因灾害陷入更加贫困的境地，富裕的社会成员也将因灾害而沦为贫困。如果参加财产与责任保险，城乡居民的财产或利益损失就能够从保险人处获得补偿，从而免除生产、生活方面的风险之忧，避免灾后要依靠政府救济、单位扶持、亲友帮助、民间借贷的连锁反应，并将可能使相关方的矛盾得到一定程度的缓解，减少社会纠纷，最终维护灾区社会秩序的稳定和城乡居民生活的正常化。

第二节 火灾保险

火灾保险,简称火险,是指以存放在固定场所并处于相对静止状态的财产及其有关利益为保险标的,因灾害事故造成的经济损失,承担补偿责任的一种财产损失保险。火灾保险标的主要是各种不动产和动产。火灾保险承保的风险既有火灾、爆炸等人为灾害,又有雷击、暴雨、台风和雪灾等自然灾害。火灾保险按投保人的不同可以被划分为企业(团体)财产保险和家庭财产保险两大类。

一、企业(团体)财产保险

企业(团体)财产保险的保险标的是法人机构的财产物资及有关利益。企业(团体)财产保险的主要险种包括财产保险基本险、财产保险综合险、财产保险一切险和利润损失保险等。

(一)财产保险基本险

财产保险基本险是以企事业单位、机关团体等所拥有的物资财产为保险标的,由保险人承保基本风险责任的一种财产保险。根据我国现行财产保险基本险条款,财产保险基本险的保险责任包括火灾、雷击、爆炸、飞行物体和空中运行物体的坠落造成保险标的的直接损失;被保险人拥有所有权的用于供电、供水、供气等设备,因保险事故而引起停电、停水、停气等造成保险标的的直接损失;被保险人支付的必要的、合理的施救费用等。财产保险基本险的除外责任包括保险责任以外的其他责任。具体包括:(1)投保人、被保险人及其代表的故意或重大过失行为;(2)行政行为或司法行为;(3)战争、类似战争行为、敌对行动、军事行动、武装冲突、罢工、骚乱、暴动、政变、谋反、恐怖活动;(4)地震、海啸及其次生灾害;(5)核辐射、核裂变、核聚变、核污染及其他放射性污染;(6)大气污染、土地污染、水污染及其他非放射性污染,但因保险事故造成的非放射性污染不在此限;(7)保险标的的内在或潜在缺陷、自然磨损、自然损耗、大气(气候或气温)变化、正常水位变化或其他渐变原因、物质本身变化、霉烂、受潮、鼠咬、虫蛀、鸟啄、氧化、锈蚀、渗漏、自燃、烘焙；（8）暴雨、洪水、暴风、龙卷风、冰雹、台风、飓风、暴雪、冰凌、沙尘暴、突发性滑坡、崩塌、泥石流、地面突然下陷下沉；（9）水箱、水管爆裂；（10）盗窃、抢劫。

（二）财产保险综合险

财产保险综合险也是企业（团体）财产保险的主要险种之一。在适用范围、保险对象、保险金额的确定和保险赔偿处理等内容上，综合险与基本险基本相同。所不同的是，在保险责任方面有所扩展。根据现行财产保险综合险条款规定，保险人承保的风险包括火灾、爆炸、雷击、暴雨、洪水、台风、暴风、龙卷风、雪灾、雹灾、冰凌、泥石流、崖崩、突发性滑坡、地面突然塌陷、飞行物体及其他空中运行物体坠落等造成保险标的的损失。

需要指出的是，国内有少数保险公司的财产保险综合险单，将地震作为特别约定的风险，通过附加险的方式予以承保，但对大部分保险公司的财产保险综合险单而言，地震仍属于除外责任风险。

（三）财产保险一切险

财产保险一切险的承保范围比综合险更为宽泛，它是承保责任最多的一个企业（团体）财产保险险种。由于一切险的承保责任在保险合同上的表述是保单列明的"除外责任之外的一切自然灾害与意外事故"，因此，要想知道一切险的承保责任，首先需要弄清保险合同列明的"除外责任"。不弄清其"除外责任"，就难以把握其"保险责任"。一切险的责任免除与财产基本险基本一致。

（四）利润损失保险

利润损失保险又称营业中断保险，是指对被保险人因物质财产遭受自然灾害或意外事故等导致损毁后，在一段时间内停产、停业或营业受到影响的间接经济损失，以及营业中断期间发生的必要的费用支出而提供保障的一种保险。在国际保险市场上，利润损失保险既可单独承保，也可以与企业（团体）财产保险的保单一起附属承保。在我国，利润损失保险一般是作为企业（团体）财产保险的附加险承保。

案例 4-1

企业财产保险

某企业因车间发生火灾导致部分机器设备被烧毁，被保险人发现后当即向保险公司报案索赔。第一次索赔后几天，被保险人发现同时被烧毁的还有部分原材料、半成品及产品，便再次向保险公司报案索赔。但再次报案索赔时，那些被烧毁的原材料、半成品及产品已经被当作垃圾处理了，保险公司无法准确定损，由此引发纠纷。最后，保险公司只能根据企业日常记录的产量等数据推测火灾中受损的物资进行保险补偿。

此案有如下启示：（1）当发生保险事故时，被保险人应注意索赔证据的保全。如本案采用推算方法推算损失的原材料等的结果是很难精确的，如果推算理赔额小于实际受损额，被保险人则不得不自己承受相关损失。因此，在保险公司精确定损前保全索赔证据显得至关重要。（2）在发生火灾、暴雨等情况致使企业财产受损时，要在第一时间报案，使保险公司能够及时查勘现场。（3）除了电信、供电等特定单位，在发生事故时需要尽快恢复，事先即与保险公司约定允许先行处理除外，其他企业都不能在保险公司查勘前擅自处理好之后再报案。（4）被保险人在填报索赔损失时，要仔细确认保险事故损失的程度和损失的价值，完整填报所有损失；如果事后又发现还有未报损失，要及时与保险公司沟通，不能在处理好未报损失后再告知保险公司，这样保险公司难以定损，易发生纠纷。（5）保险公司有义务提醒投保企业发生事故前后应注意的事项，这一点尤其重要。

二、家庭财产保险

家庭财产保险是面向城乡居民家庭或个人的火灾保险，保险人在承保家庭财产保险时，对其保险标的、承保地址、保险责任等均与企业（团体）财产保险有相通性，在经营原理与程序方面也具有相通性。家庭财产保险的特点在于投保人以家庭或个人为单位，业务分散，额小量大，风险结构以火灾、盗窃等风险为主。其主要险种有以下六个。

（一）普通家庭财产保险

普通家庭财产保险是一种保险人专门为城乡居民家庭开设的一种通用型家庭

财产保险业务，保险期限为一年，保险费率采用千分率，由投保人根据保险财产实际价值确定保险金额，作为保险人赔偿的最高限额。

（二）家庭财产两全保险

家庭财产两全保险是在普通家庭财产保险的基础上衍生的一种家庭财产保险业务。与普通家庭财产保险相比，家庭财产两全保险不仅具有保险的功能，也兼具到期还本的功能，即被保险人向保险人交付保险储金，保险人以储金在保险期内所生利息为保险费收入；当保险期满时，无论是否发生过保险事故或是否进行过保险赔偿，其本金均须返还给被保险人。此外，其他内容均与家庭财产保险相通。

（三）房屋及室内财产保险

房屋及室内财产保险目前在市场上又可分为三种：（1）一般的房屋保险。此类房屋保险大多数保险公司又均纳入普通家庭财产保险系列之内。（2）除房屋外还包括室内财产的保险。（3）贷款抵押房屋保险，即保险公司将个人或家庭以抵押贷款方式购买的商品房为保险标的而推出的险种。

（四）安居类综合保险

安居类综合保险是集房屋、室内财产和责任保险为一体的、具有组合特征的综合型保险。保险客户可根据自身需要而加以选择投保，即保险客户既可投保包括房屋在内的一般家庭财产保险，又可投保现金、珠宝、有价证券，还可投保诸如宠物责任民事赔偿风险。该险种可以最大限度地满足保险消费者的全面需求和个性化选择。

（五）投资保障型家庭财产保险

投资保障型家庭财产保险即集保障性、储蓄性和投资性于一身的家庭财产保险险种。此类险种一般既能使被保险人获得保险保障，还能使投保人（或被保险人）收回保障金本金并获得一定投资回报。

（六）专项家庭财产保险

根据保险客户的需要，保险人通常还开办若干专项家庭财产保险，如家用液化气罐保险、家用电器保险和水暖管爆裂保险等。

第三节　机动车辆保险

一、机动车辆保险概述

机动车辆保险是运输保险中最主要的险别，也是整个财产保险中最重要的业务来源。在财产保险经营实践中，机动车辆保险实际上是以机动车辆及与之密切关联的有关利益为保险标的的多项保险业务的统称。由于机动车辆本身所具有的特点，机动车辆保险也具有陆上运行、流动性大、行程不固定、业务量大、投保率高及第三者责任风险大等特点。按照保险标的来划分，机动车辆保险往往被分为汽车保险、摩托车保险、拖拉机保险等；按照保险责任划分，机动车辆保险又被分为车辆损失保险和第三者责任保险，其中车辆损失保险属于狭义财产保险范围，第三者责任保险属于责任保险范畴。

二、车辆损失保险

车辆损失保险承保的是车辆本身因各种自然灾害、碰撞、倾覆及其他意外事故所造成的损失，以及施救费用。其保险金额可以根据投保车辆的重置价值确定，也可以由保险合同双方协商确定。车辆损失险的保险费则由基本保险费加上保险金额 × 保险费率两部分组成，其中基本保险费可以各保险公司自行制定的费率来计算，保险金额、保险费率则因投保车辆价值、投保人或被保险人等不同而有较大差别。当被保险车辆发生保险损失时，保险人根据其受损情况进行赔偿，全损时按照保险金额赔偿，但以不超过重置价值为限；部分损失时，则按照实际修理费用赔偿。

案例 4-2

车辆损失保险

徐先生有一辆 2012 年底买的车，当时新车购置价是 15 万元（包括车辆购置税），新车第一次投保车险时按 15 万元来确定保险金额。2015 年 1 月，徐先生续保时，仍按 15 万元来投保。对此，保险公司解释，保险公司理赔遵循的是补偿性原则，即赔偿数额不能超过汽车实际价值。而车辆的实际价值根据保险事故发生时的新车购置价减去折旧金额后的价格确定。徐先生的车发生事故时，该车市场价已跌到 11 万元，再扣除折旧费用（折旧金额＝保险事故发生时的新车购置价 × 被保险机动车已使用月数 ×0.6%），徐先生的车当时的实际价值只有 86240 元。因此，即使全损全赔，最高也只能赔偿 8 万多元。此案说明，车主在投保时要注意车价变动并相应调整保额，不要超额投保。因为根据《保险法》的规定，保险金额不得超过保险价值，超过保险价值的，超过部分无效。当然，保险公司在投保人投保时有责任进行提醒。

三、机动车辆第三者责任保险

机动车辆第三者责任保险属于责任保险范畴，它承保被保险车辆因意外事故造成第三者的人身伤害或财产损失，依法应由被保险人承担经济赔偿责任的风险。当保险事故发生时，保险人在保险责任范围内按约定承担被保险人的损害赔偿责任。机动车辆第三者责任保险的经营原则与赔偿处理均类同于其他责任保险（参见本章第五节）。保险人通常以赔偿限额的方式来控制自己的风险，即保险人规定若干等级的每次责任事故的赔偿限额或累计赔偿限额，投保人可以选择，其保险费按不同的赔偿限额收取。

机动车辆第三者责任保险按照是否强制可以分为强制第三者责任保险和商业第三者责任保险。我国首个由国家法律规定实行的强制保险——机动车交通事故责任强制保险（以下简称交强险）即属前者。

根据《机动车交通事故责任强制保险条例》第三条的规定，交强险是指由保险公司对被保险机动车发生道路交通事故造成本车人员、被保险人以外的受害人的人身伤亡、财产损失，在责任限额内予以赔偿的强制性责任保险。由于交强险是政府通过立法形式强制实施的保险项目，其内容具有一定的特殊性。目前承保人的责任限额（每次保险事故的最高赔偿金额）全国统一定为12.2万元人民币。在12.2万元责任限额下，实行分项限额赔付，具体为死亡伤残赔偿限额11万元、医疗费用赔偿限额1万元和财产损失赔偿限额2000元。上述赔偿限额是在有责非故意的情况下，如果被保险人在道路交通事故中不承担责任，则交强险赔偿限额为死亡伤残赔偿限额1.1万元、医疗费用赔偿限额1000元和财产损失赔偿限额100元。

机动车辆商业第三者责任保险一般是指被保险人或其允许的合格驾驶员在使用被保险车辆过程中发生意外事故，致使第三者遭受人身伤亡或财产的直接损毁，依法应当由被保险人支付的赔偿金额，保险人依照相关法规及保险合同的规定，对于超过交强险各分项赔偿限额以上的部分负责赔偿的保险。

机动车辆保险除了车辆损失保险、第三者责任保险，还有全车盗抢险、车上人员责任险等基本险种及玻璃单独破碎险、车身划痕险、自燃损失险、发动机涉水行驶险、无过失责任险、车载货物掉落责任险、车辆停驶损失险、新增设备损失险、不计免赔特约险、精神损害抚慰金责任险、机动车损失保险无法找到第三方特约险、指定修理厂险等若干附加险。

案例4-3

有了交强险还需要买商业第三者责任险吗？

小王买了一辆16万元左右的车，在比较交强险与商业第三者责任险时，发现两者保障对象一样，都是保障车辆使用过程中的第三者，其中交强险死亡伤残最高赔付11万元。并且交强险是法律强制购买，于是小王只购买了交强险。不久，小王发生了一起严重车祸，因只购买了交强险，当保险赔付下来，自己还需补贴7万元才能处理完事故。小王很后悔当时没有购买商业第三者责任险。为此，小王咨询保险工作人员，保险人员告知，交强险与商业第三者责任险两个险种的保险对象确实是相同的，但在遵循的赔偿原则、免赔范围、保障限额、精神损失赔偿等方面的差别比较大。交强险最高赔付12.2万元，死亡伤残最高赔付11万元、住院治疗1万元、财产损失2000元。而在大城市，若出现人员伤亡各项赔款将达到30万元以上，交强险的死亡伤残赔偿很难应付如此高额的赔偿，如果没有投保商业第三者责任险，被保险人很有可能就要自己承担一定费用。因此，在购买交强险后还需要投保一定额度的商业第三者责任险，而且

92

最好不要少于 20 万元。特别是刚学会开车的新手驾驶员，最好能将商业第三者责任险投保到 25 万~30 万元保额，且附加上不计免赔险，以帮助车主（被保险人）将经济损失降到最低。

第四节 货物运输保险

货物运输保险是以运输过程中的各种货物为保险标的、以运行过程中可能发生的有关风险为保险责任的一种财产保险。在国际上，货物运输保险是随着国际贸易的发展而不断发展并很早走向成熟的险种。由于货物运输保险承保的是运输过程中的各种货物，它既有运输保险的特点，又有火灾保险的特点，但又与运输工具保险和火灾保险有区别。与火灾保险相比较，货物运输保险具有承保标的具有流动性、保险估价具有定值性、保险单可以随提货单背书转让、保险期限采用仓至仓条款、承运方的影响巨大等特点。货物运输保险有多种分类，但根据保险人的承保范围来分，有国内货物运输保险和国际货物运输保险。

一、国内货物运输保险

（一）国内货物运输保险及其业务范围

国内货物运输保险是指保险公司以在我国境内运输过程中的货物为保险标的，在标的物遭遇自然灾害或意外事故所造成的损失时，根据保险合同规定给予经济补偿的保险。凡是在国内运输的货物，无论是采用水路、铁路、公路运输等或上述方式联运，均可以通过货物运输保险将运输过程中因自然灾害或意外事故所造成的损失通过保险的方式得到一定的经济补偿。

国内货物运输保险业务承保的范围包括铁路、水路、公路、航空、管道等多种运输方式的货物运输风险。其中，水路及铁路运输的货物通常单批货物数量大，而采用汽车及陆地其他运输工具运输的货物则往往批次大，采用航空运输方式运输的货物往往价值较高，各种运输工具因运行方式及运行区域不同，其面临的货物损失风险也会不同。

（二）国内货物运输保险的种类

国内货物运输保险业务种类，一般根据主要运输工具划分为铁路货物运输保险、水路货物运输保险、公路货物运输保险和航空货物运输保险等。其中，水路、铁路货物运输保险承保利用船舶和火车运输的货物，它是国内货物运输保险的主要业务，均分为基本险和综合险，并设有多种附加险；在此基础上，还衍生出鲜活货物运输保险和行包保险等独立险种。公路货物运输保险承保通过公路运输的物资，保险责任与水路、铁路货物运输保险的保险责任基本相同，该种保险随着我国公路建设的发展和公路货物运输业的发展而迅速发展。航空货物运输保险专门承保航空运输的货物，其责任范围相当广泛。

除以上基本的险种外，货物运输保险还有多种附加险。附加险往往承保着某一种较为特殊的风险责任，由保险客户根据自己投保货物的需要自主选择确定，如附加偷窃险，附加提货不着险，附加淡水雨淋险，附加短量险，附加混杂、沾污险，附加渗漏险等。因此，对于多数货物运输保险业务而言，都是基本险或综合险加若干附加险组成。

二、国际货物运输保险

国际货物运输保险是以对外贸易货物运输过程中的各种货物作为保险标的的保险。目前，在实践中，国际货物运输保险的险种主要有海洋货物运输保险、陆上货物运输保险、航空货物运输保险和邮包险等险种。其中，历史最悠久、业务量最大、法律规定最全的是海洋货物运输保险。因此，本节专选海洋货物运输保险进行阐述。

（一）海洋货物运输保险的相关概念

在海洋货物运输保险中，涉及许多专业术语，因此有必要在这里先行介绍。

1. 实际全损

实际全损又称绝对全损，凡有下列情况之一者即可构成实际全损：（1）被保险的货物已经完全灭失；（2）被保险货物遭受严重损害丧失原有用途，已不具有任何使用价值；（3）被保险货物丧失已无可挽回；（4）船舶失踪。

2. 推定全损

推定全损是指被保险货物虽未完全灭失，但对被保险人而言已经没有什么用途或价值，凡有下列情况之一者即为推定全损：（1）被保险货物遭受严重损害，完全灭失已不可避免；（2）被保险货物受损后，修理费用估计要超过货物修复后的价值；（3）被保险货物遭受严重损害之后，继续运抵目的地的运费已超过残存货物的价值；（4）被保险货物遭受保险责任范围内的事故，使被保险人失去被保险货物所有权，而收回这一所有权，其所需费用将超过收回被保险货物的价值。

3. 部分损失

部分损失是被保险货物的损失没有达到全部损失的程度，部分损失包括共同海损和单独海损两种。

（1）共同海损。共同海损是指在同一海上航程中，船舶、货物和其他财产遭遇共同的危险，船长为了船货的共同安全而有意地、合理地采取措施直接造成的特殊的牺牲或支付的特殊的费用。构成共同海损的条件：一是共同海损的危险必须是实际存在的，或者是不可避免的，而非主观臆测的。因为不是所有的海上灾难或事故都会引起共同海损。二是必须是自愿地和有意识地采取合理措施所造成的损失或发生的费用。三是必须是为船货共同安全采取的谨慎行为或措施时所作的牺牲或引起的特殊费用。四是必须是属于非常性质的牺牲或发生的费用，并且是以脱险为目的。

（2）单独海损。单独海损是指船舶与货物在运输过程中，因海上自然灾害和意外事故所造成的，无共同海损性质的部分，即由于自然灾害或意外事故等原因直接导致由船舶或货物所有人各自负担的损失。与共同海损相比较，单独海损的特点：一是发生的原因不同。共同海损是有意采取措施造成的；而单独海损则是由偶然的意外事件造成的。二是涉及的利益方不一样。共同海损是为船货各方的共同利益所受的损失；而单独海损则只涉及损失方个人的利益，它是保险标的物本身的损失。三是后果不同。共同海损应由受益方分摊；而单独海损则由损失方自己承担。

4. 海上费用

海上费用主要包括施救费用、救助费用、特别费用及额外费用等几种。其中，施救费用的概念与前面章节阐述基本相同；救助费用是指因无救助义务的第三者的救助行为使货物或船舶确实有效地避免或减少损失而支付的报酬；特别费用是指运输工具在海上遭遇海难后，在中途港或避难港御货、存包、重装及续运货物所产生的费用；额外费用是指为了证明损失索赔的成立而支付的费用。

5. 货物计价

货物计价即海洋货物运输采用的价格。一般有如下三种：（1）离岸价格（FOB），指货物已装运到船上的交货价，它规定当货物越过船舷或装上船只，风险即由卖方转移给买方，保险手续由买方自行办理。（2）成本加运费价（CFR），指货物价格除包括货物本身的价值外，还包括运费，但不包括保险费。这种价格对货物风险的转移与FOB价一样，保险手续仍由买方办理。（3）到岸价格（CIF），即货价中包括运费和保险费在内，这种价格对货物风险的转移与前两种价格一样，但保险手续由卖方办理并由其承担保险费用。

6. 外来原因

外来原因又称外来风险，是指货物以外客观存在的可能发生的危险。在我国海洋运输货物保险实务中，外来原因有一般与特殊之分。一般外来原因主要是指偷窃、提货不着、淡水雨淋、短量、混杂、沾污、渗漏、串味异味、受潮受热、包装破裂、钓损、碰损破碎、锈损等；特殊外来原因主要是指战争、罢工、海盗、抢劫、船长或船员的过失或恶意行为、抛弃等。

7. 提单

提单是指用于证明海上货物运输合同和货物已经由承运人接收或者装船，以及承运人保证据以交付货物的单证。承运人同收货人、提单持有人之间的权利、义务关系，依据提单的规定确定，提单须经承运人或船方签字后始能生效。提单也是货物所有权凭证，承运人据以交付货物，而提单持有人可据以提取货物，也可凭此向银行押汇，还可在载货船舶到达目的港交货之前进行转让。

（二）海洋货物运输保险的主要内容

1. 保险金额

海洋货物运输保险采用定值保险方式，其保险金额一般按货价确定。在国际贸易中，货价是由货物本身的成本、运费和保险费三部分构成的，运输和保险是由买方办理还是由卖方办理，根据不同价格来决定。价格不同，投保的方式也不一样。如果采用上述的FOB价或CFR价，保险由买方办理；如果采用CIF价，保险由卖方办理。

2. 保险责任

海洋货物运输保险的责任范围一般分平安险、水渍险和一切险三种，在实务中统称为基本险。

（1）平安险。平安险主要是指保险人只对因海损事故和自然灾害造成的货物全部损失承担赔偿责任，而不负责单独海损。具体包括如下八个方面的保险责任：一是被保险货物在运输途中由于恶劣气候、雷电、海啸、地震、洪水等自然灾害造成整批货物的全部损失或推定全损。二是由于运输工具遭受搁浅、触礁、沉没、互撞、与流冰或其他物体碰撞及失火、爆炸等意外事故造成货物的全部或部分损失。三是在运输工具已经发生搁浅、触礁、沉没、焚毁等意外事故的情况下，货物在此前后又在海上遭受恶劣气候、雷电、海啸等自然灾害所造成的部分损失。四是在装卸或转运时由于一件或数件整件货物落海造成的全部或部分损失。五是被保险人对遭受承保责任内危险的货物采取抢救、防止或减少货损的措施而支付的合理费用，但以不超过该批货物的保险金额为限。六是运输工具遭遇海难后，在避难港由于卸货所引起的损失，以及在中途港、避难港由于卸货、存仓和运送货物所产生的特别费用。七是共同海损的牺牲、分摊和救助费用。八是运输合同订有"船舶互撞责任"条款，根据该条款规定，应由货方偿还船方的费用。由于平安险是海上货物运输保险中责任最小的一种险别，其保险费率也最低，一般适用于低值、粗糙、无包装的大宗货物，如木材、矿砂、废钢材等的海上运输。

（2）水渍险。水渍险的保险责任除平安险的各项责任外，还负责赔偿被保险货物由于恶劣气候、雷电、海啸、地震、洪水自然灾害所造成的部分损失。水渍险一般适用于不易损坏或不因生锈而影响使用的货物，如五金材料，旧的汽车、机械、机床、散装金属原料等。

（3）一切险。其保险责任除包括平安险和水渍险的各项责任外，还负责被保险货物在运输途中由于外来原因所致的全部或部分损失。

3. 除外责任

无论投保人购买上述三类中的哪一类保险，海洋货物运输保险对下列损失均不负赔偿责任：（1）被保险人的故意行为或过失所造成的损失。（2）属于发货人责任所引起的损失。（3）在保险责任开始前，被保险货物已存在的品质不良或数量短差所造成的损失。（4）被保险货物的自然损耗、本质缺陷、特性及市价跌落、运输延迟所引起的损失或费用。（5）海洋货物运输战争险条款和罢工险条款规定的责任范围和除外责任。

第五节　责任保险

责任保险是以被保险人（致害人）依法承担的对第三者（受害人）的民事赔偿责任为保险标的的保险。根据业务内容的不同，责任保险可以分为公众责任保险、产品责任保险、雇主责任保险、职业责任保险和第三者责任保险五类业务，其中每一类业务又由若干具体的险种构成。例如，公众责任保险就包括场所责任保险、承包人责任保险和承运人责任保险等。这种分类是责任保险最常见的分类方法，也是责任保险业务经营的基本依据。

一、公众责任保险

（一）公众责任保险的含义

公众责任保险又称普通责任保险或综合责任保险，它是以被保险人的公众责任为承保对象的一种责任保险，是责任保险中独立的、适用范围最为广泛的保险类别。

所谓公众责任，是指致害人在公众活动场所的过错行为致使他人的人身或财产遭受损害，依法应由致害人承担的对受害人的经济赔偿责任。公众责任的构成，以在法律上负有经济赔偿责任为前提，其法律依据是各国的民法及各种有关的单行法规制度。此外，在一些并非公众活动的场所，如果公众在该场所受到了应当由致害人负责的损害，也可以归属于公众责任。例如，某人到某企业办事，在该企业厂区内受到了依法应由企业负责的损害，即是该企业承担的公众责任。因此，各种公共设施场所、工厂、办公楼、学校、医院、商店、展览馆、动物园、宾馆、旅店、影剧院、运动场所，以及工程建设工地等，均存在着公众责任事故风险。这些场所的所有者、经营管理者等均需要通过投保公众责任保险来转嫁其责任风险。

（二）公众责任保险的种类

目前，公众责任保险主要有以下几类。

1. 综合公众责任保险

综合公众责任保险是一种综合性的责任保险，它承保被保险人在任何地点因非故意行为或活动所造成的他人人身伤害或财产损失依法应负的经济赔偿责任。从国外类似业务的经营实践来看，保险人在该种保险中除一般公众责任外，还承担着包括合同责任、产品责任、业主及工程承包人的预防责任、完工责任及个人伤害责任等风险。因此，它是一种以公众责任为主要保险风险的综合性公共责任保险。

2. 场所责任保险

场所责任保险承保固定场所因存在着结构上的缺陷或管理不善，或被保险人在被保险场所进行生产经营活动时因疏忽发生意外事故，造成他人人身伤害或财产损失且依法应由被保险人承担的经济赔偿责任。场所责任保险是公众责任保险中业务量最大的险种。场所责任保险的险种主要有宾馆责任保险、展览会责任保险、电梯责任保险、车库责任保险、机场责任保险及各种公众体育、娱乐活动场所责任保险。

3. 承包人责任保险

承包人责任保险承保承包人的损害赔偿责任，它主要适用于承包各种建筑工程、安装工程、修理工程施工任务的承包人，包括土木工程师、建筑工、公路及下水道承包人及油漆工等。在承包人责任保险中，保险人通常对承包人租用或自有的设备及对委托人的赔偿、合同责任、对分承包人应承担的责任等负责，但对被保险人看管或控制的财产、施工的对象、退换或重置的工程材料或提供的货物及安装了的货物等不负责任。

4. 承运人责任保险

承运人责任保险专门承保承担各种客、货运输任务的部门或个人在运输过程中可能发生的损害赔偿责任，主要包括旅客责任保险、运输货物责任保险、物流责任保险等险种。依照有关法律，承运人对委托给他的运输货物和旅客运送的安全负有严格责任，除非损害货物或旅客的原因是不可抗力、军事行动及客户自己的过失等，否则，承运人均须对被损害的货物或旅客负经济赔偿责任。

与一般公众责任保险不同的是，承运人责任保险保障的责任风险实际上是处于流动状态中的责任风险，但因运行途径是固定的，从而也可以视为固定场所的责任保险业务。

5. 环境污染责任保险

环境污染责任保险是指被保险人在生产经营活动过程中，由于非故意的原因，形成污染，进而造成第三人伤亡、财产损失或环境破坏时，由保险人根据保险合同的约定就被保险人由于此类损害所承担的赔偿进行损失补偿的一种责任保险。

6. 其他公众责任保险

除以上五类公众责任保险外，还有一些公众责任保险险种，这些保险同样承保被保险人由于意外事故造成的第三者的人身伤害和财产损失而应该承担的经济赔偿责任，如物业责任保险、旅行社责任保险、婚宴责任保险、个人责任保险等。

案例 4-4

责任保险

某年 7 月 15 日，5 岁的豆豆随妈妈到某商场 4 楼儿童用品部的一冷饮销售处买饮料喝，在喝完饮料后，豆豆独自跑到位于电梯旁边的果皮箱扔饮料盒，不慎摔下电梯。豆豆被迅速送往该市人民医院急救，但因原发性脑干损伤，经抢救无效死亡。因该商场已在某保险公司投保了客户团体意外伤害险，在事故发生后，保险公司按合同规定赔付给豆豆的父母 3 万元人民币。但保险公司赔付后，豆豆父母又向商场进行索赔。该商场认为，商场投保团体意外伤害保险，目的就是为了维护消费者的利益，也减少自身风险。保险公司赔付的保险金就是商家对客户承担的责任，因此不同意在保险公司赔偿之后再承担任何赔偿责任。

事实上，商场向保险公司投保的险种是意外伤害保险，就其性质来说并不是对商场应负法律责任的补偿。如果商场投保的是场所责任保险的话，那么保险公司已经赔付的 3 万元才可以看作是对商场应负责任的代替赔偿。在这种情况下，商场需不需要另外再向受害人父母进行赔偿，要看商场在这起事故中需要负多大的责任。如果说最终确定商场需要承担的责任大于保险公司已经赔付的 3 万元，那么商场还要就其所应负责任中超过 3 万元的部分进行赔偿；如果商场需要承担的责任小于 3 万元，那么就不需要再另行赔偿了。正因为商场投保的不是场所责任保险，因此，商场必须另外向受害人父母进行赔偿，赔偿数额取决于商场应负法律责任的大小。

二、产品责任保险

（一）产品责任保险的含义

产品责任保险是指由于被保险人在约定期限内所生产、出售的产品在承保区域内发生事故，造成使用、消费或操作该产品或商品的人或其他任何人的人身伤害、疾病、死亡或财产损失，依法应由被保险人承担经济赔偿责任，以及因此而产生的诉讼费用时，保险公司在约定的赔偿限额内负责赔偿的一种责任保险。

产品责任保险以产品责任为保险风险，而产品责任又以各国的产品责任法律制度为基础。所谓产品责任，是指产品在使用过程中因其缺陷而造成用户、消费者或公众的人身伤亡或财产损失时，依法应当由产品供给方（包括制造者、销售者、修理者等）承担的民事损害赔偿责任。例如，化妆品因不合格或存在着内在缺陷而造成的对人体皮肤的损害，电视机爆炸造成的财产损失或人身伤亡，汽车因缺陷而致车祸等，均属于产品责任事故，产品制造者、销售者、修理者等均应依法承担起相应的产品责任。产品责任保险承保的产品责任，是以产品为具体指向物，以产品可能造成的对他人的财产损害或人身伤害为具体承保风险，以制造或能够影响产品责任事故发生的有关各方为被保险人的一种责任保险。

（二）产品责任保险的责任范围

保险人承保的产品责任风险，是承保产品造成的对消费者或用户及其他任何人的财产损失、人身伤亡所导致的经济赔偿责任，以及由此而导致的有关法律费用等。不过，保险人承担的上述责任也有一些限制性的条件。例如，造成产品责任事故的产品必须是供给他人使用即用于销售的商品，产品责任事故的发生必须是在制造、销售该产品的场所范围之外的地点，如果不符合这两个条件，保险人就不能承担责任；对于餐厅、宾馆等单位自制、自用的食品、饮料等，一般均作为公众责任保险的附加责任扩展承保。

（三）产品责任保险费率的影响因素

产品责任保险的费率厘定，主要考虑如下因素：一是产品的特点和可能对人体或财产造成损害的风险大小，如药品、烟花、爆竹等产品的责任事故风险就比纺织产品的责任事故风险要大得多；二是产品数量和产品的价格，它与保险费呈正相关关系，与保险费率呈负相关关系；三是承保的区域范围，如出口产品的责任事故风险就较国内销售的产品的责任事故风险要大；四是产品制造者的技术水平和质量管理情况；五是赔偿限额的高低。综合上述因素，即可以比较全面地把握承保产品的责任事故风险。

（四）产品责任保险的保险赔偿

在产品责任保险的理赔过程中，保险人的责任通常以产品在保险期限内发生事故为基础，而无论产品是否在保险期内生产或销售。例如，在保险合同生效前生产或销售的产品，只要在保险有效期内发生保险责任事故并导致用户、消费者或其他任何人的财产损失和人身伤亡，保险人均予以负责；反之，即使是保险有效期内生产或销售的产品，如果不是在保险有效期内发生的责任事故，保险人也不会承担责任。对于赔偿标准的掌握，仍然以保险合同双方在签订保险合同时确定的赔偿限额为最高额度，它既可以每次事故赔偿限额为标准，也可以累计的赔偿限额为标准。在此，生产、销售、分配的同批产品由于同样原因造成多人的人身伤害、疾病、死亡或多人的财产损失均被视为一次事故造成的损失，并且适用于每次事故的赔偿限额。

三、雇主责任保险

（一）雇主责任保险的含义

雇主责任保险是以被保险人，即雇主的雇员在受雇期间从事业务时因遭受意外导致伤、残、死亡或患有与职业有关的职业性疾病而依法或根据雇佣合同应由被保险人承担的经济赔偿责任为承保风险的一种责任保险。

（二）雇主责任保险的责任范围

雇主责任保险的保险责任，包括在责任事故中雇主对雇员依法应负的经济赔偿责任和有关法律费用等，导致这种赔偿的原因主要是各种意外的工伤事故和职业病。但下列原因导致的责任事故通常除外不保：一是战争、暴动、罢工、核风险等引起雇员的人身伤害；二是被保险人的故意行为或重大过失；三是被保险人对其承包人的雇员所负的经济赔偿责任；四是被保险人的合同项下的责任；五是被保险人的雇员因自己的故意行为导致的伤害；六是被保险人的雇员由于疾病、传染病、分娩、流产及由此而施行的内科、外科手术所致的伤害等。

（三）雇主责任保险的保险费率

雇主责任保险的保险费率的厘定相对复杂，各保险公司存在着差异，但一般均根据一定的风险归类，确定不同行业或不同工种的不同费率标准，同一行业基本上采用同一费率，但对于某些工作性质比较复杂、工种较多的行业，还须规定每一工种的适用费率。

（四）雇主责任保险的保险赔偿

在处理雇主责任保险索赔时，保险人必须首先确立受害人与致害人之间是否存在雇佣关系。根据国际上流行的做法，确定雇佣关系的标准包括：一是雇主具有选择受雇人的权利；二是由雇主支付工资或其他报酬；三是雇主掌握工作方法的控制权；四是雇主具有中止或解雇受雇人的权利。

雇主责任保险的赔偿限额，通常是规定若干个月的工资收入，即以每一雇员若干个月的工资收入作为其发生雇主责任保险时的保险赔偿额度，每一雇员只适用于自己的赔偿额度。如果保险责任事故是第三者造成的，保险人在赔偿时仍然适用权益转让原则，即在赔偿后可以代位求偿。

四、职业责任保险

（一）职业责任保险的含义

职业责任保险是以各种专业技术人员在从事职业技术工作时因疏忽或过失造成合同对方或他人的人身伤害或财产损失所导致的经济赔偿责任为承保风险的责任保险。由于职业责任保险与特定的职业及其技术性工作密切相关，在国外又被称为职业赔偿保险或业务过失责任保险，是由提供各种专业技术服务的单位（如医院、会计师事务所等）投保的团体业务，个体职业技术工作的职业责任保险通常由专门的个人责任保险来承保。

职业责任保险所承保的职业责任风险，是从事各种专业技术工作的单位或个人因工作上的失误导致的损害赔偿责任风险，它是职业责任保险存在和发展的基础。职业责任的特点在于:第一,它属于技术性较强的工作导致的责任事故;第二,它不仅与人的因素有关,同时也与知识、技术水平及原材料等的欠缺有关;第三,它限于技术工作者从事本职工作中出现的责任事故,如某会计师同时又是医生,但若他的单位是会计师事务所,则其行医过程中发生的医疗职业责任事故就不是保险人应该负责的。

在当代社会,医生、会计师、律师、设计师、经纪人、代理人、工程师等技术工作者均存在着职业责任风险,从而均应当通过职业责任保险的方式来转嫁其风险。

(二)职业责任保险的主要险种

职业责任保险是一类由若干具体的保险险种组成的责任保险类别。在西方工业化国家,职业责任保险的险种达 70 多种,但主要的职业责任保险业务不外乎以下几种。

1. 医疗职业责任保险

医疗职业责任保险承保医务人员或其前任由于医疗责任事故而致病人死亡或伤残、病情加剧、痛苦增加等,受害者或其家属要求赔偿且依法应当由医疗方负责的经济赔偿责任。医疗职业责任保险以医院为投保对象,普遍采用在赔偿时仍然适用权益转让原则,即在赔偿后可以代位求偿。用以索赔为基础的承保方式,是从事医疗技术服务工作的医生、护士等专业技术人员执业过程中重要的风险转移工具。

2. 律师责任保险

律师责任保险承保被保险人或其前任作为一个律师在自己的能力范围内、在执业服务中发生的一切疏忽行为、错误或遗漏过失行为所导致的法律赔偿责任,包括一切侮辱、诽谤及赔偿被保险人在工作中发生的或造成的对第三者的人身伤害或财产损失。律师责任保险的承保方式可以事故发生为基础,也可以索赔为基础承保。

3. 建筑工程设计责任保险

建筑工程设计责任保险承保从事各种建筑工程设计的法人团体〔如设计院(所)等〕因设计工作中的疏忽或失职,导致所设计的工程发生工程质量事故,造成工程本身的物质损失及第三者的人身伤亡和财产损失,依法应由设计单位承担的经济赔偿责任。

4. 会计师责任保险

会计师责任保险承保被保险人或其前任或被保险人对其负有法律责任的那些人，因违反会计业务上应尽的责任及义务，而造成他人遭受损失，依法应负的经济赔偿责任，但不包括身体伤害、死亡及实质财产的损毁。

（三）职业责任保险的保险赔偿

当职业责任事故发生并由此导致被保险人的索赔后，保险人应当严格按照承保方式的不同基础进行审查，确属保险人应当承担的职业责任赔偿，按保险合同规定进行赔偿。在赔偿方面，保险人承担的仍然是赔偿金与有关费用两项，其中保险人对赔偿金通常规定一个累计的赔偿限额；法律诉讼费用则在赔偿金之外另行计算，但如果保险人的赔偿金仅为被保险人应付给受害方的总赔偿金的一部分，则该项费用应当根据各自所占的比例进行分摊。

五、第三者责任保险

第三者责任保险是承保被保险人的各种运输工具、建筑安装工程等因意外事故造成第三者的财产损失或人身伤亡损害赔偿责任的保险，它可以归为公众责任保险范畴，但因承保方式的差异，故将其单独列出。主要险种有运输工具第三者责任保险、建筑安装工程第三者责任保险、企业财产保险附加第三者责任保险、货物运输保险附加第三者责任保险、竹筏及其他水上运输工具第三者责任保险、其他附加第三者责任保险。此类险种的经营原理和公众责任保险相似。

第六节　信用与保证保险

一、信用保险

信用保险是保险人根据权利人的要求担保义务人（被保证人）信用的保险。从业务内容看，它一般分为国内信用保险、投资保险和出口信用保险三类，其各自又可以进一步分为若干具体险种。其中，国内信用保险承保在延期付款或分期付款时，卖方因买方不能如期偿还全部或部分货款而遭受的经济损失；投资保险是承保被保险人因投资引进国政治局势动荡或政府法令变动所引起的投资损失的保险，又称政治风险保险；出口信用保险承保出口商因买方不履行贸易合同而遭受损失的风险。下面主要介绍出口信用保险。

二、出口信用保险

出口信用保险是承保出口商在经营出口业务的过程中因进口商方面的商业风险或进口国方面的政治风险而遭受损失的一种特殊的保险。根据保险合同，投保人交纳保险费，保险人将赔偿出口商因其债务人不能履行合同规定支付到期的部分或全部债务而遭受的经济损失。由于此类保险所要承担的风险特别巨大，而且难以使用统计方法测算损失概率，故一般的保险公司均不愿经营这种保险。当今世界上的出口信用保险大多数是靠政府支持而存在的。

（一）出口信用保险的类型

1. 根据保险的期限不同划分

根据保险的期限不同，出口信用保险可分为短期出口信用保险和中长期出口信用保险。短期出口信用保险一般是指保险期限不超过 180 天的出口信用保险，通常适用于初级产品和消费品的出口。短期出口信用保险是出口信用保险中最为广泛使用的险种。中长期出口信用保险则是以金额巨大、付款期长的信用风险为保险标的的出口信用保险，其中，中期出口信用保险承保的信用期一般在 180 天到 3 年，而长期出口信用保险承保的信用期一般在 3 年以上。中长期信用保险通常适用于电站、大型生产线等成套设备项目或船舶、飞机等资本性或半资本性货物的出口，具有政策性强、保险合同无统一格式、保险机构早期介入、需要提供担保、需要一次性支付保险费等特点。

2. 根据保险责任起讫时间不同划分

根据保险责任起讫时间不同，出口信用保险业务可分为出运前的保险和出运后的保险。出运前的保险是保险人承保从合同订立日到货物起运日的信用风险；出运后的保险则承保从货物起运日到保险单的终止日由买方的商业风险或买方所在国家的政治风险导致出口商的经济损失。

（二）出口信用保险的保险责任

出口信用保险承保的风险有商业风险和政治风险两种。

1. 商业风险

商业风险指买方付款信用方面的风险，又称买方风险。它包括买方破产或实际已资不抵债而无力偿还货款；买方逾期不付款；买方违约拒收货物并拒绝付款，致使货物被运回、降价转卖或放弃。

2. 政治风险

政治风险指与被保险人进行贸易的买方所在国或第三国发生政治、经济状况的变化而导致买卖双方都无法控制的收汇风险，又称国家风险。它包括买方所在国实行外汇管制，禁止或限制汇兑；买方所在国实行进口管制，禁止贸易；买方的进口许可证被撤销；买方所在国或货物经过的第三国颁布延期付款令；买方所在国发生战争、动乱、骚乱、暴动等；买方所在国或任何有关第三国发生非常事件。

（三）出口信用保险的除外责任

在出口信用保险中，保险人不负赔偿责任的项目通常有：（1）被保险人违约或违法导致买方拒付货款所致的损失；（2）汇率变动的损失；（3）在货物交付时，已经或通常能够由货物运输保险或其他保险承保的损失；（4）发货前，买方未能获得进口许可或其他有关的许可而导致不能收货付款的损失；（5）买方违约在先情况下被保险人坚持发货所致的损失；（6）买卖合同规定的付款币制违反国家外汇规定的损失。

案例4-5

信用保险

某年，被保险人（A企业）在B国展会上遇到一B国的买家，该买家给出的付款方式、价格条件均比欧美市场要好，A企业业务员遂很快签订合同，并到保险公司申请限额。经调查，保险公司发现该买家规模较小，资信情况不理想，因此只批复小规模的限额，买家获悉此消息后，推荐两家其"朋友"公司向A企业下订单。为尽快开拓中欧市场，A企业大幅超限额出运，最终累计出运金额达到200万美元，而限额总金额仅为80万美元。货物出运后，三家买家全部消失，保险公司通过相关渠道介入后，发现三家买入公司均为同一人控制，其注册的办公地点已人去楼空,买家已逃逸。由于A企业不相信保险公司的提醒,以致被骗,此案保险公司不予赔偿。该案带来的教训是深刻的,因此,对于首次交易的买家,一定要注重买家资信调查;在出运量及付款方式方面应尽量采取保守的方式;签署合同阶段,尽量要求买家出具营业执照复印件,签字人授权书等材料;对于诈骗高发的区域,尽量要求正本合同,注意限额对风险的提示。

三、保证保险

保证保险是保险人根据被保证人(义务人)的要求向权利人提供自己信用担保的保险,即由被保证人要求保险人向权利人担保被保证人信用的保险。保证保险通常分为确实保证保险和诚实保证保险两类。

(一)确实保证保险

确实保证保险是被保证人不履行义务而使权利人遭受损失时,由保险人负赔偿责任的保证保险。其保险标的是被保证人的违约责任,它是对权利人的保证。确实保证保险的种类大致可概括为如下六类。

1. 合同保证保险

合同保证保险是承保因被保证人不履行各种合同义务而造成权利人的经济损失的一种保证保险。它主要是适应投资人对建设工程要求承包人如期履约而兴办起来的,最普遍的业务是建筑工程承包合同的保证保险。

2. 司法保证保险

司法保证保险是因法律程序而引起的保证业务,按其保证内容可分为诉讼保证保险和受托保证保险两种。例如,当原告或被告要求法院为其利益采取某种行动,而又可能损害另一方利益时,法院为了维护双方的合法权益,通常会要求申请人提供某种诉讼保证保险。而受托保证保险,则是承保经由法院命令为他人利益管理财产的人因其不尽职尽责而造成被管理人的财产损失,而由保险人负赔偿责任。

3. 许可证保证保险

许可证保证保险是承保从事经营活动领取执照的人遵守法规或履行义务的保险。在有些国家,从事某一活动或经营的人在向政府申请执照或许可证时,往往需要提供此种保证保险。

4. 存款保证保险

存款保证保险以银行为投保人，保证存款人的利益，当发生银行对存款人取款方面支付能力的风险时，由保险人负赔偿责任。

5. 贷款保证保险

贷款保证保险是由保险人保证从银行或其他金融机构取得贷款的债务人，将确实履行债务，如债务人不履行债务致使债权人（银行或其他金融机构）遭受损失时，由保险人向债权人（银行或其他金融机构）负赔偿责任。

6. 公务员保证保险

公务员保证保险又称行政保证保险，是指以国家公务员或行政机关忠实履行职守为保证内容，当公务员或行政机关因违法或疏于职守，给国家或他人（法人或自然人）造成经济损失时，由保险人承担赔偿责任的保证保险。

（二）诚实保证保险

诚实保证保险，也称雇员忠诚保证保险，是因被保证人（雇员）行为不诚实（如盗窃、贪污、侵占、非法挪用、故意误用、伪造、欺骗等）而且使权利人（雇主）遭受损失时，由保证人（保险人）承担经济赔偿责任的一种保证保险。在诚实保证保险中，雇主为权利人，雇员为被保证人，以雇员对雇主的诚实信用为保险标的。

诚实保证保险的保障范围包括雇主的货币和有价证券的损失、雇主所有的财产的损失、被保险人有权拥有的财产或对此负有责任的财产、保险单指定区域的可移动财产等。

诚实保证保险的承保形式主要有以下三种类型：（1）指名保证保险，即以特定的单个雇员为被保证人的保证保险。（2）特定职位保证保险，即以用人单位特定职位上的所有雇员为被保证人的保证保险。若其中一名雇员离职并补上一名新雇员，则对新雇员的诚实保险自动生效而无须变更保险合同，也无须通知保险人。但是，职位本身或被保证人人数发生变化时，用人单位应及时通知保险人。（3）总括保证保险，即以被保险人全体在册员工为被保证人的保证保险。

四、产品质量保证保险

（一）产品质量保证保险的定义

产品质量保证保险是以被保险人因制造或销售的产品丧失或不能达到合同规定的效能而应对买主承担赔偿责任为保险标的的保险。它与产品责任保险虽然文字相近，业务性质却有根本区别。不过在保险实务中，产品质量保证保险经常同产品责任保险综合承保，尤其在欧美国家，保险人一般同时开办产品责任保险和产品质量保证保险，制造商、销售商或修理商则同时投保产品责任保险和产品质量保证保险。

（二）产品质量保证保险的责任范围

1. 保险责任

产品质量保证保险的保险责任包括：（1）赔偿用户更换或整修不合格或有质量缺陷产品的损失和费用。（2）赔偿用户因产品质量不符合使用标准而丧失使用价值的损失及由此引起的额外费用，如运输公司因购买不合格汽车而造成的停业损失（包括利润和工资损失）及为继续营业临时租用他人汽车而支付的租车费等。（3）被保险人根据法院判决或有关行政当局的命令，收回、更换或修理已投放市场的质量有严重缺陷产品造成用户的损失及费用。

2. 除外责任

产品质量保证保险的除外责任包括：（1）用户或他人故意行为或过失或欺诈引起的损失。（2）用户不按产品说明书或技术操作规定使用产品或擅自拆卸产品而造成的产品本身损失。（3）属于制造商、销售商或修理商保修范围内的损失。（4）产品在运输途中因外部原因造成的损失或费用。（5）因制造或销售的产品缺陷而致他人人身伤亡的医疗费用和住院、护理等其他费用或其他财产损失。（6）经有关部门的鉴定不属上述质量问题造成的损失和费用。（7）不属于保险条款所列责任范围内的其他损失。

（三）产品质量保证保险的保险金额

产品质量保证保险的保险金额一般以被保险人的购货发票金额或修理费收据金额来确定。前者如出厂价、批发价、零售价等，以何种价格确定，可以由保险合同双方根据产品所有权的转移方式及转移价格为依据。

（四）产品质量保证保险的保险费率

产品质量保证保险在费率厘定方面，应以下列因素为依据综合考虑：产品制造商、销售商或修理商的技术水平和质量管理情况，这是确定费率的首要因素；产品的性能和用途；产品的数量和价格；产品的销售区域；保险人投保该类产品以往的损失记录。

◆ 课后习题

1.【单选】火灾保险属于（　　）。

A. 财产保险　　　　B. 信用保险　　　　C. 人身保险　　　　D. 履约保证保险

2.【单选】财产保险的保险标的必须是可以用（　　）衡量价值的财产或利益。

A. 实物　　　　　　B. 保险费　　　　　C. 货币　　　　　D. 保险价值

3.【单选】某公司专门从事近视的激光治疗。为转移其雇员因工作疏忽，造成前来就医者的人身伤害而依法应该承担的赔偿责任，该公司应购买以下哪种保险？（　　）

A. 产品责任保险　　B. 公众责任保险　　C. 职业责任保险　　D. 雇主责任保险

4.【单选】责任保险属于（　　）。

A. 人身保险　　　　　　　　　　B. 第三者责任保险

C. 狭义的财产保险　　　　　　　D. 广义的财产保险

5.【单选】下列哪个险种具有到期还本的性质？（　　）

A. 普通家庭财产保险　　　　　　B. 家庭财产两全保险

C. 房屋及室内财产保险　　　　　D. 安居类综合保险

6.【单选】我国海洋货物运输保险基本险的保险责任包括一切险和（　　）。

A. 全损险、综合险　　　　　　　B. 综合险、平安险

C. 平安险、水渍险　　　　　　　D. 水渍险、全损险

7.【多选】机动车辆保险的基本险包括（　　）。

A. 车辆损失保险　　　　　　　　B. 车上责任险

C. 车辆停驶损失险　　　　　　　D. 第三者责任险

8.【单选】信用保险是保障（　　）。

  A. 投保人的信用   B. 被保证人的信用

  C. 投保人的权利   D. 债权人的信用

9.【单选】财产保险综合险与基本险的主要区别在于（   ）。

  A. 保险期限   B. 保险金额   C. 保险标的   D. 保险责任

10.【单选】责任保险合同的保险标的是（   ）。

  A. 财产   B. 财产及其有关利益

  C. 人的身体和寿命   D. 民事赔偿责任

第五章 人身保险

教学目的

1. 掌握人身保险的含义、基本分类。

2. 学会区分人寿保险的特点与具体险种。

3. 熟悉人寿保险的保险条款及其经营实务。

教学重点

1. 人身保险的基本概念及其业务体系。

2. 横向比较财产保险与人身保险。

3. 人寿保险的保险条款。

4. 人寿保险各险种与意外伤害保险的保险责任比较。

按照保险标的划分，从总体上看，保险通常被区分为财产保险与人身保险。人身保险是以人的身体或生命为保险标的的一种保险。根据保障范围的不同，人身保险可以区分为人寿保险、意外伤害保险和健康保险。本章共四节，前三节详细介绍人寿保险、意外伤害保险和健康保险，第四节介绍团体保险这种承保方式在人身保险中应用的具体险种。

第一节　人寿保险

一、人寿保险及其特点

（一）人寿保险的定义

人寿保险是以被保险人的寿命为保险标的，以被保险人的生存或死亡为保险事故的一种人身保险业务。人寿保险所承保的风险可以是生存，也可以是死亡，也可同时承保生存和死亡。在全部人身保险业务中，人寿保险占绝大部分，因而人寿保险是人身保险主要的和基本的险种。

（二）人寿保险的特点

1. 生命风险的特殊性

以生命风险作为保险事故的人寿保险的主要风险是死亡率。对于死亡保险而言，死亡率越高则费率越高。根据许多专业机构对死亡率经验的研究，较其他非寿险风险发生概率的波动程度而言，死亡率是相对稳定的。所以在寿险经营中的巨灾风险较少，寿险经营的稳定性较好。因此，在寿险经营中对于再保险的运用是相对较少的，保险公司一般只对大额保单或次标准体保险进行再保险安排。

2. 保险标的的特殊性

人寿保险的保险标的是人的生命，而人的生命是很难用货币衡量其价值的。在财产保险中，保险标的在投保时的实际价值是确定保险金额的客观依据，而人寿保险保险金额的确定却没有实际价值作为客观依据。在保险实务中，人寿保险的保险金额是由投保人和保险人双方协商确定的。通常考虑被保险人的保障需求和交费能力。

3. 保险利益的特殊性

由于人寿保险的保险标的是人的生命，人寿保险的保险利益与财产保险有很大的不同，这主要表现在以下几个方面。

（1）在财产保险中，保险利益有量的规定性，不仅要考虑投保人有没有保险利益，还要考虑保险利益的金额是多少，保险金额以保险利益为限。但是，在人寿保险中，人的生命是无价的，不能用货币来衡量，因此，从理论上来说，人寿保险没有金额上的限制，人寿保险的保险利益没有量的规定性，只是考虑投保人有无保险利益，而不考虑保险利益的金额是多少，即保险利益一般是无限的。在实际中，人寿保险的保险金额要受投保人的交费能力的限制。在某些特殊情况下，人寿保险的保险利益有量的规定性。例如，债权人以债务人为被保险人投保死亡保险，保险利益以债权金额为限。

（2）在财产保险中，保险利益不仅是订立保险合同的前提条件，而且也是维持保险合同效力、保险人支付赔款的条件，一旦投保人对保险标的丧失保险利益，即使发生保险事故，保险人也不负赔款责任。在人寿保险中，只要求订立合同时投保人对被保险人具有保险利益，此后即使投保人与被保险人的关系发生了变化，投保人对被保险人已丧失保险利益，并不影响保险合同的效力，发生了保险事故，保险人仍给付保险金。例如，丈夫为妻子投保人身保险后，夫妻已离婚，但人寿保险合同并不因此而失效，发生保险事故后，保险人仍要给付保险金。

案例 5-1

人身保险中的保险利益问题

小林和英子自小青梅竹马，成年后情深意笃，由于两家有矛盾，双方家长均坚决反对这门亲事。2018 年 6 月，小林和英子双双南下深圳打工，为相互照应及生活方便，两人租用民房并以夫妻名义同居生活，一年后生育一男孩。2019 年 12 月，某保险营销员到小林工作单位推销人寿保险，小林以自己为投保人给自己和英子，各买了一份人寿保险，死亡保额均为 20 万元，受益人为双方所生男孩。当时，英子在外地出差并不知情，不久后英子因车祸意外死亡，小林向保险公司提出索赔，保险公司调查后拒赔，小林不服，向法院提起诉讼，那么在本案中，小林对英子是否具有保险利益，保险公司是否应该给付保险金？

　　本案中，小林对英子不具有保险利益，保险公司不承担给付保险金的责任。《保险法》规定，投保人对下列人员具有保险利益：本人；配偶、子女、父母；抚养、赡养及扶养关系的家属及其他成员近亲属。除此之外，被保险人同意为其订立合同的，视为投保人对被保险人具有保险利益。本案中不符合上述任意一种情况，故小林对英子不具备保险利益。

4. 保险金额确定与给付的特殊性

　　人寿保险金额的确定与给付的特殊性是由于人的生命无法用货币衡量这一特殊性决定的。人寿保险是定额给付性保险。人寿保险标的的特殊性使被保险人发生保险责任范围内的保险事故时，不能像财产保险那样根据事故发生时财产损失的实际程度支付保险赔款，并以保险金额为最高限。人寿保险只能按照保险合同规定的保险金额支付保险金，不能有所增减。因此，人寿保险不适用补偿原则，所以也不存在比例分摊和代位求偿的问题。同时，在人寿保险中一般没有重复投保、超额投保和不足额投保问题及代位求偿的问题。

二、人寿保险的种类

　　人寿保险产品按照设计类型分为普通型人寿保险和新型人寿保险。按照保险责任分类，普通型人寿保险分为定期寿险、终身寿险、两全保险和年金保险。新型人寿保险包括分红保险、投资连结保险或万能保险等。

（一）定期寿险

　　定期寿险指以死亡为给付保险金条件，且保险期限为固定年限的人寿保险。具体地讲，定期保险在合同中规定一定时期为保险有效期，若被保险人在约定期限内死亡，保险人即给付受益人约定的保险金；如果被保险人在保险期限届满时仍然生存，契约即行终止，保险人无给付义务，也不退还已收的保险费。对于被保险人而言，定期寿险最大的优点是可以用极为低廉的保险费获得一定期限内较大的保险保障。其不足之处在于若被保险人在保险期限届满仍然生存，则不能得到保险金的给付，而且已交纳的保险费不再退还。

（二）终身寿险

终身寿险指以死亡为给付保险金条件，且保险期限为终身的人寿保险。终身寿险是一种不定期的死亡保险，即保险合同中并不规定期限，自合同有效之日起，至被保险人死亡为止。也就是保险人对被保险人要终身负责，无论被保险人何时死亡，保险人都有给付保险金义务。终身保险最大优点是可以得到永久性保障，而且有退费的权利，若投保人中途退保，可以得到一定数额的退保金。按照交费方式分类，终身保险按照交费方式可分为普通终身保险，即保险费终身分期交付；限期交费终身保险，其保险费在规定期限内分期交付，期满后不再交付保险费，但仍享有保险保障。交纳期限可以是年限，也可以规定交费到某一特定年龄；趸交终身保险，在投保时一次全部交清保险费，也可以认为是限期交费保险的一种特殊形态。

（三）两全保险

两全保险指在保险期间内以死亡或期满生存为给付保险金条件的人寿保险。两全保险也称为生死合险，是指将定期死亡保险和生存保险（生存保险是指以被保险人在保险期满时仍生存未给付保险金条件的人寿保险）结合起来的保险形式。两全保险是指被保险人在保险合同规定的年限内死亡或合同规定时点仍生存，保险人按照合同均负给付保险金责任的生存与死亡混合组成的保险。两全保险是储蓄性极强的一种保险，两全保险的纯保费由危险保险费和储蓄保险费组成，危险保险费用于当年死亡给付，储蓄保险费则逐年积累形成责任准备金，既可用于中途退保时支付退保金，也可用于生存给付。由于两全保险既保障死亡又保障生存，因此，两全保险不仅使受益人得到保障，同时也使被保险人本身享受其利益。

（四）年金保险

年金保险指以生存与否为给付保险金条件，按约定分期给付保险金，且分期给付保险金的间隔不超过一年（含一年）的人寿保险。年金保险按不同的划分标准分为以下几类。

1. 按交费方式划分

（1）趸交年金。趸交年金是一次交清保费的年金，即指年金保险费由投保人一次全部交清后，于约定时间开始，按期由年金受领人领取年金。

（2）期交年金。在给付日开始之前，分期交付保费的称为期交年金，即指保险费由投保人采用分期交付的方式，然后于约定年金给付开始日期起按期由年金受领人领取年金。

2. 按被保险人数划分

（1）个人年金。以一个被保险人生存作为年金给付条件的年金称为个人年金。

（2）联合年金。以两个或两个以上的被保险人均生存作为年金给付条件的称为联合年金。这种年金的给付在数个被保险人中头一个死亡时即停止其给付。

（3）最后生存者年金。以两个或两个以上的被保险人中至少尚有一个生存作为年金给付条件且给付金额不发生变化的年金称为最后生存者年金，即是指年金的给付继续到其中最后一个生存者死亡为止，且给付金额保持不变。

（4）联合及生存者年金。以两个或两个以上的被保险人中至少尚有一个生存作为年金给付条件，但给付金额随着被保险人数的减少而进行调整的年金称为联合及生存者年金，即是指年金的给付继续到其中最后一个生存者死亡为止，但给付金额根据仍存活的被保险人数进行相应的调整。

3. 按给付额是否变动划分

（1）定额年金。每次按固定数额给付的年金称为定额年金，这种年金的给付额是固定的，不随投资收益水平的变动而变动。

（2）变额年金。年金给付按资金账户的投资收益水平进行调整，这种年金的设计用来克服定额年金在通货膨胀下保障水平降低的缺点。

4. 按给付开始日期划分

（1）即期年金。合同成立后，保险人即行按期给付年金，这种年金称为即期年金。

（2）延期年金。合同成立后，经过一定时期或达到一定年龄后才开始给付的年金称为延期年金。

5. 按给付方式（或给付期间）划分

（1）终身年金。年金受领人在有生之年一直可以领取约定的年金，直到死亡为止，这种年金称为终身年金。

（2）最低保证年金。为了防止年金受领人早期死亡而过早丧失领取年金的权利，于是产生了最低保证年金。最低保证年金又分为两种：一种是确定给付年金，即规定了一个最低保证确定年数，在规定期间内无论被保险人生存与否均可得到年金给付。另一种是退还年金，即当年金受领人死亡而其年金领取总额低于年金购买价格时，保险人以现金方式一次或分期退还其差额。

（3）定期生存年金。年金的给付以一定的年数为限，若被保险人一直生存，则给付到期满；若被保险人在规定的期限内死亡，则年金给付立即停止，这种以被保险人在规定期间内生存为给付条件的年金称为定期生存年金。

（五）分红保险

分红保险是指保险公司将其实际经营成果优于定价假设的盈余，按一定比例向保单持有人进行分配的人寿保险产品。这里的盈余主要影响因素是利差益（损）、死差益（损）和费差益（损）。对于以死亡作为保险责任的寿险，死差益（损）是由于实际死亡率小于（大于）预定死亡率而产生的利益（损失）；当保险公司实际投资收益率高于（低于）预定利率时，则产生利差益（损）；当公司的实际营业费用少于（大于）预计营业费用所产生的利益（损失）时，则产生费差益（损）。这里的保单持有人是指按照合同约定，享有保险合同利益及红利请求权的人。分红保险、非分红保险及分红保险产品与其附加的非分红保险产品必须分设账户，独立核算。分红保险采用固定费用率的，其相应的附加保费收入和佣金、管理费用支出等不列入分红保险账户；采用固定死亡率方法的，其相应的死亡保费收入和风险保额给付等不列入分红保险账户。

（六）投资连结保险

投资连结保险是指包含保险保障功能并至少在一个投资账户内拥有一定资产价值的人身保险产品。投资连结保险的投资账户必须是资产单独管理的资金账户。投保人可以选择其投资账户，投资风险完全由投保人承担。除有特殊规定外，保险公司的投资账户与其管理的其他资产或其投资账户之间不得存在债权、债务关系，也不承担连带责任。投资连结保险产品的保单现金价值与单独投资账户（或称基金）资产相匹配，现金价值直接与独立账户资产投资业绩相连，没有最低保证。

监管机构认可的投资连结保险产品具备的特点包括该产品必须包含一项或多项保险责任；该产品至少连结到一个投资账户上；保险保障风险和费用风险由保险公司承担；投资账户的资产单独管理。

《投资连结保险精算规定》第四条规定："投资连结保险及投资账户均不得保证最低投资回报率"；第二条还规定："年金保险的死亡风险保额可以为零"，"个人投资连结保险在保单签发时的死亡风险保额不得低于保单账户价值的5%"，

"团体投资连结保险的死亡风险保额可以为零"。

（七）万能保险

万能保险是一种交费灵活、保额可调整，非约束性的人寿保险。保单持有人在交纳一定量的首期保费后，也可以按自己的意愿选择任何时候交纳任何数量的保费，只要保单的现金价值足以支付保单的相关费用，有时甚至可以不再交费。而且，保单持有人可以在具备可保性的前提下，提高保额，也可以根据自己的需要降低保额。

万能保险的经营透明度高。保单持有人可以了解到该保单的内部经营情况。保单持有人可以得到有关保单的相关因素，如保费、死亡给付、利息率、死亡率、费用率、现金价值之间相互作用的各种预期的结果的说明。保单经营的透明度也并不意味着保单持有人能对保单价值作出精确估计，而是可以了解保单基金的支配情况。万能保险具有透明度的一个重要因素是其保单的现金价值与纯保险保额是分别计算的，即具有非约束性。保单现金价值每年随保费交纳情况、费用估计、死亡率及利息率的变化而变化。纯保险保额与现金价值之和就是全部的死亡给付额。

三、人寿保险合同的常见条款

（一）不可抗辩条款

不可抗辩条款又称不可争议条款。此条款规定，从保险单生效之日起满两年后，保险人不能以投保人或被保险人于投保时违反告知（如故意隐瞒、过失遗漏或不实说明等）义务为由来否定寿险合同的有效性，但投保人欠交保费除外。也就是说，保险人有两年的时间来调查投保人或被保险人的诚信情况，如发现投保人或被保险人违反了诚信原则，保险人可以解除保险合同。

这一条款充分体现了人寿保险的根本宗旨，有利于保险业在社会公众中树立良好的形象。保险合同是最大诚信合同，它要求投保人或被保险人投保时据实回答保险人的询问，否则，保险人有权解除合同。但是，为了限制保险人滥用此权利，许多国家都采用了不可抗辩条款对时间做了限定。

不可抗辩条款也适用于失效后再复效的保单，即复效后的保单经过两年后也成为不可抗辩的。人寿保险合同和长期健康保险合同大都列入此条款。

案例 5-2

不可抗辩条款

2016 年 3 月，某厂 45 岁的机关干部龚某因患胃癌，住院治疗手术后出院并正常参加工作，8 月 24 日龚某经吴某推荐，与其一同到保险公司投保了人寿保险，办妥有关手续，填写投保单时没有申报住院和身患癌症的事实。2019 年 5 月，龚某旧病复发，经医治无效死亡，龚某的妻子以指定受益人的身份，到保险公司请求给付保险金。保险公司在审查提交有关证明时，发现龚某的死亡病史上，载明其曾患癌症并动手术，于是拒绝给付保险金，龚妻以丈夫不知自己患何种病，并未违反告知义务为由抗辩，双方因此发生纠纷，对于此案如何处理？

保险人在投保时可能对自己的健康状况有一个准确了解，也可能不清楚自己究竟患何种疾病。在本例中龚某不知道自己患有胃癌，仅从他未声明自己已患胃癌的角度看并不算违反告知义务。但是龚某对自己几个月前住过院动过手术的事实是不可能不知道的，他却没有加以说明，隐瞒或虚假陈述了就医或治疗等方面的事实，则犯有未适当告知重要事实的过错，应当承担违反告知义务的不利后果。但是本案中合同成立已经超过两年，因此保险应该承担给付保险金的责任。

（二）宽限期条款

宽限期条款规定，投保人在交纳续期保费时保险人给予一定的宽限期（如 30 天或 60 天等）。人寿保险合同是长期性合同，交费期限有的长达几十年。在这个漫长过程中，不可避免地会出现一些影响投保人按时交费的因素，如遗忘、外出未归、经济暂时困难等。规定一个宽限期，不仅方便了投保人交费，也避免了轻易导致保单失效情况发生，有利于维持较高的保单续保率。

《保险法》第三十六条规定："合同约定分期支付保险费，投保人支付首期保险费后，除合同另有约定外，投保人自保险人催告之日起超过三十日未支付当期保险费，或者超过约定的期限六十日未支付当期保险费的，合同效力中止，或者由保险人按照合同约定的条件减少保险金额。被保险人在前款规定期限内发生保险事故的，保险人应当按照合同约定给付保险金，但可以扣减欠交的保险费。"

（三）复效条款

复效条款规定，人寿保险单因欠交保费而中止效力，投保人可以在 2 年内申请复效。导致保险单失效有不同的原因。本条款所指复效仅适用于因投保人欠交保险费而导致保单效力中止的情形，其他原因引起的失效则不包括在复效范围内。

对被保险人而言，复效优于重新投保。这是因为：（1）随着被保险人的年龄增长，重新投保时保险费率会随之增加；（2）被保险人的身体状况可能会发生较大变化，重新投保时需要加费或特约承保；（3）如被保险人已超过保单最高年龄限制，则无法重新投保同样的险种。

根据保单失效时间的长短不同，保险人往往规定不同的复效条件和审核程序。《保险法》第三十七条规定："合同效力依照本法第三十六条规定中止的，经保险人与投保人协商并达成协议，在投保人补交保险费后，合同效力恢复。但是，自合同效力中止之日起满二年双方未达成协议的，保险人有权解除合同。保险人依照前款规定解除合同的，应当按照合同约定退还保险单的现金价值。"

（四）保费自动垫交条款

保费自动垫交条款规定，投保人在合同有效期内已交足 2 年以上保险费的，若以后的续期保险费超过宽限期仍未交付，而保险单当时的保单现金价值足以垫交应交保险费及利息时，除投保人事先另以书面作反对声明外，保险人将自动垫交其应交保险费及利息（相当于自动贷款），使保险单继续有效。如果垫交后，投保人续期保费仍未交付，垫交应继续进行，直到累计的贷款本息达到保单上的现金价值时，保险合同的效力才中止，此中止适用复效条款。如果被保险人在垫交期间发生保险事故，保险人应从给付保险金中扣除贷款本息。规定此条款的目的是为了减少保单失效，维持较高的续保率。

宽限期与保费自动垫交条款

2016 年 6 月李某投保了一份终身寿险，受益人指定为他的儿子，采用的是分期交费的形式。2019 年 6 月 13 日李某应交费而未交费，7 月 5 日李某遇车祸不幸身亡，请问李某的儿子小李能得到保险金的赔偿吗？如果李某的死亡时间为 8 月 20 日呢？

小李理应获得保险金赔偿，根据宽限期条款，宽限期为自应交费之日起 60 天或自保险公司发出催告起 30 天，本案仍处于宽限期内，保险合同仍然有效，保险公司应该负赔偿责任。

如果李某的死亡时间为 8 月 20 日，根据保费自动垫交条款，投保人在合同有效期内已交足 2 年以上保险费的，若以后的续期保险费超过宽限期仍未交付，而保险单当时的保单现金价值足以垫交应交保险费及利息时，除投保人事先另以书面作反对声明外，保险人将自动垫交其应交保险费及利息，使保险单继续有效，保险公司应该给付保险金。

（五）不丧失价值条款

不丧失价值条款规定，人寿保险合同的投保人享有保险单现金价值的权利，不因保险合同效力变化而丧失。也就是说，即使保险单失效了，保险单上的现金价值所有权不变。

投保人处置效力中止保单现金价值的方式一般有以下三种：

第一，办理退保，领取退保金。

第二，将原保险单改为交清保险。即将保险单上的责任准备金作为趸交保险费，在原保单的保险期限和保险责任保持不变的情况下，重新确定保险金额。交清保险的保险金额比原保险单的保险金额小。

第三，将原保险单改为展期保险。即将保险单上的责任准备金作为趸交保险费，用于购买与原保险合同保险金额相同的死亡保险，其保险期限长短取决于保单现金价值的多少，但最长不能超过原保险合同的保险期限。如果现金价值抵交后仍有余额，其剩余部分可以购买生存保险，这样，如果被保险人生存到保险期满就可以获得生存保险金。

根据《保险法》第三十六条、第三十七条的规定，人身保险合同失效，其现金价值不丧失。

（六）保单质押贷款条款

保单质押贷款条款规定，人寿保险单经过两年时间且投保人交纳保费满两年后，投保人可以以保单为质押向保险人申请贷款。根据不丧失价值条款，保单经过一定时期之后会积存可观的现金价值，且这个现金价值归投保人所有。因此，如果投保人有经济上的临时性需要，保险人应将该现金价值暂时借给投保人使用。贷款的金额只能是保单现金价值的一定比例，如 80%、90% 等。保险人将按照保险单上规定的利率收取利息。当贷款本利和达到保单的现金价值时，投保人应按保险人的通知日期还清款项，否则保单失效。此种失效一般不得申请复效，因为，它相当于投保人已经领取了退保金。如果被保险人或受益人领取保险金时，保险单上的借款本息尚未还清，保险人将在保险金内扣除贷款本息。

保单贷款的期限多以 6 个月为限，贷款利率略高于或等于金融机构的类似贷款利率，通常到期可以申请续贷。实行保单贷款方便了投保人，降低了保单解约率，增加了保险人的资金运用渠道。但由于贷款金额较小，笔数较多，使保单贷款的净收益率远小于保险人将此笔资金运用于其他投资所能得到的净收益。所以，此条款可以看成是保险人给予投保人的优惠条款。

（七）年龄误告条款

年龄误告条款规定，保险人发现被保险人年龄误告时，保险金额或保险费将根据真实年龄予以调整。

一般规定，在被保险人生存期间发现年龄误告，可调整保费而维持原保额不变；在被保险人死亡时发现年龄误告，则只能按真实年龄调整保额。在真实年龄超过保险公司规定的最高年龄时，可能导致保险合同无效。通常，年龄误告也属于不可抗辩条款的适用范围。

《保险法》第三十二条规定："投保人申报的被保险人年龄不真实，并且其真实年龄不符合合同约定的年龄限制的，保险人可以解除合同，并按照合同约定退还保险单的现金价值。保险人行使合同解除权，适用本法第十六条第三款、第六款的规定。

投保人申报的被保险人年龄不真实，致使投保人支付的保险费少于应付保险费的，保险人有权更正并要求投保人补交保险费，或者在给付保险金时按照实付保险费与应付保险费的比例支付。投保人申报的被保险人年龄不真实，致使投保人支付的保险费多于应付保险费的，保险人应当将多收的保险费退还投保人。"

案例 5-4

年龄误告条款

1. 被保险人 22 岁时投保终身死亡保险，保额为 3 万元，每年应交保费 40 元，但由于投保时年龄误报为 25 岁，故每年实交保费 65 元，10 年后由保险人发现年龄误报情况，应如何处理？

2. 被保险人 51 岁时投保终身死亡保险，保额为 5 万元，由于投保时年龄误报为 48 岁，故每年实交保费 400 元，但是该保单允许投保的最大年龄为 50 岁，一年后保险人发现，应如何处理？

根据人寿保险年龄误告条款，投保人在投保时误告被保险人的年龄，致使投保人支付的保险费少于或多于应付保险费的，保险人有权更正并要求投保人补交或退回保险费。如果发现投保时保险人的真实年龄已超过可以承保的年龄限度，保险人可以解除合同，并将已收的保险费扣除手续费后无息退还给投保人，但是自合同成立之日起逾两年后发现的除外。

（八）自杀条款

自杀条款一般规定，被保险人在保单生效后的两年内自杀（包括复效），保险人都不承担给付保险金的责任，只退还保险单的现金价值，并一次性支付给保险单上注明的受益人。如果自杀发生在两年以后，保险人承担给付保险金的责任。

在人寿保险产生之初的很长一段时期内，"自杀"一直被作为合同的除外责任。那时，保险人不假思索地认为如果自杀也是保险责任的话，就会助长道德危险的发生，并直接影响保险人的经营稳定。后来，随着人寿保险经营技术的逐步完善，保险人发现将"自杀"一概作为责任免除对待是很不合理的。因为：（1）投保人寿保险目的是保障受益人的利益。如果对自杀一概不负给付保险金的责任，必将损害受益人的利益。（2）编制生命表时已经考虑了自杀这个因素。也就是说，投保人已经给被保险人自杀投了保。（3）蓄意自杀、骗取保险金的行为可以被排除。人们研究发现，人在特定的环境下，一时因挫折产生自杀的念头是很容易的，但要将此念头保持到两年后去实施，则是不大可能的。这是因为随着时间的流逝、环境的变化、新的机会的出现，会改变人的不理智的决定。所以，两年内自杀不赔，两年后自杀给付的规定是可以杜绝为骗取保险金而进行的蓄意自杀计划。

根据《保险法》第四十四条的规定："以被保险人死亡为给付保险金条件的合同，自合同成立或者合同效力恢复之日起二年内，被保险人自杀的，保险人不承担给付保险金的责任，但被保险人自杀时为无民事行为能力人的除外。保险人依照前款规定不承担给付保险金责任的，应当按照合同约定退还保险单的现金价值。"

案例 5–5

自杀条款与复效条款

王某为自己投保了一份终身寿险，保单合同成立并生效的时间为 2017 年 3 月 1 日，因王某未履行按期交纳续期保费的义务，此保险合同效力于 2018 年 5 月 2 日中止。2019 年 5 月 1 日，王某补交了所拖欠的保险费及利息，双方协商达成协议，合同效力恢复。2019 年 10 月 10 日王某自杀身亡，其受益人便向保险公司提出给付保险金的请求，而保险公司则认为复效日应为合同效力的起算日，于是便以合同效力不足两年为由予以拒赔。请问本案中是否符合自杀条款和复效条款，保险人是否应该进行赔付？

自杀条款是指根据我国《保险法》的规定，以死亡为给付保险金条件的保险合同，自成立之日起满两年，如果被保险人自杀，保险人可以按照合同给付保险金。复效条款规定，合同效力终止之日起两年内，应保险人与投保人协商并达成协议，在投保人补交保险费后，合同效力恢复。

根据《保险法》第四十四条的规定："以被保险人死亡为给付保险金条件的合同，自合同成立或者合同效力恢复之日起二年内，被保险人自杀的，保险人不承担给付保险金的责任，但被保险人自杀时为无民事行为能力人的除外。"本案中保险合同的自杀条款效力应该从复效之日起算，不满两年期限，保险公司无须给付保险金。

（九）受益人条款

受益人条款规定受益人如何产生及是否可以变更等内容（详见第二章第

二节）。

（十）意外事故死亡双倍给付条款

意外事故死亡双倍给付条款规定，如果被保险人由于意外事故死亡，保险人就给付双倍保险金，有的甚至规定给付 3 倍、5 倍或 10 倍保险金等。

履行该条款时，必须满足下列条件：（1）被保险人死亡的近因必须是意外事故；（2）死亡必须在意外事故后若干天（如 90 天或 180 天）内发生；（3）死亡必须发生在保单规定的年龄之前，如 60 岁或 65 岁等。60 岁（或 65 岁）以前的人意外事故死亡，会给被保险人的家人带来巨大的精神打击和经济损失，此条款可从经济上给予适当的补偿。我国的《保险法》中没有规定此条款，但在保险实务中，有些人寿保险公司的保单中已经采用这个条款。

（十一）赔款（保险金）任选条款

赔款（保险金）任选条款规定，被保险人或受益人在领取保险金时，有下列方式可供选择。

1. 现金收入

现金收入指被保险人或受益人以现金方式一次性领取保险金。

2. 利息收入

利息收入指将保险金存放于保险公司，保险公司按约定的利率定期支付利息。支付周期可以由双方商定，约定的利率比一般存款利率高。领款人死亡，可由其继承人一次领回本金。

3. 定期收入

定期收入指将保险金存入保险公司，并根据保险金数额、保证利率、给付期限或次数，计算出每次受益人可领取的金额。如果受益人在领完之前死亡，其继承人继续按此方式领完为止。

4. 定额收入

定额收入指将保险金存放于保险公司，双方约定每月（或每年）领取一个固定的金额，直到将全部本息领完为止。如果受益人未领完本息就死亡，其继承人可一次性领完剩余的本息。

5. 终身收入

终身收入指受益人将保险金作为趸交保险费投保一份终身年金保险。这样，就可以从约定的年金领取日开始终身得到年金收入了。终身收入有三种不同方式：（1）一般的终身年金保险，即以年金受领人的生存为领取年金的条件。这种年金给付的金额较高。（2）期间保证年金保险，即保证年金受领人领完保证的次数。如果受领人未领完规定的次数死亡，其继承人可继续领取，直到领满规定次数为止。如果年金受领人领完保证的次数后仍生存，则可一直领下去，直到死亡为止。（3）金额保证年金保险，即年金受领人死亡时，如果其领取的年金金额之和小于年金现值（所交保费的现值总和），其继承人可以领取差额部分。

（十二）红利任选条款

寿险保单包括分红保单和不分红保单。如果投保人投保的是分红保险，便享有红利分配的权利。红利任选条款规定了领取红利的任选方式。

1. 领取现金

领取现金指投保人直接领取现金红利。

2. 抵交续期保费

抵交续期保费指用红利支付到期的续期保险费。通常保险人会通知投保人红利金额及扣除红利后的应交保费金额。

3. 积累生息

积累生息指将红利留在保险公司，并由保险公司支付相应的利息。通常有最低利率保证，并可获得保险人所取得的超额利益。

4. 增加保额

增加保额指以红利作为趸交保费，购买到期日与原保单相同的交清保险。

5. 购买定期寿险

购买定期寿险通常是用每年的红利来购买附加的 1 年定期保险。

6. 提前满期

提前满期指把红利并入人寿保险责任准备金中，使被保险人提前若干年领取保险金。就生存保险和两全保险来说，如果在人寿保险责任准备金中加入一笔资金，就可以提前使人寿保险责任准备金数额达到保险金额，从而使保单提前满期。

投保人可以根据自己的情况选择领取红利的方式。分红人寿保险保单在国内已有不少公司开办，但规定的红利取得方式仍比较少，常用的取得红利方式主要是现金给付和积累生息等。

四、人寿保险的数理知识

（一）人寿保险费计算依据

1. 死亡（生存）因素

由于人寿保险的保险事故是被保险人的死亡或生存，故其保险费的计算应依据被保险人的死亡率及生存率。

2. 利息因素

由于人寿保险是长期性合同，保险人收取保险费在先而给付保险金在后，而且相隔的时间较长，因此计算保险费时还应考虑利息因素。

3. 附加费因素

保险人经营人寿保险的营业费用应在纯保险费之外另行附加。因此，人寿保险费是依据预定死亡（生存）率、预定利息率、预定业务费用率来计算的，此三项称为计算人寿保险费的三要素。

（二）利息计算

利息是货币的时间价值，它是借款人借入资金，运用一定时间后，支付给放款人的报酬，即一定资金在一定时期内的收益。计算利息有三个基本要素：本金、利率和期间。所借入的资金称为本金；运用本金的一定时间称为期间；利率是指在一定时期内（月或年）利息额占本金的比率，它是在单位时期（如年、季度、月）内单位本金（如每千元或每百元）所赚的利息，利率常以百分比（%）表示。因单位时期的不同，由年利率、季度利率、月利率之分。利息的数额取决于本金的数量、利率的高低、存放期间的长短。本金数量越大，利率越高，存放期间越长，则利息越多，反之利息就越少。

1. 单利

单利的计算仅在原有本金基础上计算利息，对本金所产生的利息不再计息。单利的计算方法：利息额等于本金乘以计息期数乘以利率。

以 P 表示本金，i 表示利率，n 表示计算期数，I 表示利息额，S 表示本利和它们之间的关系：$I=Pni$，$S=P+I=P+Pni=P(1+ni)$。

2. 复利

复利的计算是对本金及其所生的利息一并计息，也就是利上有利。复利计息

的特点：把上一期末的本利和作为下一期的本金，在计算时每一期本金的数额是不同的。复利计息的公式：$S=P(1+i)^n$

3. 终值与现值

由于利息因素的影响，一笔资金在不同时期的价值是不同的。一笔资金在一定利率下存放一定时期后所得的本利和称为终值。在复利假设下，终值可表示：终值 = 本金（1+ 利率）n，即 $S=P(1+i)^n$。

现值是与终值相反的概念，是指为了将来某时得到一固定金额，在一定利率下，现在应具备的金额称为现值，现值相当于本金的概念。因为终值 = 本金（1+ 利率）^{n}，所以本金 = 终值 /（1+ 利率）^{n}，设 $v=\dfrac{1}{1+i}$，则现值 $P=Sv^n$。v 称为贴现因子，表示1 年后得到 1 元在初时刻的现值；v^n 则表示 n 年后得到 1 元在初时刻的现值。

4. 确定年金

年金是指在一定时间内按照一定的时间间隔有规则地收或付的款项。年金可分为确定年金和生命年金。年金的支付有确定的起讫时期，称为确定年金；年金的支付依赖于残废或生存事件是否发生，即与收款人生命有关，称为生命年金。

年金按不同的标准又可分为以下种类：按每期年金支付的时间划分，可分为期首付年金和期末付年金；按年金的期数划分，可分为定期年金和终身年金；按每期年金支付额有无变化划分，可分为定额年金和变额年金。

（三）人寿保险费构成

人寿保险费由两部分构成：纯保费和附加保费。以预定死亡率和预定利率为基础所计算的保险费，称为纯保费。在纯保费中未计入保险业务经营中所需要的业务费用。纯保费是保险金给付的来源，纯保费总额与保险金给付总额达到平衡。附加保费用于保险经营过程中的一切费用开支。由纯保费和附加保费构成的保险费称为营业保费。营业保费是保险经营过程中实际收取的保险费。

（四）人寿保险的责任准备金

1. 责任准备金的含义

人寿保险的纯保费是根据死亡率和利率计算而得的。死亡率是随着年龄的增长而递增的，若采用自然保费的话，则保费逐年增加而且每年的保费正好用于死亡给付，没有积累。但在实际中多是采用均衡保费，在这种情况下，对于每一年来讲，所收取的保费与实际保险金支付不相等。在某时点之前，均衡保费大于自然保费；在此时点后，均衡保费小于自然保费。对于保险人来说，虽然早期所收保费大于保险金的给付额，但多出的部分用于以后少交的部分，所以保险人有责任将这一部分积存起来用于未来给付。责任准备金来源于历年收入纯保费的积累值与历年死亡给付的积累值的差额，即多交部分的保险费，以复利生息，其终值称为寿险责任准备金。

2. 责任准备金的计算

责任准备金的计算包括理论责任准备金的计算和实际责任准备金的计算。

（1）理论责任准备金的计算，分为过去法和未来法两种计算方法。过去法（也称追溯法或已交保费推算法），指用过去所交付的纯保费的终值减去过去给付保险金的终值。未来法（也称预期法或未交保费推算法），指用将来保险金给付的现值与未来可收的未交保费的现值的差额来计算责任准备金。可以证明用过去法和用未来法所计算的责任准备金是相等的。

（2）实际责任准备金的计算。人寿保险的营业保费是由纯保费和附加保费组成的，均衡保费前提下，各年交纳的保费是相等的，其中包含的纯保费部分各年也是相等的，即各年的附加费也是相等的。但在实际过程中，早期费用开支特别是第一年费用开支较大，如果按照理论责任准备金提存，再除去费用开支，则第一年的保费收入将不足以用于死亡给付，给经营带来困难。为了解决这个困难，一般将纯保费进行修正，这种不以均衡纯保费为计算基础，而以修正后的纯保费作为基础计算而得的准备金，叫作实际准备金，或称为修正准备金。

第二节　意外伤害保险

一、意外伤害与意外伤害保险

（一）意外伤害的含义

意外伤害保险中所称意外伤害，是指在被保险人没有预见到或违背被保险人意愿的情况下，突然发生的外来致害物对被保险人的身体明显、剧烈地侵害的客观事实。意外伤害包括意外和伤害两层含义。

1. 伤害

伤害也称损伤，指被保险人的身体受到侵害的客观事实。伤害由致害物、侵害对象、侵害事实三个要素构成，致害物即直接造成伤害的物体或物质。在意外伤害保险中，只有致害物是外来的，才被认为是伤害。侵害对象是致害物侵害的客体。在意外伤害保险中，只有致害物侵害的对象是被保险人的身体，才能构成伤害。侵害事实即致害物以一定的方式破坏性地接触、作用于被保险人身体的客观事实。上述要素三者缺一不可。

2. 意外

意外是就被保险人的主观状态而言，指伤害的发生是被保险人事先没有预见到的或伤害的发生违背被保险人的主观意愿。

（1）被保险人事先没有预见到伤害的发生，可理解为伤害的发生是被保险人事先所不能预见或无法预见的。或者伤害的发生是被保险人事先能够预见到的，但由于被保险人的疏忽而没有预见到。这些伤害应该是偶然发生的事件或突然发生的事件。

（2）伤害的发生违背被保险人的主观意愿，主要表现为被保险人预见到伤害即将发生时，在技术上已不能采取措施避免。或者被保险人已预见到伤害即将发生，在技术上也可以采取措施避免，但由于法律或职责上的规定，不能躲避。

综上所述，意外伤害的构成包括意外和伤害两个必要条件。意外伤害的定义可以表述为在被保险人没有预见到或违背被保险人意愿的情况下，突然发生的外来致害物明显、剧烈地侵害被保险人身体的客观事实。

（二）意外伤害保险的定义

意外伤害保险是指以意外伤害而致身故或残疾为给付保险金条件的人身保险。意外伤害保险有三层含义：第一，必须有客观的意外事故发生，且事故原因是意外的、偶然的、不可预见的；第二，被保险人必须有因客观事故造成人身死亡或残疾的结果；第三，意外事故的发生和被保险人遭受人身伤亡的结果，两者之间有着内在的、必然的联系，即意外事故的发生是被保险人遭受伤害的原因，而被保险人遭受伤害是意外事故的后果。

意外伤害保险的基本内容：投保人向保险人交纳一定量的保险费，如果被保险人在保险期限内遭受意外伤害并以此为直接原因或近因，在自遭受意外伤害之日起的一定时期内造成死亡、残疾、支出医疗费或暂时丧失劳动能力，则保险人给付被保险人或其受益人一定量的保险金。

意外伤害保险的保障项目主要有死亡给付和残疾给付。死亡给付是被保险人因遭受意外伤害造成死亡时，保险人给付死亡保险金。残疾给付是被保险人因遭受意外伤害造成残疾时，保险人给付残疾保险金。

意外死亡给付和意外残疾给付是意外伤害保险的基本责任，其派生责任包括医疗给付、误工给付、丧葬费给付和遗属生活费给付等责任。

二、意外伤害保险的特征

（一）保险金的给付

在人寿保险中，保险事故发生时，保险人不问被保险人有无损失及损失金额是多少，只是按照约定的保险给付保险金。在意外伤害保险中，保险事故发生时，死亡保险金按约定的保险金额给付，残疾保险金多按保险金额的一定百分比给付。

（二）保费计算基础

人寿保险的纯保险费是依据生命表和利息率计算的。这种方法认为被保险人的死亡概率取决于其年龄。意外伤害保险的纯保险费是根据保险金额损失率计算的，这种方法认为被保险人遭受意外伤害的概率取决于其职业、工种或从事的活动，在其他条件都相同时，被保险人的职业、工种、所从事活动的危险程度越高，应交的保险费就越多。

（三）保险期限

人寿保险的保险期限较长，至少一年，一般长达十几年、几十年，甚至是终身。意外伤害保险的保险期较短，一般不超过一年，最多三年或五年。这是因为，意外伤害保险的保险费率取决于被保险人的职业、工种或从事活动的危险程度，与被保险人的年龄和健康状况关系不大。如果保险期限较长，保险费每年交纳一次，那么，与保险期限定为一年，每年续保一次并无区别。

（四）责任准备金

人寿保险的年底未到期责任准备金是依据生命表、利息率、被保险人年龄、已保年限、保险金额等因素计算的。意外伤害保险的年底未到期责任准备金是按当年保险费收入的一定百分比（如 50%）计算的，与财产保险相同。

三、意外伤害保险的可保风险分析

意外伤害保险承保的风险是意外伤害，但是并非一切意外伤害都是意外伤害保险所能承保的。按照是否可保划分，意外伤害可以分为不可保意外伤害、特约保意外伤害和一般可保意外伤害三种。

（一）不可保意外伤害

1. 被保险人在犯罪活动中所受的意外伤害

意外伤害保险不承保被保险人在犯罪活动中受到的意外伤害，因为：第一，保险只能为合法的行为提供经济保障，一切犯罪行为都是违法的行为，不予承保；第二，犯罪活动具有社会危害性，如果承保，会违反社会公共利益。

2. 被保险人在寻衅殴斗中所受的意外伤害

寻衅殴斗指被保险人故意制造事端挑起的殴斗。寻衅殴斗不一定构成犯罪，但具有社会危害性，属于违法行为，因而不能承保。

3. 被保险人在酒醉、吸食毒品后发生的意外伤害

酒醉或吸食（或注射）毒品（如海洛因、鸦片、大麻、吗啡等麻醉剂、兴奋剂、致幻剂）对被保险人身体的损害，是被保险人的故意行为所致，当然不属于意外伤害。

4. 由于被保险人的自杀行为造成的伤害

被保险人的自杀行为是一种故意行为，其造成的伤害也属于不可保风险。

（二）特约保意外伤害

特约保意外伤害，即只有经过投保人与保险人特别约定，有时还要另外加收保险费后才予承保的意外伤害。特约保意外伤害包括以下四种。

1. 战争使被保险人遭受的意外伤害

由于战争使被保险人遭受意外伤害的风险过大，保险公司一般没有能力承保。战争是否爆发、何时爆发、会造成多大范围的人身伤害，往往难以预计，保险公司一般难以厘定保险费率。所以，对于战争使被保险人遭受的意外伤害，保险公

司一般不予承保，只有经过特别约定并另外加收保险费以后才能承保。

2. 被保险人在从事剧烈的体育活动或比赛中遭受意外伤害

被保险人从事登山、跳伞、滑雪、江河漂流、赛车、拳击、摔跤等活动或比赛时，会使其遭受意外伤害的概率大大增加。保险公司一般对此不予承保，只有经过特别约定并另外加收保险费以后才能承保。

3. 核辐射造成的意外伤害

核辐射造成人身意外伤害的后果，往往在短期内不能确定，而且如果发生大的核爆炸时，往往造成较大范围内的人身伤害。从技术上考虑和从承保能力上考虑，保险公司一般不承保核辐射造成的意外伤害。

4. 医疗事故造成的意外伤害

意外伤害保险的保险费率是根据大多数被保险人的情况制定的，而大多数被保险人身体是健康的，只有少数患有疾病的被保险人才存在医疗事故（如医生误诊、药剂师发错药品、检查时造成的损伤、手术切错部位等）遭受意外伤害的危险。为了使保险费的负担公平合理，保险公司一般不承保医疗事故造成的意外伤害。

对于上述特约保意外伤害，在保险条款中一般列为除外责任，经投保人与保险人特别的约定承保后，由保险人在保险单上签注特别约定或出具批单，对该项除外责任予以剔除。

（三）一般可保意外伤害

一般可保意外伤害，即在一般情况下可承保的意外伤害。除不可保意外伤害、特约保意外伤害以外，均属一般可保意外伤害。

四、意外伤害保险的主要险别

（一）按投保动因分类

1. 自愿意外伤害保险

该保险是投保人和保险人在自愿基础上通过平等协商订立保险合同的意外伤害保险。投保人可以选择是否投保及向哪家保险公司投保，保险人也可以选择是否承保，只有双方意思表示一致时才订立保险合同，确立双方的权利和义务。

2. 强制意外伤害保险

该保险又称法定意外伤害保险，即国家机关通过颁布法律、行政法规、地方性法规强制施行的意外伤害保险，凡属法律、行政法规、地方性法规所规定的强制施行范围内的人，必须投保，没有选择的余地。

（二）按保险危险分类

1. 普通意外伤害保险

该保险所承保的危险是在保险期限内发生的各种意外伤害（不可保意外伤害除外，特约保意外伤害视有无特别约定）。目前保险公司开办的团体人身意外伤害保险、学生团体平安保险等，均属普通意外伤害保险。

2. 特定意外伤害保险

该保险是以特定时间、特定地点或特定原因发生的意外伤害为保险危险的意外伤害保险，如保险危险只限定于在矿井下发生的意外伤害、在建筑工地发生的意外伤害、在驾驶机动车中发生的意外伤害、煤气罐爆炸发生的意外伤害等。

（三）按保险期限分类

1. 一年期意外伤害保险

该保险即保险期限为一年的意外伤害保险业务。在意外伤害保险中，一年期意外伤害保险一般占大部分。保险公司目前开办的个人人身意外伤害保险、附加意外伤害保险等均属一年期意外伤害保险。

2. 极短期意外伤害保险

该保险是保险期限不足一年，往往只有几天、几小时甚至更短的意外伤害保险。我国目前开办的公路旅客意外伤害保险、旅游保险、索道游客意外伤害保险、游泳池人身意外伤害保险、大型电动玩具游客意外伤害保险等，均属极短期意外伤害保险。

3. 多年期意外伤害保险

该保险是保险期限超过一年的意外伤害保险。把意外伤害保险分为一年期、极短期、多年期的意义在于不同的保险期限，计算未到期责任准备金的方法不同。

（四）按险种结构分类

1. 单纯意外伤害保险

该保险一张保险单所承保的保险责任仅限于意外伤害保险。保险公司目前开办的个人人身意外伤害保险、公路旅客意外伤害保险、驾驶员意外伤害保险等，均属单纯意外伤害保险。

2. 附加意外伤害保险

此种保险包括两种情况：一种是其他保险附加意外伤害保险；另一种是意外伤害保险附加其他保险责任。

五、意外伤害保险的保险责任

意外伤害保险的保险责任是被保险人因意外伤害所致的死亡和残疾，不负责疾病所致的死亡。在意外伤害保险中，有关于责任期限的规定：只要被保险人遭受意外伤害的事件发生在保险期内，而且自遭受意外伤害之日起的一定时期内（责任期限内，如 90 天、180 天等）造成死亡残疾的后果，保险人就要承担保险责任，给付保险金，即使被保险人在死亡或确定残疾时保险期限已经结束，只要未超过责任期限，保险人就要负责。

意外伤害保险的保险责任由三个必要条件构成，即被保险人在保险期限内遭受意外伤害；被保险人在责任期限内死亡或残疾；被保险人所受意外伤害是其死亡或残疾的直接原因或近因。上述三个必要条件缺一不可。

（一）被保险人遭受意外伤害

被保险人在保险期限内遭受意外伤害是构成意外伤害保险的保险责任的首要条件。这一首要条件包括以下两个方面的要求。

1. 客观性要求

被保险人遭受意外伤害必须是客观发生的事实，而不是臆想的或推测的。

2. 时效性要求

被保险人遭受意外伤害的客观事实必须发生在保险期限之内。如果被保险人在保险期限开始以前曾遭受意外伤害，而在保险期限内死亡或残疾，不构成保险责任。

（二）被保险人死亡或残疾

被保险人在责任期限内死亡或残疾，是构成意外伤害保险的保险责任的必要条件之一。这一必要条件包括以下两个方面的要求。

1. 被保险人死亡或残疾

死亡即机体生命活动和新陈代谢的终止。在法律上发生效力的死亡包括两种情况：一是生理死亡，即已被证实的死亡；二是宣告死亡（下落不明满四年的；因意外事故下落不明，从事故发生之日起满二年的）。

残疾包括两种情况：一是人体组织的永久性残缺（或称缺损），如肢体断离等；二是人体器官正常机能的永久丧失，如丧失视觉、听觉、嗅觉、语言机能和运动障碍等。

2. 被保险人的死亡或残疾发生在责任期限之内

责任期限是意外伤害保险和健康保险特有的概念，指自被保险人遭受意外伤害之日起的一定期限（如 90 天或 180 天、1 年等）。在人寿保险和财产保险中，没有责任期限的概念。

如果被保险人在保险期限内遭受意外伤害，在责任期限内生理死亡，则显然已构成保险责任。但是，如果被保险人在保险期限内因意外事故下落不明，自事故发生之日起满二年、法院宣告被保险人死亡后，责任期限已经超过。为了解决这一问题，可以在意外伤害保险条款中订有失踪条款或在保险单上签注关于失踪的特别约定，规定被保险人确因意外伤害事故下落不明超过一定期限（如 3 个月或 6 个月等）时，视同被保险人死亡，保险人给付死亡保险金，但如果被保险人以后生还，受领保险金的人应把保险金返还给保险人。

责任期限对于意外伤害造成的残疾实际上是确定残疾程度的期限。如果被保险人在保险期限内遭受意外伤害，治疗结束后被确定为残疾时，责任期限尚未结束，当然可以根据确定的残疾程度给付残疾保险金。但是，如果被保险人在保险期限内遭受意外伤害，责任期限结束时治疗仍未结束，尚不能确定最终是否造成残疾及造成何种程度的残疾，那么，就应该推定责任期限结束时这一时点上被保险人的组织残缺或器官正常机能的丧失是否是永久性的；即以这一时点的情况确定残疾程度，并按照这一残疾程度给付残疾保险金。以后，即使被保险人经过治疗痊愈或残疾程度减轻，保险人也不追回全部或部分残疾保险金。反之，即使被保险人加重了残疾程度或死亡，保险人也不追加给付保险金。

（三）意外伤害是死亡或残疾的直接原因或近因

在意外伤害保险中，被保险人在保险期限内遭受了意外伤害，并且在责任期限内死亡或残疾，并不意味着必然构成保险责任。只有当意外伤害与死亡、残疾之间存在因果关系，即意外伤害是死亡或残疾的直接原因或近因时，才构成保险责任。意外伤害与死亡、残疾之间的因果关系包括以下三种情况。

1. 意外伤害是死亡、残疾的直接原因

意外伤害事故直接造成被保险人死亡或残疾。当意外伤害是被保险人死亡、残疾的直接原因时，构成保险责任，保险人应该按照保险金额给付死亡保险金或按照保险金额和残疾程度给付残疾保险金。

2. 意外伤害是死亡或残疾的近因

意外伤害是引起直接造成被保险人死亡、残疾的事件或一连串事件的最初原因。

3. 意外伤害是死亡或残疾的诱因

意外伤害使被保险人原有的疾病发作，从而加重后果，造成被保险人死亡或残疾。当意外伤害是被保险人死亡、残疾的诱因时，保险人不是按照保险金额和被保险人的最终后果给付保险金，而是比照身体健康遭受这种意外伤害会造成何种后果给付保险金。

六、意外伤害保险的给付方式

意外伤害保险属于定额给付性保险，当保险责任构成时，保险人按保险合同中约定的保险金额给付死亡保险金或残疾保险金。

在意外伤害保险合同中，死亡保险金的数额是保险合同中规定的，当被保险人死亡时如数支付。

残疾保险金的数额由保险金额和残疾程度两个因素确定。残疾程度一般以百分率表示，残疾保险金数额的计算公式：

$$残疾保险金 = 保险金额 \times 残疾程度百分率$$

在意外伤害保险合同中，应列举残疾程度百分率，列举得越详尽，给付残疾保险金时，保险方和被保险方就越不容易发生争执。但是，列举不可能完备穷尽，残疾程度百分率列举得无论如何详尽，也不可能包括所有的情况。对于残疾程度百分比率中未列举的情况，只能由当事人之间按照公平合理的原则，参照列举的残疾程度百分率协商确定。协商不一致时可提请有关机关仲裁或由人民法院审判。

在意外伤害保险中，保险金额不仅是确定死亡保险金、残疾保险金的数额的依据，而且是保险人给付保险金的最高限额，即保险人给付每一被保险人死亡保险金、残疾保险金累计以不超过该被保险人的保险金额为限。

当一次意外伤害造成被保险人身体若干部位残疾时，保险人按保险金额与被保险人身体各部位残疾程度百分率之和的乘积计算残疾保险金，但如果各部位残疾程度百分率之和超过 100%，则按保险金额给付残疾保险金。

被保险人在保险期限内多次遭受意外伤害时，保险人对每次意外伤害造成的残疾或死亡均按保险合同中的规定给付保险金，但给付的保险金以累计不超过保险金额为限。

第三节　健康保险

一、健康保险的含义

健康保险是以被保险人的身体为保险标的，使被保险人在疾病或意外事故所致伤害时发生的费用或损失获得补偿的一种保险。按照保险责任，健康保险分为疾病保险、医疗保险、收入保障保险和护理保险等。

二、疾病成立的条件

疾病是指由于人体内在的原因，造成精神上或肉体上的痛苦或不健全。构成健康保险所指的疾病必须具备以下三个条件。

（一）必须是由于明显非外来原因所造成的

由于外来的、剧烈的原因造成的病态视为意外伤害，而疾病是由身体内在的生理的原因所致。但若因饮食不慎、感染细菌引起疾病，则不能简单视为外来因素，因为外来的细菌要经过体内抗体的抵抗以后才形成疾病。因此，一般来讲，要以是否是明显外来的原因，作为疾病和意外伤害的分界线。

（二）必须是非先天的原因所造成的

健康保险仅对被保险人的身体由健康状态转入病态承担责任。由于先天原因，使身体发生缺陷，例如，视力、听力的缺陷或身体形态的不正常，这种缺陷或不正常不能作为疾病由保险人负责。

（三）必须是由于非长存的原因所造成的

在人的一生中，要经历生长、成年、衰老的过程，因此在机体衰老的过程中，也会显示一些病态，这是人生必然要经历的生理现象，不能称为疾病，不是健康保险的保障范围。

三、健康保险的特征

（一）保险期限

除重大疾病等保险以外，绝大多数健康保险尤其是医疗费用保险常为一年期的短期合同，原因在于医疗服务成本不断上涨，保险人很难计算出一个长期适用的保险费率，而一般的人寿保险合同则主要是长期合同，在整个交费期间可以采用均衡的保险费率。

（二）精算技术

健康保险主要考虑疾病率、伤残率和疾病（伤残）持续时间。健康保险费率的计算以保险金额损失率为基础，年底未到期责任准备金一般按当年保费收入的一定比例提存。此外，健康保险合同中规定的等待期、免责期、免赔额、共保比例和给付方式、给付限额也会影响最终的费率。

（三）健康保险的给付

关于健康保险是否适用补偿原则问题，不能一概而论。补偿原则是指"被保险人获得的补偿不能高于其实际损失"，费用型健康保险适用该原则，是补偿性的给付；而定额给付型健康保险则不适用，保险金的给付与实际损失无关。对于前者而言，强调对被保险人因伤病所致的医疗花费或收入损失提供补偿，类似于财产保险，与人寿和意外伤害保险在发生保险事故时给付事先约定的保险金不同。

（四）经营风险的特殊性

健康保险经营的是伤病发生的风险，其影响因素远较人寿保险复杂，逆选择和道德风险都更严重。为降低逆选择风险，健康保险的核保要比人寿保险和意外伤害保险严格得多；道德风险导致的索赔欺诈也给健康保险的理赔工作提出了更高的要求；精算人员在进行风险评估及计算保费时，除了要依据统计资料，还要获得医学知识方面的支持。此外，健康保险的风险还来源于医疗服务提供者，医疗服务的数量和价格在很大程度上由他们决定，作为支付方的保险公司很难加以控制。

（五）成本分摊

健康保险的基本责任主要是指医疗给付责任，即对被保险人的意外伤害和疾病医治所发生的医疗费用支出，保险人按规定给付相应的医疗保险金。由于健康保险有风险大、不易控制和难以预测的特性，因此，在健康保险中，保险人对所承担的医疗保险金的给付责任往往带有很多限制或制约性条款。

（六）合同条款的特殊性

健康保险是为被保险人提供医疗费用和残疾收入补偿，基本以被保险人的存在为条件，所以无须指定受益人，且被保险人和受益人常为同一个人。健康保险合同中，除适用一般人寿保险的不可抗辩条款、宽限期条款、不丧失价值条款等外，还采用一些特有的条款，如既存状况条款、转换条款、协调给付条款、体检条款、免赔额条款、等待期条款等。

（七）健康保险的除外责任

健康保险的除外责任一般包括战争或军事行动，故意自杀或企图自杀造成的疾病、死亡和残废，堕胎导致的疾病、残废、流产、死亡等。健康保险中将战争或军事行动除外，是因为战争所造成的损失程度，一般来讲是较高的，而且难以预测，在制定正常的健康保险费率时，不可能将战争或军事行动的伤害因素及医疗费用因素计算在内，因而把战争或军事行动列为除外责任。而故意自杀或企图自杀均属于故意行为，与健康保险所承担的偶然事故相悖，故也为除外责任。

四、健康保险的种类

这里的健康保险是指以单个自然人为投保对象的健康保险，也称个人健康保险。它是相对于团体健康保险而言的。健康保险保单的投保人与被保险人通常为同一人。投保人对健康保险保单中包含的一些条款，如保险金额水平和续保规定，有一定的选择权。保险人一般根据投保人的选择计算或调整保险费。健康保险的主要险种包括医疗保险、疾病保险、收入保障保险和护理保险等。

（一）医疗保险

医疗保险指以约定的医疗费用为给付保险金条件的保险，即提供医疗费用保障的保险，它是健康保险的主要内容之一。医疗费用是病人为了治病而发生的各种费用，它不仅包括医生的医疗费用和手术费用，还包括住院、护理、医院设备等的费用。医疗保险就是医疗费用保险的简称。

医疗保险的范围很广，一般依照其医疗服务的特性来区分，主要包含医生的门诊费用、药费、住院费用、护理费用、医院杂费、手术费用、各种检查费用等。各种不同的健康保险保单所保障的费用一般是其中的一项或若干项的组合。

（二）疾病保险

疾病保险指以保险合同约定的疾病的发生为给付保险金条件的保险。某些特殊的疾病往往给病人带来的是灾难性的费用支付。例如，癌症、心脏疾病等，这些疾病一经确诊，必然会产生大范围的医疗费用支出。因此，通常要求这种保单的保险金额比较大，以足够支付其产生的各种费用。疾病保险的给付方式一般是在确诊为特种疾病后，立即一次性支付保险金额。

疾病保险的基本特点：（1）个人可以任意选择投保疾病保险，作为一种独立的险种，它不必附加于其他某个险种之上。（2）疾病保险条款一般都规定了一个等待期或观察期，等待期或观察期一般为180天（不同的国家规定可能不同），被保险人在等待期或观察期内因疾病而支出的医疗费用及收入损失，保险人概不负责，观察期结束后保险单才正式生效。（3）疾病保险为被保险人提供切实的疾病保障，且程度较高。疾病保险保障的重大疾病均是可能给被保险人的生命或生活带来重大影响的疾病项目，如急性心肌梗死、恶性肿瘤。（4）保险期限较长。疾病保险一般都能使被保险人"一次投保，终身受益"。保费交付方式灵活多样，且通常设有宽限期条款。（5）疾病保险的保险费可以按年、半年、季度、月分期交付，也可以一次交清。

（三）收入保障保险

收入保障保险指以因保险合同约定的疾病或意外伤害导致收入中断或减少为给付保险金条件，为被保险人在一定时期内收入的减少或者中断提供保障的保险。其主要目的是为被保险人因丧失工作能力导致收入的丧失或减少提供经济上的保障，但不承担被保险人因疾病或意外伤害所发生的医疗费用。

收入保障保险一般可分为两种：一种是补偿因伤害而导致残废的收入损失；另一种是补偿因疾病造成的残废而导致的收入损失。在实践中，因疾病所导致残废的比因伤害所导致残废的更为多见一些。

（四）护理保险

护理保险指为因年老、疾病或伤残而需要长期照顾的被保险人提供护理服务费补偿的健康保险，一般的医疗保险或其他老年医疗保险不提供这样的保障。护理保险的保险范围分为医护人员看护、中级看护、照顾式看护和家中看护四个等级，但早期的护理保险产品不包括家中看护。

典型长期看护保险要求被保险人不能完成下述五项活动之两项即可：（1）吃；（2）沐浴；（3）穿衣；（4）如厕；（5）移动。除此之外，患有老年痴呆等认知能力障碍的人通常需要长期护理，但他们却能执行某些日常活动，为解决这一矛盾，目前所有护理保险已将老年痴呆、阿基米得病及其他精神疾患包括在内。

第四节　团体保险

按保险业务的承保方式划分，保险可以分为团体保险与个人保险。团体保险是指保险公司用一份保险合同为团体内众多成员提供保险保障的人身保险业务。在团体人身保险中，保险合同当事人是保险人与投保人，符合条件的团体为投保人，团体内成员为被保险人，保险公司签发一张总保单给投保人。团体人身保险主要承保死亡、疾病、伤残及养老等保险责任。

一、团体人寿保险

团体人寿保险是团体人身保险的重要组成部分之一。为了全面理解团体人寿保险内容，下面从保障范围、初年度保费计算、经验分红及经验费率等方面进行说明。

团体人寿保险通常可分为团体定期人寿保险、团体终身保险、团体信用人寿保险、团体养老保险、交清退休后终身保险、团体遗属收入给付保险和团体万能人寿保险等险种。

（一）团体定期人寿保险

团体定期人寿保险（又称团体定期保险），是指以经过选择的团体中的员工为被保险人，团体或团体雇主作为投保人，保险期间为一年的死亡保险。团体定期保险是最早产生，也是最受欢迎的团体人寿保险之一。它是以合法组织（机关、企业、团体、学校等）的多数员工为被保险人，以死亡作为保险责任的团体保险。此保险的保险期限为一年，一年期满时可以续保。保险金额可以相同，也可以按不同标准确定，如果是后者，通常要求最高保额不能高出团体平均保额的若干倍（如2倍或4倍）。保险费率大多采用按年龄段确定，即不同的年龄段适用不同的费率。团体内每个被保险人的保险金额乘以相应的保险费率之和，即为团体定期保险的总保费。保险责任主要是死亡和全残，但现在不少保险人把意外伤残责任也包括进去。具体来说，保险责任包括：（1）疾病死亡。保险人给付保险金额全数。（2）意外死亡。保险人给付保险金额全数。（3）意外伤残。保险人按伤残给付标准给付保险金。为了有效防止逆选择，团体定期保险一般规定投保人数占该团体具有投保资格的总人数的比例不得低于80%。

（二）团体终身保险

团体终身保险是相对于团体定期保险而言的。后者主要提供团体员工在工作期间的死亡保障，团体终身保险则是指以团体或其雇主为投保人，团体员工为被保险人，一旦被保险人死亡，由保险人负责给付死亡保险金的一种保险产品。显然，团体终身保险可以为团体员工提供退休后的死亡保障，以弥补团体定期保险期限较短的不足。

团体终身保险通常是一类组合险种，即把团体定期保险作为基本形式，搭配有储蓄性的个人保险（如终身寿险、养老保险等）。该险种根据交费方式不同分为以下两类。

1. 团体定期保险附加交清保险（如趸交终身寿险等）

为了鼓励被保险人长期服务于本团体，团体定期保险的投保人每年给被保险人增加保额，且增加部分采取交清保险方式。这里又有两种方法：一种是每年购入相同的保额，而保费随年龄增长而增加；另一种是每年支出相同的保费金额，而购得保额随年龄增长而减少。交清保险保费由投保人和被保险人共同负担。当被保险人离职时，可以要求退保，并能得到不少于被保险人自付保险费总额的退保金。当被保险人退休时，团体定期保险部分中止，但交清保险部分继续有效。

2. 团体定期保险附加均衡保费方式储蓄保险

团体定期保险附加均衡保费方式储蓄保险是指将交清保险方式改为终身交费或交至65岁的均衡保费方式。被保险人离职时，可以选择退保方式或交清保险方式，有些甚至允许全额改为个人保险，然后，被保险人继续交付保费。

（三）团体信用人寿保险

团体信用人寿保险是指为保全住宅贷款定期付款销售等分期偿还债权，由贷款提供机构或信用保证机构作为投保人（受益人），以与其发生借贷关系的众多分期付款债务人作为被保险人，同保险人签订的一种团体保险合同。此险种是专为分期付款信用制度设计的险种。它保障债务人死亡或残疾时，债权人的债权不受损失。

通常，团体信用人寿保险合同以未清偿的债务额为合同的保险金额，将随债务的分期偿还而逐步递减。在债务清偿前，如果被保险人死亡或达到合同约定的高度残障状态致使其收入中断，由保险人给付相当于未清偿债务额的金额给受益人。

（四）团体养老保险

团体定期保险主要以提供团体员工在工作期间的死亡保障为目的。但考虑到员工在退休后的生活保障需要，团体可能为其向保险人购买一份"生存保险"合同，当员工退休时，由保险人一次性按保险金额向退休员工支付一笔款项，供其养老生活所用，这种团体保险称为团体养老保险。

团体养老保险的保费由投保人和被保险人共同负担。团体养老保险必须按规定提存准备金。被保险人死亡或离职时，保险人退还被保险人已交的保险费及利息；被保险人正常退休时，可以享受团体养老保险的全部权益。随着企业年金的发展，近年来，团体员工的退休保障逐渐由团体养老保险转向企业年金保险。

（五）交清退休后终身保险

交清退休后终身保险是一种以企业年金方式设立的团体终身保险，团体的员工自行负担保险费，逐年按约定交清，每年保障的差额由团体雇主以购买定期保险的方式来弥补。如此，随着交清保险保额的不断累积，团体定期保险的保额越来越小，雇主负担也越来越轻，当员工退休时，保险单具有现金保值；而且，因为雇主支付的保险费是用于购买定期保险，所以不会产生员工的课税问题。显然，在交清退休后终身保险中，团体保险合同逐渐变成交清保险合同，团体保险的性质已非常之少。

（六）团体遗属收入给付保险

在这种团体保险中，以团体或其雇主作为投保人，团体所属员工为被保险人，员工的遗属作为受益人，团体或其雇主与保险人签订保险合同，约定在员工死亡时，由保险人向死亡员工的遗属给付死亡保险金。保险金的给付方式通常按月给付，给付金额通常按该死亡员工的原工资额确定。例如，在美国，配偶一般获得相当于死者工资的25%作为保险金，子女获得15%，对家庭给付的最高限额是死者工资的40%，并规定给付期限。

（七）团体万能人寿保险

团体雇主一般不为团体万能人寿保险交付任何保险费，所以，团体万能人寿保险并不是一种严格意义上的团体保险产品。不过，如果团体的规模较大，可以按该团体的经验数据收取死亡率费用，而且收取的管理费用比个人保险产品低。此外，如果员工离开该团体，他购买的团体万能人寿保险产品可以在该团体中继续保留。

二、团体意外伤害保险

团体意外伤害保险是指以团体方式投保的人身意外伤害保险，即一个团体内的全部或大部分成员集体向保险公司办理投保手续，以一张保单承保的意外伤害保险。其保险责任、给付方式均与个人投保的意外伤害保险相同。

团体意外伤害保险具有团体保险的全部特征，属于一年期的定期保险。其保险费率按行业、工种类别确定，通常划分为若干类，每一类适用一个费率。对特殊行业、工种要按危险程度加收保险费。在保险有效期间，如被保险人改变行业、工种，使危险增加，投保人应补交相应的保费差额；否则，发生保险事故时，保险人按比例给付保险金。

团体意外伤害保险还可以附加意外伤害医疗保险。此附加险的保险责任通常包括：（1）被保险人意外伤害而支出的医药费。（2）被保险人意外伤害的住院津贴。

三、团体健康保险

团体健康保险是指以团体或其雇主作为投保人，同保险人签订保险合同，以其所属员工作为被保险人（包含团体中的退休员工），约定由团体雇主独自交付保险费，或由雇主与团体员工分担保险费；当被保险人因疾病或分娩住院时，由保险人负责给付其住院期间的治疗费用、住院费用、看护费用，以及在被保险人由于疾病或分娩导致残疾时，由保险人负责给付残疾保险金的团体保险。团体健康保险有以下几个具体险种。

（一）团体医疗费用保险

在团体医疗费用保险中，当被保险人在保险责任期开始后，因疾病而住院治疗时，保险人将负责给付其住院费用、治疗费用、医生出诊费用及透视费用和化验费用等。其中，住院费用的给付按照住院天数乘以每日住院给付金额进行计算，每日住院给付金额及每次住院的天数在团体雇主与保险人签订的合同中都予以规定。治疗费用的确定有两种方法：（1）表列法，即在合同附件中详细列明各项治疗的费用限额。不同的团体可根据其需要或员工所能承担的范围，将此费用金额乘上某一系数，以调整其限额。保险人按此确定的限额向被保险人给付保险金（或代为支付治疗费用）。（2）根据合理习惯确定每次住院治疗费用。医生出诊费用、透视费用和化验费用则通常在保险合同中予以明确规定。值得注意的是，团体医疗费用保险通常将被保险人的门诊医疗列为除外责任，对其发生的门诊医疗费用不予负责。

（二）团体补充医疗保险

团体补充医疗保险，也称团体高额医疗保险。由于大部分基本医疗保险（包括团体医疗费用保险）对于药品、器材、假肢、假牙、血或血浆、诊断服务、预防性药物、门诊治疗、护理及其他很多费用均不予承保，而且基本医疗保险（包括团体医疗保险）对于各种医疗费用也有许多限制（包括时间及金额的限制），团体补充医疗保险这种以排除基本医疗保险中的诸多限制为目的的团体健康保险产品开始出现。

团体补充医疗保险通常由团体或雇主与保险人共同协商医疗费用的限额。不过，保险人为了规避医疗费用过高的风险，在团体补充医疗保险合同中，还常常附加有免赔额条款及共同保险条款。

（三）团体特种医疗费用保险

团体特种医疗费用保险主要包括团体长期护理保险、团体牙科费用保险和团体眼科保健保险等。

长期护理可以帮助那些因为残障或老年痴呆症等慢性病而生活不能自理的人完成诸如吃饭、洗澡、穿衣和移动等日常活动。团体长期护理保险是以团体或团体雇主为投保人，以团体员工（包括退休员工）及其家属、年长的家庭成员为被保险人，承担被保险人的长期护理服务费用，保障他们退休后的财产或生活的一种团体保险。

（四）团体丧失工作能力收入保险

团体丧失工作能力收入保险（又称团体残疾收入保险或团体失能收入损失保险），以团体或雇主作为投保人，以团体员工为被保险人，由保险人承担补偿被保险人因遭遇意外伤害或疾病而丧失收入的责任的一种团体保险。一般情况下，团体丧失工作能力收入保险合同按月提供给付金额，此金额的高低与被保险人的正常收入成一定比例。保险给付则开始于保险合同约定的缺职期之后，并延续至合同约定的最长期间或被保险人的极限年龄。

◆ 课后习题

1. 【单选】以被保险人生存或者死亡为给付保险金条件的人身保险是（　　）。

A. 年金保险　　　　　　　　　　　B. 人寿保险

C. 人身意外伤害保险　　　　　　　D. 健康保险

2.【单选】定期寿险是指（　　）。

A. 以被保险人的生存满一定时期为给付保险金的保险

B. 以死亡为给付保险金条件，且保险期限为固定年限的人寿保险

C. 在规定期限内分期交付保险费的人寿保险

D. 在规定期限交纳一次交清保险费的人寿保险

3.【单选】联合及生存者年金是指（　　）。

A. 以两个或两个以上的被保险人均生存为给付条件的年金

B. 以两个或两个以上的被保险人中至少有一个生存为给付条件且给付金额不发生变化的年金

C. 以两个或两个以上的被保险人中至少有一个生存为给付条件且给付金额随着被保险人数的减少而进行调整的年金

D. 以两个或两个以上的被保险人均死亡为给付条件的年金

4.【多选】两全保险的纯保费由（　　）组成。

A. 危险保险费　　　B. 储蓄保险费　　　C. 生存保险费　　　D. 死亡保险费

5.【多选】意外伤害保险的保险责任的条件（　　）。

A. 被保险人在保险期限内遭受意外伤害

B. 被保险人在责任期限内死亡或残疾

C. 被保险人所受意外伤害是其死亡或残疾的直接原因或近因

D. 被保险人在责任期限内因疾病死亡

6.【多选】意外伤害保险可以分为（　　）。

A. 不可保意外伤害　　　　　　　　B. 特约保意外伤害保险

C. 附加可保意外伤害　　　　　　　D. 一般可保意外伤害

7.【多选】特约保意外伤害包括（　　）。

A. 战争使被保险人遭受的意外伤害

B. 被保险人从事剧烈体育运动或比赛中遭受的意外伤害

C. 核辐射造成的意外伤害

D. 医疗事故造成的意外伤害

8.【单选】健康保险承保的主要内容是（　　）。

A. 因疾病或意外事故导致的医疗费用

B. 由于疾病或意外事故导致的费用或损失

C. 因疾病或意外事故导致的死亡

D. 由于疾病或意外事故导致的伤残

9.【单选】合同成立后，超过一定期间后才开始给付的年金是（　　）。

A. 终身年金　　　　B. 确定年金　　　　C. 即期年金　　　　D. 延期年金

10.【单选】健康保险合同（　　）条款中规定，被保险人在该期限内因疾病而支出的医疗费用及收入损失，保险人概不负责，待该期限结束后保险单才正式生效。

A. 免赔额　　　　B. 推迟期　　　　C. 观察期　　　　D. 责任期

第六章 再保险

教学目的

1. 熟悉再保险的概念、作用及再保险的种类。

2. 理解再保险的安排方法、再保险合同的基本内容。

3. 掌握再保险业务流程，掌握再保险定价方法。

教学重点

1. 再保险的基本概念、再保险的特点、再保险的种类。

2. 再保险合同的常见条款及再保险的安排方式。

3. 再保险的基本原理。

第一节　再保险概述

19 世纪后期，特别是进入 20 世纪以来，随着工业的持续发展和科学技术的日新月异，巨灾风险巨额损失不断增加，带来了对再保险的新的要求。

一、再保险的含义与特征

（一）再保险的含义

《保险法》第二十八条规定："保险人将其承担的保险业务，以分保形式部分转移给其他保险人的，为再保险。"再保险是一种独立的保险业务种类。再保险又称分保，其本质是保险人将自己承担的风险和责任向其他保险人进行保险的行为。

1. 再保险主体

（1）原保险人。再保险双方是通过订立再保险合同来建立再保险关系的。在再保险合同中，分出业务的保险公司称为分出公司、分保分出人或原保险人。

（2）再保险人。接受再保险业务的保险公司称为分入公司、分保接受人或再保险人。

（3）转分保分出人和转分保接受人。分保接受人将接受的再保险业务再分保出去叫作转分保，分出方为转分保分出人，接受方为转分保接受人。一个保险人既可以是分保分出人，又可以是分保接受人。

（4）分保经纪人。在国际再保险市场上，专门从事向分保接受人介绍、安排再保险业务，并从中取得劳务报酬的公司或个人叫分保经纪人。分保经纪人一般不办理分保手续，不承担保险责任，但可以为双方传递信息、代理检验、委托理赔及代理结算账务等。分保经纪人是分保分出人和分保接受人的中间商，在各国保险公司之间起着媒介和桥梁作用。分保经纪人取得的报酬称为分保经纪人佣金。

2. 分保双方责任的分配与分担

在再保险合同中，分保双方责任的分配与分担是通过确定自留额和分保额来体现的，而自留额和分保额都是按危险单位来确定的。危险单位是指保险标的发生一次灾害事故可能造成的最大损失范围。

危险单位的划分应根据不同的险别和保险标的来决定。危险单位的划分关键是要和每次事故最大可能损失范围的估计联系起来考虑，而并不一定和保单份数相等同。对于每一危险单位或一系列危险单位的保险责任，分保双方通过合同按照一定的计算基础对其进行分配。分出公司根据偿付能力所确定承担的责任限额称为自留额或自负责任额；经过分保由接受公司所承担的责任限额称为分保额、分保责任额或接受额。

自留额与分保额既可以以保额为基础计算，也可以以赔款为基础计算。以保险金额为计算基础的分保方式叫比例再保险；以赔款金额为计算基础的分保方式叫非比例再保险。自留额与分保额可以用百分率表示，如自留额与分保额分别占保险金额的 20% 和 80%；也可以用绝对数表示，如超过 200 万元以后的 400 万元。而且，根据分保双方承受能力的大小，自留额与分保额均有一定的控制，如果保险责任超过自留额与分保额的控制线，则超过部分应由分出公司自负或另行安排分保。

3. 再保险与原保险的主要区别

（1）合同当事人不同。原保险合同的双方当事人是投保人和保险人；再保险合同的双方当事人都是保险人，即分出人与分入人，与原投保人无关。

（2）保险标的不同。原保险合同的保险标的是被保险人的财产或人身，或者具体为被保险人的财产及有关利益或者人的寿命和身体；而再保险合同的保险标的是原保险人分出的责任，分出人将原保险的保险业务部分地转移给分入人。

（3）保险合同的性质不同。原保险合同具有经济补偿性或者保险金给付性；而再保险合同具有责任分摊性，或补充性，其直接目的是对原保险人的承保责任进行分摊。

（4）保险费支付不同。在原保险合同中，除了奖励性支付，是单项付费的，即投保人向保险人支付保费；而在再保险合同中，保险人须向再保险人支付分保费，再保险人须向原保险人支付分保佣金。

（二）再保险的特征

再保险的基础是原保险，再保险的产生是基于原保险人经营中分散风险的需要。再保险具有下列重要特征。

1. 再保险的固定性

保险人为了分散自己承保的危险，经常通过签订再保险合同，将其所承保的风险和责任的一部分转移给其他保险公司或再保险公司。再保险的固定性主要体现在再保险业务活动总是发生在保险人之间。

2. 再保险的独立性

原保险是再保险的基础，它们之间有着密不可分的联系，但再保险又不同于原保险，具有相对独立性。其独立性主要表现在再保险与原保险的区别。

3. 再保险的合伙性

在再保险经济活动中，原保险人与再保险人具有共同利害关系，即利益共享，损失共担。再保险合同当事人之间的这种关系体现了他们之间存在合伙经营性质。其具体表现为再保险人获得原保险人支付的分保费，原保险人获得再保险人支付的分保佣金；原保险人发生赔款，再保险人将根据再保险合同约定分摊原保险人的赔款；原保险业务经营的盈亏由原保险人与再保险人共享或分担。

（三）再保险的作用

1. 分散风险、控制损失

保险公司经营保险业务必须遵循大数法则的要求，使保险标的在数量上尽可能多，每一危险单位的保险金额尽可能均衡。但在实际经营中，保险人承保的保险标的在实物形态上千差万别，在价值上高低不等。例如，价值量大而危险单位数量小的重大工程保险、核电站保险、卫星发射保险和海洋石油开发保险等，很难达到大数法则的要求。通过分保，可以将巨额危险化为小额危险，从而达到对每个危险单位责任控制和对全年累积责任控制的目的。通过分保，保险公司支付一定数量的分保费，就获得了较大的保障，当发生巨额损失时，就可以从分保接受人处摊回赔款，从而使损失控制在一定的限度内。

2. 扩大保险人承保能力

为了保障被保险人的保险利益，大多数国家的保险法规都规定保险人的保险业务量与净资产额（或实有资本金加公积金总额或偿付能力）的比例。一个小的保险公司是不能承保大额业务的，就是大的保险公司，其资本额也是有限的，这样势必限制了保险公司的承保能力。有了再保险，保险公司可通过将承保的业务分出去的办法来扩大自己的承保能力。例如，《保险法》规定，保险公司对每一危险单位的自负责任不得超过实有资本金加公积金总和的10%。当某保险公司的实有资本金加公积金总额为 1 亿元时，超过 1000 万元的危险单位就无法承保，但是在有分保的情况下，巨额的危险单位也可以承保。

二、再保险的种类

按照责任限额计算基础划分，再保险可以分为以保险金额为责任限额计算基础的比例再保险（比例分保）和以赔款金额为责任限额计算基础的非比例再保险（非比例分保）两大类。

（一）比例再保险

比例再保险是指以保险金额的一定比例来确定分出公司自留额与接受公司分保额的一种再保险。同时，该比例也是双方分配保费和分摊赔款时的依据，也就是说，分出公司和接受公司对于保费和赔款的分配，按照其分配保额的同一比例进行，这就充分显示了保险人和再保险人利益的一致性。因此，比例再保险最能显示再保险当事人双方共命运的原则，因而其应用范围最广。

比例再保险又可分为成数再保险（成数分保）和溢额再保险（溢额分保）。

1. 成数分保

成数分保是一种最简单的分保方式，分保分出人以保险金额为基础，对每一危险单位按固定比例即一定成数作为自留额，将其余的一定成数转让给分保接受人，保险费和保险赔款按同一比例分摊。成数分保的责任、保费和赔款的分配，表现为一定的百分比，但就具体分保合同而言，则表现为一定的金额。成数分保的分出公司和分入公司有着共同的利害关系，对每一笔业务，分出公司有盈余或亏损，分入公司也有盈余或亏损，这种分保方式实际上具有合伙经营的性质。

在成数分保合同中，对再保险人的数量一般没有限制，各再保险人的接受份额也不必相同，但分出公司的自留比例一般较高，通常为 40%~50%。为了使再保险双方的责任控制在一定的范围内，成数分保合同对每个危险单位或每张保单都规定最高责任限额（或最高限额），分出公司和接受公司在最高责任限额内按照各自的比例承担责任。对于超过最高限额部分，通常应列入其他合同或安排临时再保险，否则仍由分出公司自己承担。

成数分保是最典型的比例再保险方式，具有明显的特点：保险合同双方利益一致；手续简便，节省费用；起不到均衡风险责任的作用；缺乏灵活性。

成数分保的特点决定了成数分保的适用范围有限。一般来看，成数分保比较适用新创办的保险公司、新开办的保险险种、互惠交换业务、各类转分保业务、集团分保业务和特殊性质的业务等。

2. 溢额分保

在溢额分保中，分出公司以保险金额为基础，规定每一危险单位的一定额度作为自留额，并将超过自留额的部分即溢额，分给分入公司。分入公司按承担的溢额责任占保险金额的比例收取分保费、分摊分保赔款和分保费用等。

自留额是分出公司按业务质量的好坏和自己承担责任的能力，在订立溢额再保险合同时确定的，通常以固定数额表示。例如，承保金额为500万元，保险公司的自留额为100万元，则分保额为400万元。在溢额分保合同中，自留额与保险金额之间的比例称为自留比例，分保额与保险金额之间的比例称为分保比例，该笔业务的自留比例为20%，分保比例为80%。溢额分保中的分保比例并不是一成不变的，不同保险业务有不同的分保比例。

溢额分保的分入公司不是无限度地接受分出公司的溢额责任，通常以自留额的一定倍数，即若干"线"数为限。这个自留额的一定倍数称为分保限额或合同限额。自留额和分保限额之和称为合同容量。假设有一溢额分保合同，双方约定，分出公司自留额为30万元，分保限额为四线，则分入公司最多接受120万元，即合同限额为120万元，合同容量为150万元。

对于分出公司承保的巨额业务，可以签订多个溢额分保合同，按合同签订的顺序，有第一溢额分保、第二溢额分保和第三溢额分保等。第一溢额分保是将超过自留额的第一个固定数额的溢额即第一溢额，分给分入公司；第二溢额分保是将超过自留额和第一溢额的溢额即第二溢额，分给分入公司；依此类推。例如，承保金额为300万元，分出公司自留额为30万元，与A公司签订二"线"的第一溢额分保合同，与B公司签订四"线"的第二溢额分保合同，与C公司签订三"线"的第三溢额分保合同，则各分入公司的分保限额分别为60万元、120万元和90万元，而各分入公司的分保额分别为60万元、120万元和90万元。

溢额分保是按自留额、分保额分别占保险金额的比例来分配保险费和分摊赔款的。例如，分出公司自留额是40万元，保险金额是200万元，保险费10万元，赔款是120万元，只签订五"线"的溢额分保合同。则保险费分配和赔款分摊的情况为

$$分出公司自留保费 = \frac{自留额}{保险金额} \times 保险费 = \frac{40}{200} \times 10 = 2（万元）$$

$$分出公司自担赔款 = \frac{自留额}{保险金额} \times 保险赔款 = \frac{40}{200} \times 120 = 24（万元）$$

$$分入公司分入保费 = \frac{分保额}{保险金额} \times 保险费 = \frac{160}{200} \times 10 = 8（万元）$$

$$分入公司分摊赔款 = \frac{分保额}{保险金额} \times 保险赔款 = \frac{160}{200} \times 120 = 96（万元）$$

溢额分保与成数分保都是比例再保险，两者的区别在于：溢额分保的比例不是固定的，成数分保的比例是固定的。溢额分保便于分出公司根据危险程度的不同确定自留额，适合于各种保险业务的再保险，特别是火险和船舶险。溢额分保对分出公司更为有利。

（二）非比例再保险

非比例再保险又称超额损失分保，是指以赔款金额为基础计算分保责任限额的再保险。非比例再保险分为超额赔款再保险（超额赔款分保）和超额赔付率再保险（超额赔付率分保）。

1. 超额赔款分保

在超额赔款分保合同中，分保分出人与分保接受人签订协议，对每一危险单位损失或者一次巨灾事故造成的累积责任损失，规定一个自赔额，自赔额以上至一定限度由分保接受人负责。前者叫作险位超赔分保，后者叫作事故超赔分保。

（1）险位超赔分保。险位超赔分保是以每一危险单位的赔款金额为基础确定分出公司自负赔款责任限额即自赔额，超过自赔额以上的一定赔款（接受公司分保责任额或险位限额），由分入公司负责。例如，某一危险单位发生赔款1200万元，分出公司自赔额为700万元，分入公司接受500万元的分入责任，则分出公司赔付700万元，分入公司赔付500万元。若发生赔款只有200万元，则全部由分出公司自赔。另外，在险位超赔分保中，通常有每次事故总赔款的限制，即每次事故再保险人最多赔付的危险单位数。一般情况下，事故总赔款限制为险位限额的2~3倍。

（2）事故超赔分保。事故超赔分保是以一次巨灾事故中多数危险单位的积累责任为基础计算赔款，是险位超赔分保在空间上的扩展。其目的是要确保分出公司在一次巨灾保险事故中的财务稳定。

事故超赔分保一般作为比例分保的补充,在火灾保险、海上保险、责任保险、汽车保险和意外伤害保险等方面有着广泛的运用。

无论是险位超赔分保还是事故超赔分保,分入公司可接受分出公司的全部分出责任,也可只接受部分分出责任。超过分入公司接受部分的保险责任,仍由分出公司自己负责。

2. 超额赔付率分保

超额赔付率分保是以一定时期(一般为一年)的积累责任赔付率为基础计算责任限额,即当实际赔付率超过约定的赔付率时,超过部分由分入公司负责一定限额。超额赔付率分保又称停止损失再保险或损失中止再保险。通常,在实收保费中,营业费用占25%,净保险费占75%。因此,划分分出公司和分入公司的责任可以75%的赔付率为准。当分出公司的赔付率在75%以下时,由分出公司自己赔偿;当分出公司的赔付率超过75%时,超过部分由分入公司负责赔偿。分入公司也有接受分入责任的限额,一般为营业费用率的2倍,即50%。也就是说,分入公司仅对赔付率在75%~125%的赔款负责,并有赔付限额限制,在两者中以低者为限。

假设超额赔付率合同规定,赔付率超过75%以后的50%,由接受公司负责,并规定120万元为赔付限额。如果分出公司的净保费收入为200万元,已发生赔款为160万元,则赔付率为80%。因为分出公司负责75%赔付率的赔款,即150万元;接受公司负责超过75%赔付率部分的赔款,即5%赔付率的赔款,计10万元。但倘若已发生赔款为270万元,则赔付率达135%;分出公司先负责75%赔付率的赔款,计150万元;接受公司负责超过75%以外的50%赔付率的赔款,计100万元(小于120万元);超过125%赔付率以上部分的赔款仍归由分出公司负责,计20万元。

在超额赔付率分保合同中,经常有一项特别的规定,即再保险人对超过赔付率以上部分的赔款只负责若干比率,如90%或85%等,剩下比率的赔款仍由分出公司负责,这种做法称为共同再保险。共同再保险的目的是使分出公司与超过约定赔付率以上部分的每一赔款构成利害关系,从而防止因分出公司松懈核保核赔而损害再保险人利益。

由于超额赔付率分保的分出公司和接受公司的责任分配是以赔付率为基础的,因此,赔付率的计算是相当重要的。传统的赔付率计算方法为

$$\text{赔付率} = \text{已发生赔款} / \text{满期保费} \times 100\%$$

其中，已发生赔款 = 本年度已付赔款 + 本年度未决赔款准备金 − 上年度未决赔款准备金。

满期保费 = 本年度保费 + 上年度未满期保费准备金 − 本年度未满期保费准备金。

传统的赔付率计算方法涉及未了责任，准确性差，缺乏合理性，而且手续烦琐。所以，现在，超额赔付率分保的赔付率通常按签单年度的赔款净额与同一年度净保费收入的比率来计算，即

$$\text{赔付率} = \frac{\text{赔款净额}}{\text{净保费收入}} \times 100\%$$

其中，赔款净额 = 已发生赔款 − 追回的赔款 − 摊回的再保险赔款。

净保费收入 = 毛保费 + 加保费 − 退保费 − 佣金 − 再保费支出 − 保费税 − 盈余佣金。

考虑到分出公司的赔付率是按签单年度的会计账计算的，必须等所有签单的责任全部满期后，才能较为精确地计算，故虽然赔付率是每年计算的，但习惯上要延迟两个年度，于第三年底进行计算调整，超额赔付率分保合同也因此以 3~5 年为合同期限，通常约定 5 年为最终决算的年限。

超额赔付率分保是非比例再保险从点（险位超赔）到面（事故超赔）至空间（赔付率超赔）的立体发展的结果。超额赔付率分保是以分出公司的经营成果为对象的再保险，其目的在于将分出公司可能的业务亏损控制在其财务能力所能承受的范围内。所以，超额赔付率分保主要适用于单位损失金额不大，但损失频率较高，或者损失较集中，累积责任沉重的业务，如农作物雹灾险等。

第二节　再保险的安排方式

再保险有临时分保、预约分保和合同分保三种基本安排方式。

一、临时分保

临时分保是指对于保险业务的分出和分入，分出公司和分入公司均无义务约束的一种再保险安排方式。它是一种诞生最早的分保方式。临时分保含有可选择性的意思，其合同是按每笔再保险业务分别订立的。一般由保险公司或分保经纪人向其选定的分入公司提出再保险建议，开出"临时再保险要保书"，简要说明有关情况，包括保险标的细目、保险期限、保险费率、险别和保险金额等。分入公司收到要保书后，对有关内容，如保险利益、保险责任、双方权利和义务、分出公司的自留额和分保额等进行审查，然后决定是否接受。

临时分保合同的订立手续烦琐，增加了营业费用的支出，一般适合于：（1）新开办的或不稳定的业务；（2）固定再保险合同中规定除外的或不愿放入固定再保险合同的业务；（3）超过固定再保险合同限额的业务。

二、预约分保

在预约分保中，分出公司对预约分保合同规定的业务是否分出，可以自由安排，无义务约束，而分入公司对合同规定的业务必须接受，无权选择。它是在临时分保基础上发展起来的一种再保险安排方式。

预约分保合同对分出公司来说，具有与临时分保合同类似的选择性，即分出公司对合同规定的业务可以分给分入公司，也可以不分给分入公司；而对分入公司来说，则具有与合同再保险合同类似的强制性，只要分出公司办理合同规定范围内的分保，分入公司就必须接受，承担保险责任，没有选择的余地，更不能拒绝接受。因此，预约分保合同又称为临时固定分保合同。

预约分保合同克服了临时分保合同手续烦琐的缺点，是对固定分保合同的自动补充，适合于火险和水险的比例分保。

预约分保合同与固定分保合同一样，都是长期性合同，事先不规定合同终止日期，但合同双方当事人都有终止合同的权利。

三、合同分保

合同分保，也称强制分保或固定分保。在合同分保安排方式中，分出公司和分入公司对于规定范围内的业务有义务约束，双方都无权选择。它是因临时分保不能满足分出公司的需要而出现的一种再保险安排方式。合同分保合同就是为进行固定分保而签订的合同，是关于分出公司和分入公司双方权利、义务、再保险条件和账务处理等事项的书面契约。

其特点是：（1）合同分保对分出公司和分入公司都有强制性，双方均无权选择。凡经分出公司和分入公司议定，并在合同内明确规定的业务，分出公司必须按合同的规定向分入公司办理分保，分入公司必须接受，承担相应的保险责任。（2）合同分保没有期限规定，是长期性合同。事先不规定合同终止日期，但合同双方当事人都有终止合同的权利。但必须在终止前的三个月向对方发出注销合同的通知。不过，在特殊情况下，如任何一方破产、所在国发生战争或不履行合同时，另一方都有权通知对方立即终止合同。合同终止后，双方对在合同终止以前尚未享受的权利和履行的义务，均须照样完成。

第三节　再保险合同

一、再保险合同的定义

再保险合同是指明确分出公司和分入公司之间的权利与义务关系的协议。再保险合同种类繁多，不同的再保险业务种类，其再保险合同有所差异。

再保险合同在国际上并无标准格式，合同的主要条款均由当事人双方约定，经双方当事人签署后生效。合同通常由分保分出人编制，但是在单一分保接受人的情况下，也有由分保接受人编制的。一般地，在合同编制以前，双方对再保险的主要条件，都已由分保分出人用分保条款或摘要表等文件，递送给再保险接受人，作为缔约的根据。

再保险合同中，除这些已经约定的条款外，还有一些国际上通用的条款，其内容基本上为大家所熟知，所以不用事先约定，只在合同中列明。

二、比例再保险合同的基本条款

比例再保险合同的基本条款包括明示的和约定俗成的两类。其中最常见的基本条款有以下三种。

（一）共命运条款

比例再保险合同规定再保险接受人要同分出保险人共命运，从而使分出保险人能充分发挥主动作用，在合同约定范围内灵活地开展业务。

共命运条款内容：凡是有关保费收取、赔款结付、避免诉讼和提起诉讼等事项都由分出保险人在维护共同利益的基础上作出决定，或出面签订协议，其后果由合同双方当事人共同承担。

但是对于基于分出保险人单独利益而刊登的广告、发布公告等，再保险接受人不负共同责任，不承担所发生的费用。

（二）过失或疏忽条款

本条款规定在执行保险合同时，对分出保险人的过失或疏忽所造成的损失，再保险接受人仍应负责。但分出保险人一旦发现过失或疏忽，应立即通知再保险接受人，并迅速纠正错误。

过失或疏忽条款主要是对分出公司在办理再保险业务中由于非故意的过失或疏忽所造成的错误、遗漏或延迟，给予改正和弥补的机会。过失或疏忽条款对原保险人的诚信程度要求更高。

（三）仲裁条款

再保险合同是按照双方各自独特的需要订立，因此合同的条文结构差异很大，在国际间很难提出一个统一的准则。而且再保险合同常常涉及不同的法律制度，再保险当事人双方均为保险从业者，专业性很强，如发生争议，即使诉之于法，法官也往往难加论断。所以，当事人认为，不如聘请有专业知识和经验的专家进行仲裁对双方更为有利。

我国的海上货物运输保险和远洋船舶保险分保合同条款规定，"双方对本合同有关的一切争执应友好协商解决，如协商不能解决时，则提请中国国际贸易促进委员会海事仲裁委员会仲裁，海事委员会的裁决是最终的决定，双方都应服从"。

我国保险公司接受国外分入业务的分保合同一般尊重对方国家的商会或同业公会会长指定的仲裁人仲裁。

国际上再保险合同目前应用比较普遍的仲裁条款是英国"标准合同条款"。其主要内容：当事人双方如对合同条文有所争议，经协商不能达成协议，可由双方各自选定一名仲裁人进行仲裁。为了在仲裁双方意见不一致时使仲裁顺利进行，在仲裁进行前，往往由双方仲裁人另行选定一个裁判人。第一层仲裁如作出决定，仲裁就算结束，当事人应共同遵守仲裁所作的结论；否则，可交由裁判人继续仲裁，仲裁庭所作出的决定，用书面作出，是最终裁决。

裁判人究竟由谁指定，可视仲裁的险别、性质和内容等决定，并在合同中载明。裁判人的条件是立场公正、与合同本身无利害关系、具有丰富的商业知识与经验，并具备保险、再保险专业知识等。裁判人通常由仲裁地的保险同业公会理事长或商会理事长等指定。

仲裁地点，通常约定在保险人所在地，也有约定在应诉方所在地的。我国船舶险和货运险等合同都规定在我国仲裁。仲裁的场所称为仲裁庭。

三、非比例再保险合同的基本条款

有些比例再保险合同的基本条款在非比例再保险合同中同样适用，但是一般不应用共命运条款，非比例再保险合同应用的主要基本条款有以下七种。

（一）责任恢复条款

责任恢复也是超额赔款分保的特点之一。在发生赔款后致使分保责任额减少的情况下，为了使原保险人获得充分保障，将分保责任额恢复至原有的额度，属于责任恢复。例如，有一超过50万元的超额赔款分保，其分保责任额为50万元。现发生了75万元的损失，超额赔款分保赔付了25万元后，使分保责任额由50万元减少至25万元。如果订有责任恢复条款，就可以在加费或免费的情况下将分保责任额仍恢复至原有的额度即50万元。这样，总的分保责任额就两倍于原来的分保责任额，即75万元。

1. 关于恢复次数

超额赔款分保中的事故超赔分保有恢复次数的限制。有的规定恢复一次分保责任额，也有的规定恢复二次。恢复次数的多少要视该超额赔款分保的具体成绩和市场情况而定。但有的超额赔款分保，如意外险的险位超赔分保合同，没有恢复次数的限制。

2. 关于加费

有的恢复分保责任额规定是免费的，叫作自动恢复；有的规定以原保费的100%为基础并按实际未到期的期间来计算加费；有的规定以原保费的50%为基础并不考虑未到期的期间计算加费。现举例如下：

设有超过100000元以后200000元的火险超赔分保，分保费固定为4800元，两次责任恢复，保险期限为一年，保险责任从1月1日开始。2月25日分保接受人发生一次赔款，赔款金额为120000元；11月15日分保接受人发生另一次赔款，赔款金额为80000元。

关于恢复责任的加费计算如下：

（1）按100%原保费基础和实际未到期的期间计算：

2月25日发生赔款120000元，未到期的期间为10个月，则恢复责任保费：

$$\frac{120000}{200000} \times 4800 \times \frac{10}{12} = 2400（元）$$

11月15日发生赔款80000元，未到期的期间为1个月，则恢复责任保费：

$$\frac{80000}{200000} \times 4800 \times \frac{1}{12} = 160（元）$$

（2）按50%原保费基础，不考虑未到期的期间计算：

2月25日发生赔款120000元，则恢复责任保费：

$$\frac{120000}{200000} \times 4800 \times 50\% = 1440（元）$$

11月15日发生赔款80000元，则恢复责任保费：

$$\frac{80000}{200000} \times 4800 \times 50\% = 960（元）$$

以上两种计算办法中，按100%原保费基础和实际未到期的期间计算比较合理。

另外，关于超额赔款分保的责任恢复方式的优劣，可以通过分析年保费、责任恢复次数、加费基础和加费情况来比较。

（二）最后纯损失条款

最后纯损失是指保险人实际支付的一次事故的损失赔款净额。超额赔款分保经常按确定的纯损失计算，也就是说赔款中应减去损余价值和向第三者追回及赔款后收回的其他款项。但是再保险接受人不能因此而拖延赔付，这些收回的款项只能由分保分出人返还给再保险接受人。适用于超额赔款再保险的这个规定是根据超额赔款分保的赔款在自赔额内由原保险人自行承担而不是按责任比例分摊赔款的特点作出的。追回的款项首先归再保险接受人所有。

关于最后纯损失，国际市场通用条款基本内容为最后纯损失是指在规定责任范围内的实际损失支付加上法律费用、专业技术人员费用和其他费用（不包括公司所有职工的工资和分保分出人与此有关的办公费用），减去合同项下受益的损余和追回款项或从其他分保合同摊回的赔款数额。在赔款之后追回的任何金额，可以在以后调整。

本条款并不意味再保险赔款必须在最后净损失确定以后支付。分保分出人不能以任何理由将无法从其他分保接受人摊回的赔款，增加于最后纯损失数额之中。

（三）一次事故特殊扩展条款或称"小时"条款

现行保险条款中通常规定承保由一次事故引起的"任何一次损失，或一系列损失"，也就是一次事故内引起的所有损失。例如，规定龙卷风、飓风、台风、暴风雨或冰雹持续 48 小时作为一次事故；地震、海啸、潮汐或火山爆发持续 72 小时为一次事故，并有地区的限制；暴动或罢工持续 72 小时为一次事故，也有地区的限制，并且限制于同一个城镇；等等。

当然，以上是指一般规定的持续"小时"数，也可以根据约定而变动，如有的合同规定冰雹持续 24 小时为一次事故。

（四）任何一次事故条款

任何一次事故是指由同一事故造成的、不管由几张保单承保的个别损失，则视为"一次发生事故"。例如，甲车和乙车相撞，结果乙车又撞毁两辆车及交通标志这一系列事件，即为一次事故。

任何一次事故条款是为了表述造成原保险人的最后赔款净额的任何一次事故或起因于同一原因的一系列的事故而制定，所以又称损失发生条款。

（五）最高责任限额条款

最高责任限额是指超额赔款分保对每一次事故的最后赔款净额，即约定由再保险接受人承担的最大金额。最高责任限额由订约双方协议确定，通常视分出保险人自负责任的大小、危险情况、业务内容、过去赔款记录和风险密集情况等因素而决定。

（六）分层再保险条款

分层再保险条款只应用于超额赔款分保。分出分保人为了分散巨额风险，将巨灾风险分割为若干层次的超额赔款分保，使各层再保险接受人责任限额不至于过高，再保险费率也可降低，这样，对保险人及各再保险接受人双方均有利。

（七）通货膨胀条款

通货膨胀与直接承保、分保、赔款、保费、准备金和资金运用等方面都有密切的关系。近代科学技术的发展，使风险集中，保额增大，损失率上升，出险频率和每次事故赔款的数额也大幅增加，再加上通货膨胀因素，根据以往记录统计出来的赔款成本与实际赔款的情况不符。因为超额赔款分保接受人的责任是净赔款超过规定数额以后的部分，这样，通货膨胀所造成的赔款上升的后果，全部落在了分保接受人身上。

因此，超额赔款分保接受人往往要求在合同中附加通货膨胀条款，规定其免赔额和责任额应按赔款支付时的通货膨胀率（物价指数）进行调整。实务中，有的超额赔款分保合同有一定的调整条件限制，如规定赔款发生时的通货膨胀率与合同生效时的通货膨胀率相比较，若在10%的幅度之内，免赔额和责任额就无须进行调整；若超过10%，才进行调整等。现举例如下：

有一赔款超过600万元以后的1000万元的责任险超额赔款分保合同。现发生赔款1000万元，赔付时的通货膨胀率比合同生效时的通货膨胀率增加了30%，其赔款计算如下：

（1）如果该超额赔款分保合同中未订立通货膨胀条款，分保接受人应赔付400万元（1000万元 –600万元）。

（2）如果该超额赔款分保合同中订立有通货膨胀条款，则应按通货膨胀率30%进行调整：

免赔额 =600×130%=780（万元）

责任额 =1000×130%=1300（万元）

分保接受人应承担的赔款金额 =1000–780=220（万元）

◆ 课后习题

1.【单选】再保险的产生是基于保险经营中分散风险的需要，再保险的基础是（　　）。

A. 原保险人　　　　　B. 原保险　　　　　C. 再保险经营　　　　　D. 再保险供给

2.【多选】下列选项中，（　　）属于再保险的特征。

A. 固定性　　　　　B. 合伙性　　　　　C. 独立性　　　　　D. 保障性

3.【单选】再保险属于（　　）。

A. 信用保险　　　　B. 保证保险　　　　C. 责任保险　　　　D. 财产保险

4.【单选】下列选项中，（　　）不属于再保险的作用。

A. 分散风险、控制损失　　　　　B. 扩大保险人承保能力

C. 增加保险基金积累　　　　　D. 降低原保险的收益

5.【单选】溢额再保险与成数再保险的区别在于（　　）。

A. 分出公司的实力是否强大　　　　　B. 分入公司的实力是否强大

C. 再保险的比例是否固定　　　　　D. 对分出公司的自留额是否有明确规定

6.【多选】非比例再保险包括（　　）。

A. 险位超赔再保险　　　　　B. 溢额再保险

C. 事故超赔再保险　　　　　D. 赔付率超赔再保险

7.【单选】成数再保险一般不适用的情况是（　　）。

A. 新创办的保险公司或新开办的保险险种

B. 业务质量不一、保险金额不均匀的业务

C. 各类转分保业务

D. 互惠交换业务

8.【单选】（　　）是指分出公司以保险金额为基础，规定每一危险单位的一定额度作为自留额，并将超过自留额的部分，分给分入公司的再保险。

A. 成数分保　　　B. 溢额分保　　　C. 非比例再保险　　　D. 比例再保险

9.【单选】在安排时需要将分出业务的具体情况和分保条件逐笔告知对方，接受公司是否接受和接受多少均可自主决定的再保险是（　　）。

A. 临时再保险　　　B. 合同再保险　　　C. 预约再保险　　　D. 混合再保险

10.【单选】作为固定再保险合同的自动补充的再保险形式是（　　）。

A. 临时再保险　　　B. 预约再保险　　　C. 固定再保险　　　D. 比例再保险

第七章　保险经营

教学目的

1. 熟悉保险经营的组织形式、保险公司组织架构的主要类别和主要业务部门。
2. 熟悉保险产品设计的原则和方法。
3. 掌握保险营销的基本程序和主要策略。

教学重点

1. 理解保险经营的主要概念，掌握保险经营的基本环节。
2. 掌握保险承保的基本流程和关键环节。
3. 掌握保险理赔的基本原则和操作要领。

第一节 保险经营概述

一、保险经营的特征

保险商品是一种特殊商品，保险业的经营是风险经营，有其自身的特殊性，表现出特殊的经营特征。保险经营的特征具体如下。

（一）保险经营活动是一种特殊的劳务活动

保险经营活动是一种具有经济保障性质的特殊的劳务活动，保险以经济补偿与给付为基本功能。保险经营的对象不是普通的有形商品，而是一种特殊的无形商品，在经营保险这种无形商品的过程中，保险的经营活动主要表现为服务性和劳务性，这种保险服务既不属于生产环节，也不属于一般的流通领域，但却为生产和流通提供不可或缺的安全保障。

（二）保险经营资产具有负债性

保险经营是通过向投保人收取保险费来建立保险基金，并以保险基金作为补偿和给付保险金的来源。保险经营的资产中，自有资本所占的比重很小，绝大部分来自投保人按照保险合同向保险企业交纳的保险费、保险储金等。因此，对被保险人未来赔偿或给付的负债，在被保险人发生损失时，以保险金的形式返还给被保险人。

（三）保险经营成本具有不确定性

一是保险费率是根据过去的统计资料计算出来的，与未来的情况有偏差。

二是保险事故的发生具有偶然性。

三是就每一保单而言，在保险期限内，保险事故发生得越早，成本越大，如果保险事故在保险期限内未发生，就基本上不存在保险成本。

（四）保险企业的利润计算具有特殊性

保险人的利润在以当年收入减去当年支出的基础上，还要调整年度的业务准备金，调整数额的大小直接影响企业的利润。从直观的角度看，寿险企业的利润基本上来自利差收益、死差收益与费差收益。

（五）保险投资是现代保险企业稳健经营的基石

保险企业在经营传统项目的同时，必须重视保险投资，通过保险投资达到保险基金保值、增值的目的，从而增强保险公司的偿付能力，这既可以保障被保险人的利益，也可为保险公司自身带来利益，有利于保险经营的良性循环。同时，保险投资还为降低保险费率创造了条件，这不仅增强了保险公司的竞争力，也减轻了广大投保人的经济负担。

（六）保险经营具有分散性和广泛性

保险人只有集合众多的风险单位，才能使实际损失接近于对损失的估计，从而既能使损失得以恰当地弥补，又能促使保险经营健康发展。保险经营涉及社会生产和生活的各个领域及各个方面，影响面广泛，这就使其经营活动具有广泛性和分散性。

二、保险经营的理念

保险经营的理念是保险公司从事经营活动、解决各种经营问题的指导思想。保险公司必须树立以下经营理念。

（一）市场理念

市场理念是指保险经营者应具有强烈的市场意识，以市场需求为依据和导向，按照保险市场的需求变化和市场经济规律从事保险经营活动，这是现代保险的重要理念。保险经营的市场理念，要求保险企业摒弃以往单纯依靠行政手段开展业务的做法，树立客户服务的思想，不断研究市场供需变化，把握决策的正确依据，按照市场需求和客观经济规律来组织保险经营活动。

（二）效益理念

效益理念是指保险企业应具有以经济效益为中心、兼顾社会效益的观念。追求经济效益，是企业经营的出发点和归宿。在市场经济条件下，衡量企业经营成败的唯一标准就是企业经济效益的实现与否。保险经济效益体现在以一定的劳动支出和劳动占用所能提供的保险保障上，体现在保险投资取得的经济收益上。因此，保险公司要实现经营目标就要树立效益理念，同时加强经济核算，用尽可能少的资金占用、劳动力占用和费用开支取得尽可能多的经营收益。

（三）竞争理念

竞争理念是指保险经营者在市场竞争中树立求生存、谋发展的经营理念。竞争是市场经济的必然产物，保险市场必须要遵循优胜劣汰的市场竞争规则。因此，保险经营者要想在竞争中立于不败之地，就必须在市场竞争机制的作用下，合理运用价格和非价格竞争手段不断拓展市场，改善保险服务质量，提高对市场的灵敏度，合理配置企业内部的各种资源，凭借优质的保险服务和良好的信誉，赢得客户的信任，掌握市场竞争的主动权。

（四）信息理念

信息理念是指保险经营者所拥有的对市场各种信息迅速反应的敏感力和对保险企业内部各种信息进行收集、整理、存储、分析和利用的一种主动意识。如今是信息社会，市场竞争最重要的一个方面就是信息的竞争。一个成功的公司经营者，必须具备有控制信息来源并运用信息反馈的能力。保险经营管理者只有掌握了大量准确的保险市场信息和各种业务技术信息，才能提高经营决策的有效性和科学性，减少保险经营中的决策风险和市场竞争风险。

（五）营销理念

营销理念是指保险经营者在经营过程中要树立以市场为中心，以消费者的需要和欲望为导向，以整体营销为手段来取得消费者的满意，实现公司长远利益的一种理念。营销理念以消费者的需要为中心，并且更注重售后服务，力求比竞争对手更有效、更充分地满足消费者的一切需要，并由此实现企业的长远利益。营销理念的形成和在实践中的应用，对保险企业的经营活动有重大意义，已成为现代保险企业一种全新的经营指导思想。

三、保险经营原则

保险经营原则是保险企业从事保险经济活动的行为准则。保险经营的原则有如下几点。

（一）风险大量原则

风险大量原则是指保险人在可保风险的范围内，保险人根据自己的承保能力，应争取承保尽可能多的风险单位。它是保险经营的基本原则，原因如下：

第一，保险经营的过程实际上就是风险管理的过程，而风险的发生是偶然的、不确定的。只有承保尽可能多的风险单位，才能建立起雄厚的保险基金，并保证保险经济补偿职能的履行，更好地体现保险经营"取之于面，用之于点"的特点。

第二，概率论和大数法则是计算保险费率的基础，只有承保大量的风险单位，大数法则才能显示其作用，使风险发生的实际情形更加接近预先计算的风险损失概率，以确保保险经营的稳定性。

第三，扩大承保数量是保险企业提高经济效益的一个重要途径。承保的风险单位越多，保费收入就越多，而营业费用则随之相对的减少，从而可以降低保险成本，提高经济效益。

（二）风险选择原则

风险选择原则是指保险人对投保人所投保的风险种类、风险程度和保险金额等，应有充分和准确的认识，并作出选择，尽量使保险标的的风险性质相同。

1. 保险人对风险的选择

一是尽量选择同质风险的标的承保，从而使风险能从量的方面进行测定，实现风险的平均分散。

二是淘汰那些超出可保风险条件或范围的保险标的。

2. 风险选择的类型

（1）事先选择。事先选择是指保险人在承保前考虑决定是否接受投保，选择包括对人的选择和对物的选择。对人的选择（包括自然人和法人）是指对投保人或被保险人的评价与选择。对物的选择是指对保险标的及其利益的评估与选择。

（2）事后选择。事后选择是指保险人在承保后若发现保险标的存在较大风险，而对保险合同作淘汰性选择。

保险合同的淘汰通常有三种方式：

一是等待保险合同期满后不再接受续保，或由代理人或经纪人介绍给其他愿意接受此种风险的保险人承保。

二是按照保险合同规定的事项予以注销合同。

三是当保险人发现被保险人有明显误告或欺诈行为，并且对保险人的经营十分不利时，保险人可以向被保险人说明理由，中途终止承保。

（三）风险分散原则

风险分散原则是指某一风险责任由众多的人共同分担。保险人对风险的分散一般采取承保前分散和承保后分散两种方法。

1. 承保前分散

承保前分散是指通过承保控制的方式进行，即保险人对所承保的风险责任适当加以控制，包括以下四种手段：

（1）控制高额保险：科学划分和计算保险标的的最高保险金限额，对超过部分不予承保。

（2）规定免赔额（率）：对一些保险风险造成的损失规定一个额度或比率，由被保险人自负这部分损失，保险人对于该额度或比率内的损失不负责赔偿。

（3）实行比例承保：保险人按照保险标的的实际金额的一定比例确定承保金额，而不是全额承保。

（4）规定按实际损失赔偿：在保险金额范围内，按风险事件实际造成的损失计算赔偿，并非按保额赔偿。

2. 承保后分散

承保后分散主要是采取共同保险和再保险的方法。保险人将其所承保的业务中超过自身承保能力的风险转嫁给其他保险人来承担，或与其他保险人共同承担。

（1）共同保险。共同保险是指由多个保险人共同承保风险较大的保险标的。

（2）再保险。再保险是指保险人为了分散风险，将所接受保险业务的风险责任的一部分转让给其他保险人承担。

《保险法》第一百零三条规定：保险公司对每一危险单位，即对一次保险事故可能造成的最大损失范围所承担的责任，不得超过其实有资本金加公积金总和的百分之十；超过的部分应当办理再保险。

《再保险业务管理规定》第五条规定：保险人、保险联合体和保险经纪人办理再保险业务，应当遵循审慎和最大诚信原则。

《再保险业务管理规定》第十一条规定：除航空航天保险、核保险、石油保险、信用保险外，直接保险公司办理合约分保或者临时分保的，应当符合下列规定：

（一）以比例再保险方式分出财产险直接保险业务时，每一危险单位分给同一家再保险接受人的比例，不得超过再保险分出人承保直接保险合同部分的保险金额或者责任限额的80%。

（二）每一临时分保合同分给投保人关联企业的保险金额或者责任限额，不得超过直接保险业务保险金额或者责任限额的20%。

《再保险业务管理规定》第二十四条规定：保险人办理再保险业务，应当按照精算的原理、方法，评估各项准备金，并按照中国保监会有关规定准确、足额提取和结转各项准备金。

对于同一笔寿险业务，在法定责任准备金下，再保险接受人与再保险分出人在评估准备金时，应采用一致的评估方法与假设。

保险公司需要办理再保险分出业务的，应当优先向中国境内的保险公司办理；保险公司应当按照保险监督管理机构的有关规定办理再保险；保险监督管理部门有权限制或者禁止保险公司向中国境外的保险公司办理再保险分出业务或者接受中国境外的再保险分入业务。

四、保险经营组织

（一）保险经营的组织形式

保险经营的组织形式是指在一个国家或地区，保险人经营保险业务所采取的组织状态。根据财产所有制关系的不同，保险经营的组织形式可以划分为以下几种。

1. 保险股份有限公司

股份有限公司是现代企业制度最典型的组织形式。它是由一定数量以上的股东发起组织，全部注册资本被划分为等额股份，股东以其所认购的股份承担有限责任，公司以其全部资产对公司债务承担责任的一种组织形式。

股份有限公司是世界各国保险公司的主要组织形式，其具有如下特点：

第一，公司所有权和经营权的分离，产权关系明晰，有利于提高经营管理效率。

第二，通过发行股本募集大量资本，开展更大规模的保险业务，能够广泛分散风险，从而提高公司经营的稳定性。

第三，采用固定费率制，使投保人保费负担确定，有利于开展业务。

第四，拥有众多的专业人才，能够极大地提高公司的经营管理水平，增强企业竞争力。

2. 相互保险公司

相互保险公司是由所有参加保险的人自己设立的保险法人组织，是保险业特有的公司组织形式。相互保险公司是被保险人为保障自己的经济利益而创设的一种合作性保险组织，被保险人同时也是保险人，保险资本通过由各成员认交的方式聚集，并接受外部的参股资金。

（1）相互保险公司的特点如下：

① 相互保险公司的投保人就是公司成员，有权参与到公司的管理经营过程中，并可从公司盈余中分红。但如果解除保险合同，其成员资格也随之丧失。

② 相互保险公司一旦发生亏损，成员必须给予弥补，理论上其成员承担的是无限责任。

③ 相互保险公司的最高权力机构是由全体成员组成的代表大会，从代表大会中产生董事会，然后董事会再任命高级管理人员。但随着公司规模的扩大，董事会和高级管理人员实际上已经控制了公司的全部事务，会员很难真正参与管理，现在已经演变成委托具有法人资格的代理人营运管理，负责处理一切保险业务。

（2）相互保险公司的收费方式有如下几种：

① 预收保费制，指投保人在签订合同时就交纳保费，当合同到期时保费若有盈余，便分给投保人或者留存在公司。

② 摊收保费制，指在签单时收取足够的保费以应付公司的相应开支，若有不足，投保人须在确定的限额内进行补交。一般为规模较小的相互保险公司所采用。

③ 永久保费制，指投保人一次交纳保费后，合同将永久有效。在这种交费方式下，投保人往往需要交纳一大笔数额的保费。但是在一定期限内，投保人可以从公司盈余中获得分红。

3. 相互保险社

相互保险社是最早出现的保险组织，也是保险组织最原始的状态。相互保险社是同一行业的人员，为了应付自然灾害或意外事故造成的经济损失而自愿结合起来的集体组织。

相互保险社具有以下特点：

（1）参加相互保险社的成员之间互相提供保险。每个社员为其他社员提供保险，每个社员同时又获得其他社员提供的保险，真正体现了"我为人人，人人为我"。

（2）相互保险社无股本。其经营资本的来源仅为社员交纳的分担金，一般在每年初按暂定分摊额向社员预收，在年度结束计算出实际分摊额后，再多退少补。

（3）相互保险社保险费采取事后分摊制，事先并不确定。

（4）相互保险社的最高管理机构是社员选举出来的管理委员会，经营通常由一具有法人资格的代理人代为经营，由社员提出要保书时予以授权。

4. 保险合作社

保险合作社是由一些对某种风险具有同一保障要求的人，自愿集股设立的保险组织。

保险合作社与相互保险社有许多相似之处，实际上它们之间存在着很大的差异，主要体现在：

（1）相互保险社没有股东，而保险合作社则是由社员交纳股本成立，社员就是其股东。

（2）保险合作社的业务范围仅局限于合作社的成员，只承保合作社社员的风险。换而言之，只有保险合作社的社员才能作为保险合作社的被保险人，但是社员也可以不与合作社建立保险关系。

5. 国营保险组织

国营保险组织是由国家或政府投资设立的保险经营组织。它们可以由政府机构直接经营，也可以委托某个团体来经营，例如，经营出口信用保险等保险业务的中国出口信用保险公司就属于后一种情况。

由于各国的社会经济制度不同，国营保险组织的性质表现出不同的差异：

（1）既是保险管理机关，又是经营保险业务的实体。国营保险组织完全垄断了一国的所有保险业务，一种完全垄断型国营保险组织，1988年以前，中国人民保险公司就属于这一性质的国营保险组织。

（2）政策性国营保险组织。为了保证国家某种社会政策的实施，有些国家则将某些强制性或特定保险业务专门由国营保险组织经营，例如，美国联邦存款保险公司就属于这一性质的国营保险组织。

6. 个人保险组织

个人保险组织就是自然人充当保险人的组织。在保险市场上事实上还存在个人保险组织——劳合社。英国的劳合社全名为伦敦劳合士保险社，是世界上最大、历史最悠久的保险组织。劳合社在世界保险业中有着特殊的地位，它不仅是最古老的保险市场，而且它所出具的保单条款、制定的费率在世界保险市场上是一直被效仿的对象。劳合社目前仍然是世界上最具竞争力和实力的保险组织。

它主要具备以下几种职能：

（1）收集全世界的有关保险资料并对风险损失做完整记录。

（2）帮助其成员处理理赔事务，监督各地区的救难与维修工作。

（3）为会员提供进行保险交易的场所。

（4）制定保险交易规则，仲裁纠纷，开发新险种，并为会员寄送保单。

因此，劳合社实际上是一个保险市场。它的保险交易方式通常是由保险经纪人为其保户准备好一份承保文件，写明保险标的，然后由劳合社中的承保会员承保，只有当各承保人承保金额总和达到所需金额后才统一签单。

（二）保险公司的组织架构

1. 保险公司的主要职能部门

（1）营销部门。营销部门的主要职责是进行市场调查，以客户需求为导向开发新产品或者对现有产品进行改进；同时准备营销活动，建立和维持公司产品的销售体系。在整个保险实务中，营销占据重要地位，是保险公司直接的业务来源。

（2）核保部门。核保部门的主要职责是对保险公司拟承保保险标的的风险状况进行专业的核查，以确保保险业务的承保质量符合公司要求。

（3）客户服务部。客户服务部的主要职责是为承保客户提供保单涉及的有关服务，如提供信息咨询、帮助解释保单措辞、计算和处理保单贷款、保单基本信息变更等保全服务。

（4）理赔部门。理赔部门的主要职责是审查被保险人或受益人提出的索赔请求，确定索赔的有效性，核定保险事故的损失，计算保险金并支付给被保险人或受益人。

（5）投资部门。投资部门主要负责调查金融市场，向投资委员会提供公司的投资战略，根据公司董事会和投资委员会制定的方针管理投资活动，以确保有效利用保险资金，在实现利润增长的同时提高保险公司的承保能力和偿付能力。

（6）精算部门。精算部门的主要职责是在研究预期死亡率、利率和损失率等因素的基础上厘定费率，计算公司的准备金，确定公司产品的盈利水平，确保公司在科学的数理基础上运作。目前，保险公司对精算人才的需求也越来越大，精算师更是成为"保险皇冠上的明珠"。

（7）财务部门。财务部门主要负责系统保存公司财务结果和公司有效运作的记录，准备财务报表、控制收支、监督公司的财务预算程序，管理公司职工薪金，和法律部门一起确保公司遵守相关财会法律法规，为公司管理者提供准确的财务信息，帮助其更好地运营公司。

（8）人力资源部门。人力资源部门主要负责保险公司人力资源的管理，为保险公司提供和培养合格的人才。

（9）法律部门。法律部门主要负责确保公司的运作符合各项法律法规及监管者的要求。

（10）信息系统部门。信息系统部门主要负责开发和维护公司的计算机系统，运用计算机档案保存公司记录，对公司使用的各类程序和系统进行分析。随着互联网信息技术的不断发展，信息系统部门在降低公司运营成本方面的作用越来越大。

2. 保险公司组织架构的具体形式

组织架构是组织的全体成员为实现组织目标，在管理工作中进行分工协作，在职务范围、责任、权利方面所形成的结构体系，是企业流程运转、部门设置及职能规划等最基本的结构依据。目前，国际上采用较多的组织架构的形式包括职能型架构、事业部型架构、区域型架构、矩阵型架构、横向型架构、虚拟网络型架构及混合型架构等，这里结合保险公司实践介绍其中几种。

（1）职能型架构。在职能型架构中，企业从下至上按照相同的职能将各种活动组合起来。通过职能型架构，与特定活动相关的所有人的知识和技能得到巩固，为组织提供了有价值深度的知识。具体可以参见图7-1。

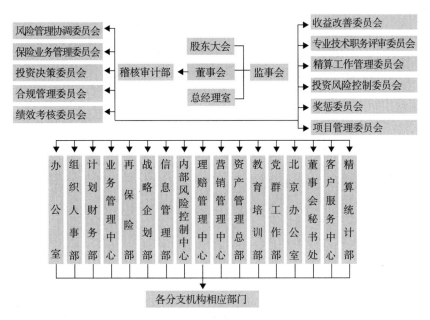

图 7-1 某财产保险公司的组织架构

（2）事业部型架构。事业部型架构也称产品部型架构或战略经营单位。保险公司针对单个产品、服务、产品组合、主要工程或项目、地理分布、商务或利润中心来组织事业部，基于组织产出来进行组合。目前，国内完全采用事业部型架构的保险公司较少。

（3）混合型架构。混合型架构将各种组织架构形式的特点综合起来，组织可以将职能型与事业部型、区域型乃至横向型等架构相结合，同时取职能型架构和其他组织架构的部分优点，既强调规模经济，也强调对市场变化的快速反应。

例如，国内有的财产保险公司除了人力资源、财会、精算、投资等职能部门，还按险别设立机动车险管理部、财产险管理部和人身险管理部（见图 7-2）；有的人寿保险公司还按渠道设有银行保险部、团险部（见图 7-3）。

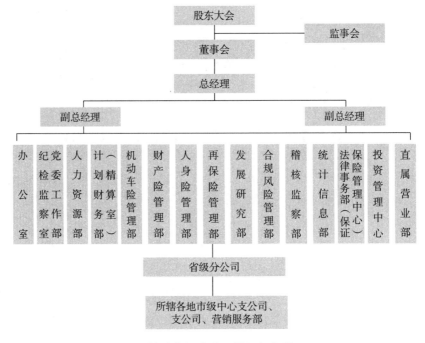

图 7-2　某财产保险公司的组织架构

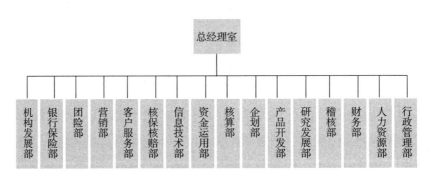

图 7-3　某人寿保险公司的组织架构

第二节　保险营销

　　保险公司获得长期利润的关键是把设计好的产品成功转移到消费者手中。因为保险是一种无形的商品，一种非渴求的商品，只有借助高质量的保险产品和有效的营销方式，才能吸引保险客户，实现保险公司经营目标与发展。

一、保险产品设计

（一）保险产品设计的含义及其原则

1. 保险产品设计的含义

保险产品设计就是保险单的设计，是指对保险标的、保险责任、保险费率、保险金额和保险期限等重要内容进行不同排列组合，从而形成满足不同消费者需求的保险商品的过程。

2. 保险产品设计的一般原则

（1）公平互利原则：保险单在设计过程中必须做到公平互利，即保险合同中双方的权利义务是对等的。

（2）适法原则：保险单设计必须遵循法律和维护社会道德规范和习惯，避免合同双方在履行合同的过程中引发道德风险和心理风险。

（3）市场原则：保险单设计要适应市场供求关系，使保险产品的险种和价格都能最大限度地满足市场的需求。适用市场原则应当注意以下问题：

第一，保险单的设计应较多地站在投保人和被保险人的立场来设计保障内容。保险提供的保障内容包括保险标的、保险责任、保障水平。保障内容的不同组合形成的保险单要尽量满足不同人群的需要，利用大数法则有效实现风险的分散。

第二，充分考虑商品的生命周期性质，不断淘汰旧产品，推出新产品。一方面，消费者对保险的需求是一个动态的过程。随着经济社会的发展，影响保险消费需求的各种因素也在不断变化。另一方面，保险产品具有产品生命周期。

第三，保险单在设计过程中除了被动地适应保险消费需求，还应从供给侧主动引导和激发消费需求。

（4）适度原则：如果保险单的费率过高，将影响消费需求，也不利于保险公司的市场竞争；如果费率过低，又会造成保险公司之间的恶性竞争，不利于保险经营的稳定。

（5）语言直白原则：保险单设计过程要求保险条款使用的语言直白、简练、规范和准确。保险条款语言直白能够帮助消费者正确理解保险产品的内容，作出适当的购买行为决策，这不仅有利于保险产品的销售，而且能减少保险合同生效后的法律纠纷。

（6）互补原则：新保险产品的设计要能弥补原有市场的不足，完善产品供给，提供多方位服务，扩大业务的目的。

（二）保险产品设计的主要步骤

保险产品的设计一般要遵循三个步骤：市场调查研究、设计、报批或报备。

1. 市场调查研究

市场调查研究是保险产品设计的第一步。保险需求是保险产品供给的基础，消费者的实际支付能力和保险人的承保能力则构成了保险产品产生的可能性。所以，保险市场调查应该是对保险供给和需求两个方面的调查。

（1）从保险需求方面：一是了解保险需求。了解保险需求就是要及时地了解哪些风险没有相应保险的保障，同时又出现了哪些新的风险同样需要保障。二是要了解消费者的支付能力。要调查消费者保险费的支付水平及他们打算如何应对风险。

（2）从保险供给方面：一是保险人有足够的承保技术能力。二是保险人有足够的资金支持。足够的技术能力才能对风险进行正确的识别和评估，从而利用精算原理正确制定费率。

2. 设计

保险产品的设计过程就是将保险产品主要内容的各要素进行不同组合的过程。保险产品的设计主体在不同的国家有不同的情况。有些国家是由保险同业协会设计的，有些国家是由保险公司设计的，有些国家则是由保险监管机构设计的。

3. 报批或报备

保险产品设计完成后，进入第三个步骤，即保险公司将设计的保险产品报送保险监管机构进行报批或报备。保险产品经保险监管机构批准或备案后，完整的保险产品设计过程才算完成。

（三）保险产品设计的常用方法

1. 组合法

组合法是通过险种要素的重新组合而设计保险单的方法。保险单的主要内容包括保险标的、保险责任、保险金额、保险费率、保险期限、保险金的交纳方式、保险费的支付方式等。组合法就是在充分考虑市场供求状况的情况下，将这些要素进行不同的排列组合创造出不同的保险单，以满足各种不同的需要。

2. 反求工程法

反求工程法是在对保险市场上已有险种的分析基础上，根据本地区的具体情况吸取不同险种的优点，并在此基础上设计出新的保险单。通常的做法是，先对市场上已有的保险产品进行分析和分类；然后对它们的市场表现、消费者的反应进行总结和分析；最后将不同保险单的长处进行组合，形成新的保险单。例如，具有储蓄性质的家庭财产保险就是人寿保险储蓄性质和财产保险保障性质结合的产物。

（四）保险产品的定价

保险产品的定价就是根据历史数据，运用精算技术制定保险费率的过程。

1. 保险费率的构成

保险费是投保人购买保险时向保险人交纳的费用。保险费由纯保费和附加保费构成。纯保费主要用于保险赔付支出；附加保费主要用于保险业务的各项营业支出，包括税收、手续费、管理费用、工资、固定资产折旧及企业盈利等。

保险费率是保险费与保险金额的比例，保险费率又被称作保险价格，通常以每百元或每千元的保险金额应交纳的保险费来表示。保险费率一般由纯费率和附加费率两部分构成。纯费率是用来支付赔款或保险金的费率，其计算依据因险种的不同而不同。财产保险纯费率的计算依据是损失率，人寿保险纯费率的计算依据是利率和生命表。附加费率是附加保费与保险金额的比率。纯费率与附加费率之和即为保险费率。

2. 保险费率厘定的基本原则

保险人在厘定费率时要遵循权利和义务对等的原则，具体包括以下几点。

（1）公平合理原则。对投保人来说，其交纳的保费应该和享受到的保障对等；对保险人来说，其所收取的保费要与其承担的责任相当。

（2）充分原则。充分原则是指收取的保费在支付赔款及合理的管理费用、税收后，仍有一部分利润。可见，充分原则要求费率厘定应确保保险人的偿付能力。

（3）相对稳定原则。相对稳定原则是指在一定时期内费率应保持稳定。对投保人来说，稳定的费率可以使其确定支出；反之，如果费率经常波动，无论是上升还是下降都会对消费者产生影响。

（4）促进防灾防损原则。促进防灾防损原则是指保险费率的厘定应有利于促进防灾防损。具体来说，对注重防灾防损工作的投保人可以适当降低费率，以示鼓励。贯彻这一原则有两个好处：一是减少了保险人的赔付支出；二是减少了整个社会的财富损失。

3. 保险费率厘定的方法

保险费率的厘定是在依据损失概率测定纯费率的基础上，再加上附加费率从而形成总费率的过程。在保险实务中，财产保险和人寿保险产品的费率厘定方法存在较大差异。人寿保险产品的费率厘定问题在前面章节中已经讨论过，这里主要介绍财产保险费率的厘定方法。一般来说，财产保险费率的厘定方法大致可分为分类法、增减法和观察法三种。

（1）分类法。分类法是指按照一定的标准，对各种风险进行分类，并据此将被保险人分成若干类别，再对不同类别分别确定保险费率。分类法的前提假设是，被保险人将来的损失很大程度上由一系列相同的因素决定。这种方法有时也被叫作手册法，即将事先确定的各种风险类别及分类费率都印在手册上，保险人只需要查阅手册就能快速确定费率。

（2）增减法。增减法是指在同一分类中，对投保人给予变动的费率。增减法是在分类法确定的基本费率的基础上，再依据实际情况予以细分所计算的费率。增减法具体可分为三种：表定法、经验法和追溯法。

① 表定法，以每一危险单位为计算依据，在基本费率的基础之上，参考标的物的显著危险因素来确定费率。使用表定法，首先要在分类中就各项特殊危险因素，设立客观标准。因为特定的被保险人的危险，既可能比被保险人的平均危险高，也可能比被保险人的平均危险低。

② 经验法，又称预期经验法。它是根据被保险人过去的损失记录，在已确定的费率基础上进行增减。因此，这种方法具有一定的时间限制，即当年的保费并不受当年经验的影响，而是以过去数年的平均损失来修订未来年份的保险费率。

③ 追溯法，依据保险期间的损失为基础调整费率。投保人最开始以其他方法确定的费率购买保险，在保险期满后，再根据追溯法最后确定保费。如果保险期间发生的实际损失大，需要最终交纳的保费就多；反之，则交纳的保费就少。在实际经营过程中，追溯法的计算方法较为复杂且其应用范围不广，仅局限于少数大规模投保人。

（3）观察法，是指对于每一个被保标的，根据他的具体风险属性单独厘定费率。这种方法一般用在保险标的较少且难以获得足够的经验数据的情况下使用。

二、保险营销概述

保险是一种无形的商品，一种非渴求的商品，只有借助有效的产品营销，才能吸引潜在的保险客户，实现公司经营目标与发展。

（一）保险营销的定义及其程序

1. 保险营销的定义

保险营销，又称保险市场营销，是指以保险为商品，以市场为中心，以满足被保险人需要为目的，实现保险公司目标的一系列整体活动。

2. 保险营销的基本程序

保险营销是以保险市场为起点和终点的活动，是从最开始的市场分析到制定营销策略并最终完成销售的一整套专业化活动。在保险公司实际营销工作中，保险营销程序主要包括分析营销机会、市场调查分析、目标市场选择、制定营销策略及营销策略的组织与实施等。

（1）分析营销机会。分析一个区域的市场环境，发现潜在的市场机会，是保险营销活动的首要环节。只有当市场机会符合保险公司的经营目标时，才能转化成现实的营销机会。

（2）市场调查分析。对保险市场的调查分析，就是在分析营销机会的基础上，对保险市场上重要的市场信息进行进一步调查和分析，保险市场调查分析的具体做法是通过科学的市场调查技术，设计调查方法，获取数据，分析数据，并形成准确的调查报告。

（3）目标市场选择。在激烈竞争的保险市场上，保险公司应对整个市场进行细分并确定目标市场。保险公司要根据自身的营销、资源及产品优势选定合适的目标市场进行有效地营销推动工作。

（4）制定营销策略。选择目标市场之后，保险公司就要开始制定合适的营销策略。具体的营销策略主要包括险种策略、费率策略、销售渠道策略和促销策略。

（5）营销策略的组织与实施。它是指保险公司组织人员明确分工，落实营销策略，并运用具体指标对营销策略实施情况进行考核的过程。

（二）保险营销策略

保险营销策略是指保险营销部门为了实现保险公司占领目标市场、完成预定营销目标，对目标保险市场选择、定位及制定全面营销规划和行动方案。保险公司的营销策略主要包含三个内容，即目标市场策略、营销组合策略和竞争策略。

1. 目标市场策略

目标市场策略是指保险公司选择适当的保险消费者作为自身业务发展的目标市场。所谓目标市场，是指保险公司经过市场细分后所要服务的一群保险消费者。保险市场经过细分之后，保险公司面对不同的众多子市场，着手选择目标市场，可以实行无差异营销、差异性营销或集中营销等战略开展营销活动。

（1）无差异营销，是指保险公司把整体市场看作一个目标市场，只注重保险消费者对保险需求的同一性，以相同的保险条款、保险费率和营销方式向所有的保险消费者推销相同的保险。

（2）差异性营销，是指保险公司选择了目标市场后，针对每一个目标市场设计不同的险种和营销方案，满足不同消费者差异化的保险需求。

（3）集中营销，是指保险公司把一个或几个细分市场合并为一个目标市场，制定一套营销方案，集中力量争取在这些细分市场上占有大量份额，而不是在整个市场上占有小量份额。

2. 营销组合策略

公司在制定营销战略时，应根据目标市场的不同和市场定位的差异来调整营销组合的内容，以便能够将适当的产品以适当的价格、适当的渠道、适当的销售手段传递给消费者，以满足消费者的需要。保险公司的营销组合策略主要包括险种策略、费率策略、渠道策略、促销策略等。

（1）险种策略。险种策略是保险公司的产品策略，是指在市场调查与选定目标市场的基础上，对险种的开发、设计、组合、推出时机、附加险、服务等作出决策，可以分为险种开发策略、险种组合策略和险种生命周期策略等。

① 险种开发策略。新险种是整体险种或其中一部分有所创新或改革，能够给保险消费者带来新的利益和满足的险种，通常包括全新设计的险种和改进的险种两类。

② 险种组合策略。险种组合策略又可以分为扩大险种组合策略、缩小险种组合策略与关联性小的险种组合策略。扩大险种组合策略有三个途径：一是增加险种组合的广度，即增加新的险种系列；二是加深险种组合的深度，即增加险种系列的数量，使险种系列化、综合化；三是险种广度、深度并举。缩减险种组合策略是指保险公司缩减险种组合的广度和深度，即减掉一些利润低、无竞争力的保

险险种，集中精力进行专业经营，以提高保险公司的经营效率。关联性小的险种组合策略是指保险公司将关联性小的险种进行组合。

③ 险种生命周期策略。险种生命周期是指一种新的保险商品从进入保险市场开始，经历成长、成熟到衰退的全过程。险种的生命周期包括投入期、成长期、成熟期与衰退期四个阶段，配合这四个不同的阶段所采取的营销策略为投入期的营销策略、成长期的营销策略、成熟期的营销策略与衰退期的营销策略。

（2）费率策略。费率策略是保险营销过程中使用最多的策略之一，它往往需要与其他策略综合使用才能有效达到营销目的。保险费率策略包括以下几种：

① 低价策略，是指以低于原价格水平来确定保险费率的策略。

② 高价策略，是指以高于原价格水平来确定保险费率的策略。

③ 优惠价策略，是指保险公司在现有价格的基础上，根据营销需要给投保人以折扣费率的策略。

④ 差异价策略，又包括地理差异、险种差异、竞争策略差异等。

（3）渠道策略。营销渠道策略是指选择什么样的营销渠道来实现保险产品从保险公司向客户的转移。保险营销渠道的选择直接制约和影响着其他营销策略的制定和执行效果。

① 传统保险营销渠道。按照有无中间商参与的标准，传统保险营销渠道可以分为直接营销渠道和间接营销渠道。

直接营销渠道也称直销制，是指保险公司利用支付薪金的业务人员对保险消费者直接提供各种保险产品的销售和服务。这种方式适合于实力雄厚、分支机构健全的保险公司。在保险市场不健全的时期，保险公司大都采用直销制进行保险营销。

间接营销渠道也称中介制，是指保险公司通过保险代理人和保险经纪人等保险中介推销保险商品。保险中介人不能真正代替保险人承担保险责任，只是参与或代办，或推销，或提供专门技术服务等各种保险活动，从而促成保险产品销售的实现。

② 新型保险营销渠道。

A. 银行保险。银行保险是一种新的保险营销渠道，从狭义上讲是指通过银行销售保险产品，从广义上讲是指利用银行的客户信息资料进行保险营销。随着金融竞争的加剧和金融一体化的推进，银行保险已经成为我国保险营销尤其是人寿保险营销的重要渠道，银行保险作为新的保险营销渠道，其优势包括：可以接触更丰富的银行客户资源；可以降低销售的边际成本；可以提供分散成本的新方式；可以利用更好的银行信誉和品牌等。

案例 7-1

银行保险成功营销 35 万元保险产品

2019 年 8 月 6 日，A 银行网点负责人在厅堂巡查时，遇到一位手持人寿保险合同的客户。经询问，原来是客户六年前在 A 银行购买的一份 30 万元期交人寿保险到期了。于是网点负责人亲自驾车陪同客户到人寿保险公司办理了相关手续。几天后，客户又来到网点，要求见负责人，表示对到期的收益情况不满。网点负责人热情耐心地向客户讲解了该保险产品的性能及赔付原则，并与其他保险公司的产品进行了对比，逐渐化解了该客户的不满情绪。该客户对 A 银行热情周到的服务表示满意，并询问 A 银行有什么好产品可以购买。网点负责人抓住这一时机，及时向客户介绍了 A 银行 B 财富宝期交产品，并对 B 保险公司进行了详细介绍，打消了客户对保险产品的抵触情绪，使该客户愉快地购买了五年期 35 万元 B 财富宝期交产品。

B 保险公司是 A 银行的子公司，所推出的一系列保险产品具有预期收益高、产品卖点多等优势。网点负责人在熟知 A 银行此款产品性能的基础上，敏锐地察觉到客户的需求，紧紧黏住意向，并主动服务，主动营销，是此次营销成功的关键。

B. 交叉销售。交叉销售是指保险集团下属子公司或参股公司之间客户共享，客户需求交叉挖掘的新型销售方法。比如，人寿保险公司和财产保险公司的交叉销售，就是通过向已购买了人寿保险产品的人寿保险公司客户销售财产保险产品，或向已购买了财产保险产品的财产保险公司客户销售人寿保险产品。

C. 电话销售。电话销售是指保险公司通过专门设立的电销中心，以电话为主要沟通手段，通过保险公司专用电话营销号码，对目标客户进行保险销售。

电话销售的优点包括：第一，与客户接触时间短，客户一般在几分钟的时间里就可以作出是否有购买意向的决策，因此可以节约销售成本。第二，通过对通话记录进行分析和整理，可以更好地利用客户资源。

电话销售的弊端主要体现为：第一，由于在电话销售过程中，销售人员与客户的接触度较低，因此难以获得客户的信任感，降低了销售的成功率。第二，由于销售时间较短，因此电话销售只适用于功能单一、易于理解的险种。第三，如管理不规范，电话销售会出现侵犯隐私和个人骚扰的负面效应。

D. 网络销售。保险网络销售是指保险公司利用互联网技术和功能，销售保险产品、提供保险服务、在线完成保险交易的一种销售方式。网络销售的优势如下：

第一，时效性。保险公司通过互联网可以实现全天候随时随地的服务，免去了代理人和经纪人等中介环节，大大缩短了保险进程的时间，提高了销售、管理和理赔的效率。

第二，经济性。通过互联网销售保单，保险公司减少了机构网点的运营费用和支付代理人或经纪人的佣金，大幅节约了公司的经营成本。

第三，交互化。互联网拉近了保险公司与客户之间的距离，增强了双方的交互式信息交流。客户可以自由选择和对比保险公司产品，全程参与到保单服务中来。

第四，灵活性。网络销售的出现在一定程度上缓释了传统保险市场存在的一些问题，有助于实现风险识别控制、产品定价和获客渠道模式方面的创新。

E. 职场销售。职场销售又称职场营销，是指保险公司或其代理人，经由雇主同意进入其职场，对其员工进行保险营销活动。职场营销具有如下几大优势：

第一，对于客户企业而言，职场营销可以使企业福利费用负担减轻，部分保险费用转由职员承担，从而削减企业成本。

第二，对于客户企业的员工而言，可以较低的成本购买保险，而且对经过公司筛选的保险公司有较高的信任度。

第三，对于保险公司而言，职场营销不但可以提高续期保费的继续率，降低营销成本，而且还可以增加市场渗透与交叉销售保险产品的机会。

（4）促销策略。由于各家保险公司保险产品的同质性较高，在保险营销活动中，促销策略起着十分重要的作用。这里主要介绍广告、公共关系和人员促销三种方式。

① 广告促销。它是指通过大众媒介向人们传递保险产品和服务信息，并说明其销售的活动。广告是保险促销组合中一个重要方面，是寻找目标对象的有效手段。

② 公共关系促销。公共关系对保险营销能够产生积极的作用。保险公司在保险营销中可运用的公共工具包括新闻宣传、事件创造、公益活动、书刊资料、视听资料、电话等。

③ 人员促销。它是指保险营销人员直接与客户接触进行宣传、介绍和销售的活动。在人寿保险中，人员促销起着重要作用。

案例 7-2

人员促销的魅力

某保险公司销售冠军王京涛在做业务时，一直向一位老板推销保险总不能成交，王京涛就不断地拜访，终于有一天，客户吃不消了，说："京涛，我今天就在你那里买一份保险，但是我有一个条件：我买完这份保险，以后你再也不许来烦我了。"最后这位客户买了一份98元的意外险。王京涛就想，如何让这位客户加保呢？想来想去，终于有了办法。

一天，外面下起了瓢泼大雨，王京涛没有带任何雨具，浑身湿透着来到客户家门口，客户开门一看，赶紧让他进门，问："京涛，你做保险做得不要命啦？下这么大雨怎么也不打伞呢？"

王京涛："谁说我没打伞？"说着，就从怀里拿出一把撑开来只有盘子大的小伞。

客户一看，哈哈大笑："京涛，你是不是做保险做出毛病来啦？下这么大的雨，这么一把小伞怎么挡得住呀？"

王京涛："您知道伞太小不能挡大雨，可是您98元的保险怎么就能抵挡人生路上的狂风暴雨呢？您是个老板，风险比谁都大，您说这么一把小伞能不能为您在人生路上遮风避雨呢？"

看到客户有些认同，王京涛又说："我今天过来绝不是向您推销保险的，我只是想向您展示一个事实：看到我今天打着这么一把小伞对付风雨的样子，您觉得您的保险够吗？是不是需要换一把更大的伞？"

王京涛凭借保险人坚持不懈、认真的工作态度，丰富的保险知识，以及为客户利益着想的良好服务意识，终于赢得了客户的认可，也获得保单。就这样，客户又加了一大笔保费，王京涛被同行称为"淘金王"。

3. 竞争策略

根据保险公司在目标市场上所起的作用，可将这些公司的竞争地位分为四类，即市场领导者、市场挑战者、市场跟随者和市场拾遗补阙者。处于不同地位的保险公司，会选用不同的竞争策略。

（1）市场领导者策略。市场领导者是指在保险市场上占有最高份额的保险公司。它们通常采取的策略是扩大总市场，即扩大整个保险市场的需求；适时采取有效防守措施和攻击技术，保护现有的市场占有率；在市场规模保持不变的情况下，扩大市场占有率。

（2）市场挑战者策略。市场挑战者一般是指名列行业中第二名或第三名的保险公司。它们常用的策略是正面攻击、侧翼攻击、围堵攻击、游击战等，目的在于夺取领导者地位和吞并弱小者市场。

（3）市场跟随者策略。市场跟随者是指那些不想扰乱市场现状而想要保持原有市场占有率的保险公司。其策略主要是紧随其后策略、有距离跟随策略和有选择的跟随策略。

（4）市场拾遗补阙者策略。市场拾遗补阙者是指一些专门经营大型保险公司无暇顾及业务的小型保险公司，它们的策略是专业化。

第三节 保险承保

保险承保是指保险人对愿意购买保险的单位或个人所提出的投保申请进行审核，作出是否同意接受和如何接受决定的过程。承保是保险经营的一个重要环节，核保质量的好坏直接关系到保险公司的财务稳定和安全稳健运营。

一、保险承保的主要程序

（一）核保

保险核保是指保险公司在对投保标的信息进行全面掌握、核实的基础上，对风险进行评判与分类，进而决定是否承保、以什么样的条件承保的过程。核保是保险公司承保环节的核心，通过核保，可以避免承保不可保风险，排除不合格的保险标的。

保险公司核保信息的来源主要有三个，即投保人填写的投保单、销售人员和投保人提供的情况、通过实际查勘获取的信息。

1. 保险核保的目标

保险核保的主要目标在于辨别保险标的的危险程度，并据此对保险标的进行分类，按不同标准进行承保、制定费率，从而保证承保业务的质量。核保工作的好坏直接关系到保险合同能否顺利履行，关系到保险公司的承保盈亏和财务稳定。因此，严格规范的核保工作是衡量保险公司经营管理水平高低的重要标志。

2. 保险核保的内容

（1）投保人资格的审查，即审核投保人是否具有保险利益。

（2）保险标的的审核。

（3）保险金额的审核。

（4）审核适用费率是否正确、合理。

（5）被保险人的资格和信誉审核。

保险核保是业务选择的关键环节，通过核保，可以防止非可保风险的带入，排除不合格的被保险人和保险标的。否则，如果保险人对投保者不加区别一律承保，将造成对保险人极为不利的逆选择，必然影响保险经营的顺利进行和经济核算原则的贯彻。因此，保险人必须对被保险人和保险标的加以选择和控制。通过核保可以合理分散风险，也有利于促进被保险人加强防灾防损，减少实质性损失，从而保证承保业务质量和保险经营的稳定性。

（二）承保决策

保险承保人员对通过一定途径收集的核保信息资料加以整理，并对这些信息经过选择和控制之后，作出以下承保决策。

1. 正常承保

对于属于标准风险类别的保险标的，保险公司按标准费率予以承保。

2. 优惠承保。

对于属于优质风险类别的保险标的，保险公司按低于标准费率的优惠费率予以承保。

3. 有条件地承保

对于低于正常承保标准但又不构成拒保条件的保险标的，分别采取限制责任、限制保额、加收保费、增加限制性条件等方式加以承保。

4. 拒保

如果投保人投保条件明显低于保险人的承保标准，保险人就会拒绝承保。对于拒绝承保的保险标的，要及时向投保人发出拒保通知。

（三）缮制单证

承保人作出承保决策后，对于同意承保的投保申请，由签单人员缮制保险单或保险凭证，并及时送达投保人手中。缮制单证是保险承保工作的重要环节，其质量的好坏，直接关系到保险合同双方当事人的权利能否顺利实现和义务能否顺利履行。单证的缮制要及时，采用计算机统一打印，做到内容完整、数字准确、不错不漏无涂改。

（四）复核签章

任何保险单应按照承保权限规定，由有关负责人复核签发。复核时要注意审查以下几点，力求准确无误：投保单、验险报告、保险单及其他各种单证是否齐全，单证内容是否完整、符合要求，字迹是否清楚，保险费计算是否正确。

（五）收取保费

交付保险费是投保人的基本义务。为了防止保险事故发生后的纠纷，在签订保险合同中要对保险费交纳的相关事宜予以明确，包括保险费交纳的金额、交付时间及未按时交费的责任。尤其对于财产保险合同，要在合同中特别约定并明确告知投保人，如不能按时交纳保险费，保险合同将不生效，发生事故后保险人不承担赔偿责任；如不足额交纳保险费，保险人只承担部分保险责任。

二、人身保险承保

（一）核保要素

人身保险的核保要素一般分为影响死亡率的要素和非影响死亡率的要素。非影响死亡率的要素包括保险金额、投保人财务状况、投保人与被保险人及受益人之间的关系等。影响死亡率的要素包括年龄、性别、职业、健康状况、习惯和病史等，这是人身保险特别是人寿保险核保中需要重点考虑的因素。

1. 年龄和性别

年龄的不同直接影响到死亡概率和各类疾病发病率的不同。另外，性别不同对死亡率和疾病种类也有很大影响。有关统计资料表明，女性平均寿命要长于男性 4~6 年。

2. 体格及身体情况

一个人的体格及身体情况会在很大程度上影响其罹患重大疾病的可能性，因此也是寿险核保主要考察的信息。

3. 职业、习惯、嗜好

（1）疾病、意外伤害和丧失工作能力的概率在很大程度上受所从事职业的影响，一些职业具有特殊风险也会严重影响被保险人的健康和生命。

（2）被保险人平时的生活习惯和不良嗜好，也会增加其患病和死亡的概率。

（二）风险分类

核保人员在对被保险人的上述基本情况进行审核后，会对被保险人的身体状况进行风险分类，并据此决定是否承保及如何承保。

1. 标准体

这类被保险人具有平均水平的预期寿命，对他们宜采用标准费率进行承保。

2. 优质体

这类被保险人不仅身体健康，且没有不良嗜好和习惯。对于优质体的被保险人，保险公司在承保时可以按照低于标准的费率进行承保。

3. 弱保体

这类被保险人往往在健康和其他方面存在缺陷，致使他们的预期寿命低于平均水平。对于他们应按照高于标准的费率进行承保。

4. 不可保体

这类被保险人有较高的死亡概率，以致保险人无法按照正常的大数法则分散风险，只能拒保。

三、财产保险承保

（一）核保要素

对于一般的财产保险而言，保险标的的用途及所处环境都会影响到保险公司所承保的风险。因此，在财产保险核保过程中，需要对有些因素重点进行风险评估，并展开实地查勘。

1. 保险财产的占用性质

通过了解财产的占用性质，可以分析其可能存在的风险，以确定风险等级。

2. 保险标的所处的环境

保险标的所处的环境不同，直接影响损失发生的概率和损失程度。

3. 保险标的的主要风险隐患、关键防护部位及保护措施状况

这是对投保财产自身风险的检查，也是对投保人风险管理水平的评估。

4. 查验被保险人以往的事故记录

一般从被保险人过去 3~5 年的事故记录中可以看出被保险人对保险标的的管理情况，通过历史数据查找风险，采取有效措施，减少或避免损失。

5. 调查被保险人的道德情况

通过政府部门或金融单位，了解被保险人资信情况，有效防止逆选择与道德风险。

（二）风险单位划分

风险单位是指一次风险事故可能造成保险标的损失的最大范围。在保险实践中，风险单位的划分一般有三种形式。

1. 按地段划分风险单位

如果保险标的具有相邻的地理位置，且具有不可分割性，当一次风险事故发生时，不可避免地要同时遭受损失，那么，这一整片地段就被算成一个风险单位。

2. 按标的划分风险单位

与其他标的无相毗连关系，风险集中于一体的保险标的，如一辆高铁或者一架飞机。

3. 按投保单位划分风险单位

为了简化手续，对于一个投保单位，不需区分险别，只要投保单位将其全部财产足额投保，该单位就为一个风险单位。

四、续保

续保是指在原有的保险合同即将期满时，投保人在原有保险合同的基础上向保险人提出续保申请，保险人根据投保人的实际情况，对原合同条件作必要修改而继续签约承保的行为。

（一）投保人方面

续保的优越性在于：通过及时续保，不仅可以从保险公司获得连续不断的、可靠的保险保障与服务，而且作为公司的老客户，可以在体检、服务项目及保险费率等方面得到保险公司的优惠。

（二）保险人方面

续保的好处不仅体现在可以稳定公司的业务量，而且还可以减少营销的工作量与费用。保险人在续保中应该注意以下几点：

一是及时对保险标的进行再次审核，以避免保险期间中断。

二是如果保险标的的危险程度有所增加或减少，应对保险费率作出相应调整。

三是保险人应根据上一年的经营状况，对承保条件和保险费率进行适当调整。

第四节　保险理赔

保险被称为社会稳定器，主要体现在风险发生后，通过理赔服务，使受损单位得到经济补偿，及时恢复生产生活，维护社会稳定。

一、保险理赔的含义及其原则

（一）保险理赔的含义

保险理赔，是指在保险标的发生保险事故而使被保险人财产受到损失或人身生命受到损害时，或保单约定的其他保险事故出险而需要给付保险金时，保险公司根据合同规定，履行赔偿或给付责任的行为，是直接体现保险职能和履行保险责任的工作。简单地说，保险理赔是保险人在保险标的发生风险事故后，对被保险人提出的索赔请求进行处理的行为。在保险经营中，保险理赔是保险补偿职能的具体体现。

理赔并不等于支付赔款，但是理赔对于保险人来说具有重要意义。

从法律角度看，保险理赔是履行保险合同的过程，是法律行为。也就是说，被保险人或受益人提出索赔要求，保险人就应该按照法律或合同约定进行处理。

从经营角度看，理赔充分体现了保险的经济补偿功能，是保险经营的重要环节。理赔也是对承保业务和风险管理质量的检验，通过理赔可以发现保险条款、保险费率的制定和防灾防损工作中存在的漏洞和问题，为提高承保业务质量、完善风险管理提供依据；理赔还可以提高保险公司的信誉，扩大保险在社会上的影响，促进保险业务的发展。

（二）保险理赔的原则

1. 重合同、守信用

保险人和被保险人之间的权利、义务关系通过保险合同而建立。在处理赔案时，对保险人而言，实际上是保险人履行合同中所约定的赔偿或给付义务的过程；而对被保险人而言，则是在实现保险权利、享受赔偿或领取保险金的过程。所以，保险人在处理赔案时要重合同、守信用，即按照保险合同条款处理赔案。

2. 主动、迅速、准确、合理

所谓"主动、迅速"，是指保险公司在处理赔案时积极主动，及时深入现场进行查勘，对属于保险责任范围内的灾害损失，要迅速估算损失金额，及时赔付。所谓"准确、合理"，就是保险人应正确找出致损原因，合理估计损失，科学确定是否赔付及赔付额度。任何拖延赔付的行为都会影响到保险公司的市场形象。

《保险法》第二十三条规定："保险人收到被保险人或者受益人的赔偿或者给付保险金的请求后，应当及时作出核定；情形复杂的，应当在三十日内作出核定，但合同另有约定的除外。保险人应当将核定结果通知被保险人或者受益人；对属于保险责任的，在与被保险人或者受益人达成赔偿或者给付保险金的协议后十日内，履行赔偿或者给付保险金义务。保险合同对赔偿或者给付保险金的期限有约定的，保险人应当按照约定履行赔偿或者给付保险金义务。"

《保险法》第二十五条规定："保险人自收到赔偿或者给付保险金的请求和有关证明、资料之日起六十日内，对其赔偿或者给付保险金的数额不能确定的，应当根据已有证明和资料可以确定的数额先予支付；保险人最终确定赔偿或者给付保险金的数额后，应当支付相应的差额。"

3. 实事求是

被保险人或者受益人提出的索赔案千差万别，案发原因也错综复杂。对于某些多种原因共同作用造成损失发生的赔案，有时根据合同条款很难作出是否属于保险责任的明确判断，加之合同双方对条款的认识和解释上的差异，会出现赔与不赔、赔多与赔少的纠纷。在这种情况下，保险人既要严格按照合同条款办事，不违背条款规定，又应合情合理、实事求是地对不同案情的具体情况进行具体分析，灵活处理赔案。

二、理赔方式

保险公司在出险后依据保险合同的约定向保户理赔主要有两种方式：赔偿和给付。

（一）赔偿

赔偿是指保险公司根据保险财产出险时的受损情况，在保险额的基础上对被保险人的损失进行的赔偿。保险赔偿是补偿性质的，即它只对实际损失的部分进行赔偿，最多与受损财产的价值相当，而永远不会多于其价值。

（二）给付

给付是指保险公司在保单约定的额度内对被保险人或受益人给付保险金。人身保险是以人的生命或身体作为保险标的，因人的生命和身体是不能用金钱衡量的，所以，人身保险出险而使生命或身体所受到的损害，是不能用金钱衡量的。因此在出险时，人身保险是以给付的方式支付保险金的。

三、理赔时效

理赔时效是指从保险公司立案（申请人提供完整资料，正式受理）至结案的处理时间。根据《保险法》第二十五条的规定，保险人自收到赔偿或者给付保险金的请求和有关证明、资料之日起六十日内，对其赔偿或者给付保险金的数额不能确定的，应当根据已有证明和资料可以确定的数额先予支付；保险人最终确定赔偿或者给付保险金的数额后，应当支付相应的差额。

保险索赔必须在索赔时效内提出，超过时效，被保险人或受益人不向保险人提出索赔，不提供必要单证和不领取保险金，视为放弃权利。险种不同，时效也不同。人寿保险的索赔时效一般为5年；其他保险的索赔时效一般为2年。

索赔时效应当从被保险人或受益人知道保险事故发生之日算起。保险事故发生后，投保人、保险人或受益人首先要立即止险报案，然后提出索赔请求。

保户提出索赔后，保险公司如果认为需补交有关的证明和资料，应当及时一次性通知对方；材料齐全后，保险公司应当及时作出核定，情形复杂的，应当在30天内作出核定，并将核定结果书面通知对方；对属于保险责任的，保险公司在赔付协议达成后10天内支付赔款；对不属于保险责任的，应当自作出核定之日起3天内发出拒赔通知书并说明理由。保险人理赔审核时间不应超过30日，除非合同另有约定。而在达成赔偿或给付保险金协议后10日内，保险公司要履行赔偿或给付保险金义务。此外，核定不属于保险责任的，应当自核定之日起3日内发出拒赔通知书并说明理由。

案例7-3

超过理赔时效　保险公司可以拒赔

孙某是一家家具厂的私营企业主，为厂子投保数十万元的火灾险。2017年夏天，因电线短路，厂里发生火灾，烧毁了价值1万余元的半成品家具。李某由于事务繁忙，没有及时索赔。

2020年2月，因疫情严重，市场萎缩，家具厂缺少生产资金，李某想起了2017年的那场火灾及那笔保险赔偿金，就立即把那些资料找了出来到保险公司要求赔偿。保险公司受理了孙某的索赔请求后，很快就向他发出了拒绝赔偿通知书。

我国《保险法》第二十六条规定："人寿保险以外的其他保险的被保险人或者受益人，向保险人请求赔偿或者给付保险金的诉讼时效期间为二年，自其知道或者应当知道保险事故发生之日起计算。"孙某被烧毁的半成品家具属于人寿保险以外的财产保险承保范围，索赔期限应为二年。

孙某的家具厂2017年发生火灾，2020年才提出索赔，已超过了两年的索赔期限，保险公司拒绝赔偿是有法可依的。

四、保险理赔的程序

（一）出险通知

出险通知是指保险标的出险后，被保险人向保险人发出的信息，简单地说就是被保险人向保险人报案。《保险法》第二十一条规定："投保人、被保险人或者受益人知道保险事故发生后，应当及时通知保险人。"可见，保险标的出险时尽快发出出险通知是被保险人的义务。在实际中，被保险人一般先以口头或电话形式向保险人发出通知，然后再补以书面通知。

（二）审核保单

保险人在收到被保险人的出险通知后应立即查抄单底、审核保险单副本，将报案登记的内容与保单副本的内容详细对照，审查保险单是否依然有效，被保险人的名称是否相符，出险日期是否在保险责任期内，受损物是否是承保标的等重要内容。

（三）现场查勘

现场查勘是指保险人在受理案件后，派人到出险现场进行实际调查，以了解并核实与理赔相关的事实。人身保险因其合同约定明确，损失易于确定。而财产保险因损失受到各种因素的影响而比较复杂，实践中财产保险的现场查勘主要包括了解出险情况及出险原因、施救与整理受损财产及核定损失等。

（四）确定责任

核定损失工作结束后，保险理赔人员开始认定保险责任。认定保险责任首先要依据保险合同，明确适用的保险条款。然后，理赔人员要根据现场查勘报告及有被保险人签字的理赔记录审定赔付责任及赔付金额。

（五）计算赔款

理赔人员将所有理赔资料汇总、审核，确保无误后，开始计算赔款。赔款的计算方法随承保险种不同而有所变化。赔款厘定后应该一次性支付结案。

（六）损余处理

一般来说，在财产保险中，受损的财产会有一定的残值。如果保险人按全部损失赔偿，其残值应归保险人所有，或是从赔偿金额中扣除残值部分；如果按部分损失赔偿，保险人可将损余财产折价给被保险人以充抵赔偿金额。

（七）代位求偿

如果保险事故是由第三者的过失或非法行为引起的，第三者对被保险人的损失须负赔偿责任。保险人可按保险合同的约定或法律的规定，先行赔付被保险人。然后，被保险人应当将追偿权转让给保险人，并协助保险人向第三者责任方追偿。如果被保险人已从第三者责任方那里获得了赔偿，保险人只承担不足部分的赔偿责任。

五、车险理赔

（一）理赔流程

第一，肇事司机（被保险人）需在24小时内向保险公司报案，并认真填写"机动车辆保险出险/索赔通知书"并签章。

第二，及时告知保险公司损坏车辆所在地点，以便对车辆查勘定损。

第三，根据《道路交通事故处理程序规定》的规定处理事故时，对财物损失的赔偿需取得相应的票据、凭证。

第四，车辆修复及事故处理结案后，办理保险索赔所需资料：

（1）机动车辆保险单及批单正本原件、复印件。

（2）机动车辆保险出险/索赔通知书。

（3）行驶证及驾驶证复印件。

（4）赔款收据。

（5）根据不同的事故性质还需要以下资料：

① 火灾事故：公安消防部门的火灾原因证明。

② 自然灾害：气象部门证明或灾害报道剪报。

③ 交通事故：由交警处理的需要道路交通事故认定书及交通事故损害赔偿调解书；由法院处理的需要道路交通事故损害赔偿调解终结书；民事判决书或民事调解书。

④ 财产损失：需要车辆修理、施救费发票；车辆损失相片；财物损失清单；财物损失修理、施救费发票；财物损失相片等。

（二）免责与拒赔情况

免责与拒赔情况包括：撞到自家人的免责；车灯或者倒车镜单独破损的不赔；把负全责的肇事人放跑的不赔；水深处强行打火导致发动机损坏的不赔；车辆修理期间造成的损失不赔；拖着没保交强险的车出事故的不赔；私自加装的设备不赔；被车上物品撞坏不赔；没经过定损直接修理的不赔；车辆零部件被盗的不赔等；酒后驾车、无照驾驶，行驶证、驾驶证没年检的，保险公司也可以拒绝赔付。

（三）汽车保险理赔时的基本常识

报案方式：电话报案、网上报案、到保险公司报案及理赔员转达报案。

保险事故发生后，应在 24 小时之内通知派出所或者刑警队，在 48 小时内通知保险公司。

理赔周期：被保险人自保险车辆修复或事故处理结案之日起，3个月内不向保险公司提出理赔申请，或自保险公司通知被保险人领取保险赔款之日起1年内不领取应得的赔款，即视为自动放弃权益。车辆发生撞墙、台阶、水泥注及树等不涉及向他人赔偿的事故时，可以不向交警等部门报案，及时直接向保险公司报案就可以。在事故现场附近等候保险公司来人查勘，或将车开到保险公司报案、验车。

（四）保险公司不予理赔的常见的不赔付情况（其他事项请参见《机动车保险条款》）

1. 未年检车辆

在保险合同中明文规定，保险公司只维护合格车辆的正当权益，对于未年检的车辆只能视为不合格车辆，即使买了保险也无济于事。

2. 未年审驾驶员

没有年审，所开车辆属于不合格车辆,保险公司可根据保险合同拒绝任何理赔。

3. 无牌照车辆

无牌照车辆在出险时，保险车辆理赔必须具备两个条件：一是保险车辆须有公安交通管理部门核发的行驶证或号牌；二是在规定期间内经公安交通管理部门检验合格。异地购车在提车途中出险得不到赔偿就是这个原因。

案例 7-4

行驶证没有年检的车被盗，保险公司是否赔偿

2019 年 2 月，杨先生与某保险公司签订了机动车保险合同，为自己花了 30 多万元买的欧宝轿车投保。具体险种包括车辆损失险、第三者责任险、全车盗抢险、车上责任险等六种，并交纳保费 14366 元。

2019 年 10 月，该车被盗。杨先生当日通知公安局和保险公司，并在报纸上刊登了寻车启事。当所有的手续均办理完毕后，杨先生于 2020 年 2 月向保险公司索赔，被保险公司拒赔。其理由是，虽然杨先生所述情况属实，但杨先生的行驶证未进行年检，其行为违反了保险条款中的车辆行驶证未进行年检的保险无效的规定。

杨先生向法院提起诉讼。法院经过审理，判决保险公司赔偿其保险金 35 万余元。法庭认为，双方在合同当中并没有明确约定投保汽车必须进行年检，否则保险公司将有权解除合同或免除赔偿责任的条款，而保险公司以此拒绝理赔是缺乏法律依据的。

因此，杨先生未进行行驶证的年检不能作为保险公司拒赔的理由，也就是说保险公司的条款对双方的合同不具有约束力。

六、寿险理赔

（一）根据保险金种类不同，报案的途径不同

所有住院医疗保险金的申请均需先通过营销部再传递至公司理赔部。

申请除住院医疗保险金以外的其他各类保险金，可通过办事处或直接到理赔部报案。

（二）根据保险金种类不同，索赔时应提供的资料不同（一般要求提供有关证件原件）

死亡给付申请一般要求提供给付申请书，被保险人、身故金受益人及申请人身份证，被保险人户口簿，死亡证明书，法医鉴定书或交通意外责任认定书，保险单及最后一期收据。

伤残给付申请一般要求提供给付申请书，被保险人、伤残金受益人及申请人身份证，法医鉴定书，住院门诊病历或交通意外责任认定书，保险单及最后一期收据。

医疗给付申请一般要求提供给付申请书，被保险人、医疗金受益人及申请人身份证，住院门诊病历及医疗费收据，保险单及最后一期收据。

七、健康医疗险理赔

被保险人因罹患疾病办理理赔时所需手续：（1）医学诊断证明或出院小结；（2）医疗费原始收据；（3）费用清单及结算明细；（4）本人身份证或户籍证明复印件。

八、意外伤害险理赔

发生意外伤害或住院后应及时拨打保险公司的客户服务电话，了解需要准备的单证，以便保险公司快速理赔，需在3日内向保险公司报案。

被保险人因意外伤害办理理赔时所须手续［住院医疗保险需在保险公司规定的认可的二级（含二级）以上医院住院就诊］：（1）医学诊断证明；（2）有关部门出具的意外伤害事故证明；（3）医疗费原始收据及处方；（4）本人身份证或户籍证明复印件。

保险公司在所有单证齐全的情况下，在7日内会作出结案通知，被保险人或受益人接到通知后，可凭本人身份证和户籍证明到保险公司领取赔款。

第五节　保险资金运用

保险资金运用是保险企业在经营过程中，将积聚的各种保险资金部分用于投资或融资，使资金增值的活动。保险人通过资金运用增强自身竞争能力，同时也使保险企业从单纯的补偿机构转变为既有补偿职能又有金融职能的综合性企业，为金融市场增添了活力。

一、保险资金运用的意义

保险作为金融行业的重要支柱，具有强大的资金聚集能力。随着保险业资产规模的不断增长，保险公司业已成为资本市场最重要的机构投资者之一。保险资金的合理运用，不仅有利于保险行业的可持续发展，而且对金融行业的发展和稳定同样至关重要。

（一）体现保险资金的资本属性

保险资金作为一种资本，只有在运动中才能增值。保险公司将暂时闲置的资金加以运用，获取资产收益，实现资本增值，这是资本的内在要求。

（二）实现保险公司价值最大化

保险公司在经营活动中以实现公司价值最大化为目标，并充分利用一切资源实现公司价值的增长。对于沉淀在保险公司中的闲置资金，应该进行资源的合理配置，主动进行资金运用，实现资金的保值增值，从而提高保险公司的价值。

（三）提高保险公司偿付能力

保险赔偿和给付行为是以货币形式发生在未来的，当保费收取和保险赔付跨越较长的时期，通货膨胀和利率风险就是不得不考虑的因素。保险资金长期承受偿付能力的巨大压力，必须进行资金的保值增值。另外，保险资金运用将增强保险公司的资本实力，提高其应对巨灾或极端情况的赔付能力，充分保障其经济补偿功能的实施。

（四）提升保险公司竞争力

保险市场承保主体众多、竞争激烈，往往存在承保能力过剩、行业平均利率下降的现象。保险公司的盈利能力大大依赖于资金运用水平。较高的投资收益率允许保险公司以更低的价格提供保险产品，抢占市场份额，聚集更多的保险资金，通过保险资金运用获得更高的投资收益。只有不断提高自身资金运用效率，才能降低成本，提高竞争能力，赢得市场份额，实现公司的生存和发展。

二、保险资金运用的资金来源

根据《保险资金运用管理暂行办法》的规定：保险资金，是指保险集团（控股）公司、保险公司以本外币计价的资本金、公积金、未分配利润、各项准备金及其他资金。因此，保险资金主要分为资本金、各项准备金和留存收益三部分。

（一）资本金

资本金是保险公司的开业资金，也是备用资金。对于保险公司来说，资本金并不是其资金运用的主要来源，但却是不可缺少的部分。因为保险业务具有负债性质，保险资金运用主要是负债管理，而资本金是保险公司的自有资金，主要用作保证金、运营资金和购置自有资产。

《保险法》第九十七条规定："保险公司应当按照其注册资本总额的百分之二十提取保证金，存入国务院保险监督管理机构指定的银行，除公司清算时用于清偿债务外，不得动用。"同时，资本金还用于保险公司在筹建初期购买所需的房屋、设备和资料等，并提供额外的保险偿付能力。根据《保险法》的有关规定：在全国范围内经营保险业务的保险公司，实收货币资本金不低于人民币五亿元；在特定区域内经营业务的保险公司，实收货币资本金不低于人民币二亿元。

资本金作为流动资金不会显著消耗，除按规定上交部分保证金外，大部分处于闲置状态，因而具有长期性、稳定性的特点。这部分资金可以用于一些流动性较好的长期投资项目，如银行协议存款、长期债券、债券型基金和股票等。

（二）各项准备金

保险准备金是指保险公司为履行其未来的赔偿或给付责任而从收取的保险费中提存的负债。根据使用目的可以分为未到期责任准备金、未决赔款准备金等；根据保险业务和提取方式又可以分为寿险责任准备金和非寿险责任资本金。不同准备金的期限与流动性要求不同，需要进行相匹配的投资活动。

1. 未到期责任准备金

未到期责任准备金是指由于保险业务年度与会计年度不一致，在会计年度决算时，对未到期保险单提存的一种准备金制度。比如，投保人于某年1月1日交付一年的保险费，其中的3个月属于该会计年度，余下的9个月属于下一个会计年度，该保险单在下一个会计年度的9个月是继续有效的。因此，要在当年收取

的保险费中提存相应的部分作为下一个会计年度该保险单的赔付资金来源。

2. 未决赔款准备金

未决赔款准备金是指保险公司为应对本期发生的保险事故应付而未付赔款，而在会计年度决算时从当年收取的保险费中提取的一种准备资金。这是由于保险事故的发生、报案、核赔与理赔之间存在着时间延迟，当情况复杂或者存在法律纠纷时，时间延迟可能长达数年。按照权责发生制和成本与收入配比的原则，保险公司必须预先估计各会计期间已发生赔案的情况，并提取未决赔款准备金。

未决赔款准备金包括已发生已报案赔款准备金、已发生未报案赔款准备金和理赔费用准备金。赔款准备金期限往往不足一年，对流动性和安全性要求较高，通常投资于流动性资产，以保值为主要目的。

（三）留存收益

留存收益包括盈余公积和未分配利润。

1. 盈余公积

根据《公司法》等有关法规的规定，企业当年实现的净利润，一般应当按照一定提取标准进行分配：（1）按照税后利润的 10% 提取法定公积金，提取的累积额超过公司注册资本的 50% 以上，可以不再提取；（2）按照税后利润的 5%~10% 提取法定公益金；（3）在提取法定公积金和法定公益金后，按照股东大会的决议提取任意公积金。

2. 未分配利润

未分配利润是指保险公司实现的净利润经过提取盈余公积和向投资者分配利润后留存在企业逐年累积的余额。未分配利润通常不指定特定用途，留待下一年度进行分配和使用，使企业经营留有余地。因此，未分配利润较其他权益资金具有更大的灵活性和自主性，除弥补某些年份的保险费不抵偿付外，一般可以进行长期运用。

三、保险资金运用原则

目前理论界一般认为保险资金运用应该遵循三大原则：安全性、收益性和流动性。

（一）安全性

安全性是保险资金运用的首要原则。因为保险基金是保险人对全体被保险人的负债。从数量上看，保险基金总量应与未来损失赔偿和保险给付的总量一致，若不能安全返还，必将影响保险企业的经济补偿能力。为保证保险资金运用的安全，保险人一定要做好投资预测，选择安全性较高的投资项目，以小额、短期、形式多样化来分散风险，增加投资的安全性。

（二）收益性

保险资金运用的主要目的就是盈利。盈利能给保险人带来企业效益，增强保险企业的偿付能力。这就要求保险资金运用中选择高效益的投资项目，在一定风险限度内力求实现收益最大化。

（三）流动性

保险具有经济补偿的功能，保险事故的发生又具有随机性特点，这就要求保险资金运用保持足够的流动性，以便随时满足保险赔偿和给付的需要。保险人应根据不同业务对资金运用流动性的不同要求，选择恰当的投资项目。

以上三原则相互联系，相互制约。其中，收益性是主要目的，而安全性、流动性是资金运用盈利的基础。稳健的资金运用，应该首先保证资金的安全性和流动性，在此基础上努力追求资金运用的收益性。

四、保险资金运用渠道

根据《保险资金运用管理暂行办法》及有关规定，保险监督管理机构将保险公司投资资产划分为流动性资产、固定收益类资产、权益类资产、不动产类资产和其他金融资产五大类资产，分别对应银行存款、债券、股票和证券投资基金、其他投资工具（包括股权投资和不动产投资等另类投资）等资金运用渠道。

（一）银行存款

银行存款渠道主要是指保险公司以活期存款、定期存款或者协议存款等流动性资产的形式进行保险资金运用，并获取投资收益。根据《中国保监会关于规范保险资金银行存款业务的通知》（保监发〔2014〕18号）中的规定，保险公司应当将除维持日常经营需要的活期存款之外的银行存款纳入投资账户管理，严格执行授信评估、投资决策和风险管理等制度。

保险资金办理银行存款的，应当选择符合下列条件的商业银行作为存款银行：（1）资本充足率、净资产和拨备覆盖率等符合监管要求；（2）治理结构规范、内控体系健全、经营业绩良好；（3）最近三年未发现重大违法违规行为；（4）连续三年信用评级在投资级别以上。

银行存款渠道的投资收益最低，但资金流动性和安全性最好，能满足突发的偿付需求。由于我国银行存款利率长期保持较低水平，某些年份甚至低于通货膨胀率，如果保险资金运用的银行存款占比过高，则很难达到保险资产保值增值的目标。如果配置较少，则在日益严格的保险业偿付能力监管下，面对巨大自然灾害等突发集中赔付时的资产变现成本将非常高。所以，适当配置一定比例的银行存款对于保险公司资金运用来说是必要的，近年来约有30%的保险资金运用是通过银行存款渠道进行的。

银行存款是保险公司存放在银行获取利息收入的资金。银行存款以银行作为保险资金的投资中介，保险公司承担的风险较小，安全性较高，但收益相对较低，在一般情况下不可能成为真正意义上的投资利润。

（二）债券

债券渠道主要是指保险公司通过购买中长期（1年以上）政府债券、企业（公司）债券等固定收益类资产的形式进行保险资金运用，并获取投资收益。根据《保险资金投资债券暂行办法》（保监发〔2012〕8号）中的规定，债券是指依法在中国境内发行的人民币债券和外币债券，包括政府债券、准政府债券、企业（公司）债券及符合规定的其他债券。

保险公司投资债券，应当符合下列条件：

（1）具有完善的公司治理、决策流程和内控机制，健全的债券投资管理制度、风险控制制度和信用评级体系。

（2）已经建立资产托管、集中交易和防火墙机制，资金管理规范透明。

（3）合理设置债券研究、投资、交易、清算、核算、信用评估和风险管理等岗位，投资和交易实行专人专岗。

（4）具有债券投资经验的专业人员不少于2人，其中具有3年以上债券投资经验的专业人员不少于1人；信用评估专业人员不少于2人，其中具有2年以上信用分析经验的专业人员不少于 1 人。

（5）建立与债券投资业务相应的管理信息系统。

债券渠道的投资收益相对稳定，但一般属于中长期投资，流动性较差。寿险公司为了获取长期稳定的投资收益，并且与中长期保单进行负债匹配，所以往往选择债券渠道作为其主要资金运用渠道，债券渠道在保险公司整体资金运用中占比为 40%~50%。

（三）股票和证券投资基金

股票和证券投资基金渠道是指保险公司通过直接购买境内外股票或证券投资基金等权益类资产的形式进行保险资金运用，并获取投资收益。

1. 股票

根据《保险资金运用管理办法》（中国保监会令〔2018〕1 号）的规定，保险资金投资的股票，主要包括公开发行并上市交易的股票和上市公司向特定对象非公开发行的股票。

保险资金开展股票投资，分为一般股票投资、重大股票投资和上市公司收购等，中国保险监管部门根据不同情形实施差别监管。保险资金投资全国中小企业股份转让系统挂牌的公司股票，以及以外币认购交易的股票，由中国保险监管部门另行规定。

2. 证券投资基金

根据《保险资金运用管理办法》的规定，保险资金可投资证券投资基金份额。保险资金投资证券投资基金的，其基金管理人应当符合下列条件：

（1）公司治理良好、风险控制机制健全。

（2）依法履行合同，维护投资者合法权益。

（3）设立时间一年（含）以上。

（4）最近三年没有重大违法违规行为；设立未满三年的，自其成立之日起没有重大违法违规行为。

（5）建立有效的证券投资基金和特定客户资产管理业务之间的防火墙机制。

（6）投资团队稳定，历史投资业绩良好，管理资产规模或者基金份额相对稳定。

（四）不动产

保险资金投资的不动产，是指土地、建筑物及其他附着于土地上的定着物，具体办法由中国保险监管部门制定。

（五）投资股权

根据《保险资金运用管理办法》的规定，保险资金投资的股权，应当为境内依法设立和注册登记，且未在证券交易所公开上市的股份有限公司和有限责任公司的股权。

保险集团（控股）公司、保险公司购置自用不动产、开展上市公司收购或者从事对其他企业实现控股的股权投资，应当使用自有资金。

保险集团（控股）公司、保险公司对其他企业实现控股的股权投资，应当满足有关偿付能力监管规定。保险集团（控股）公司的保险子公司不符合中国保监会偿付能力监管要求的，该保险集团（控股）公司不得向非保险类金融企业投资。实现控股的股权投资应当限于下列企业：

（1）保险类企业，包括保险公司、保险资产管理机构以及保险专业代理机构、保险经纪机构、保险公估机构。

（2）非保险类金融企业。

（3）与保险业务相关的企业。

（六）国务院规定的其他资金运用形式

保险资金可以投资资产证券化产品。资产证券化产品是指金融机构以可特定化的基础资产所产生的现金流为偿付支持，通过结构化等方式进行信用增级，在此基础上发行的金融产品。

保险资金可以投资创业投资基金等私募基金。创业投资基金是指依法设立并由符合条件的基金管理机构管理，主要投资创业企业普通股或者依法可转换为普通股的优先股、可转换债券等权益的股权投资基金。

保险资金可以投资设立不动产、基础设施、养老等专业保险资产管理机构，专业保险资产管理机构可以设立符合条件的保险私募基金。

广东人保粤东西北发展产业投资基金项目投资

2015 年 7 月，经中国保监会批准，广东省政府与中国人保集团、建设银行广东省分行研究推进并正式设立规模为 121 亿元人民币的粤东西北振兴发展股权基金，其中，人保集团出资 60 亿元，粤财控股代表广东省财政厅分期出资 40 亿元，建设银行广东省分行出资 20 亿元，中银粤财作为基金管理人跟投 1 亿元。基金期限为 9 年，到期后可以展期 2 次，每次不超过 1 年，即最长 11 年。该基金为有限合伙制基金，险资认购该基金 A 类份额，作为 LP 投资收益参考固定利率定价，每年固定利率高于 5 年期以上贷款利率，每半年或一年进行收益核算和分配；商业银行作为该基金次优先级。

该产品开创了保险行业内多项"第一"。首先，该基金是第一只由省级政府与保险机构合作设立的城镇化基金，采取了省级和地市两层结构，上层结构设计保证保险资金的风险偏好，下层完全采取市场化的投资策略。其次，该产品结构是保险行业第一次创新尝试通过发起设立股权计划投资基金的优先级 LP 份额，归集资金后再投资多个项目，拓宽了保险资金的投资方式。最后，基金实现与商业银行紧密合作，商业银行资金通过信托方式认购本基金的次优级，对合作方提供流动性支持，并为项目建设提供结构性融资安排。

五、保险资金运用的风险控制

保险资金运用在实践中面临的风险越来越多，如何合理稳妥运用资金、控制保险资金运用的风险，需要明确保险资金在运用过程中所面临的各类风险，确定风险控制的原则，从而进行合理有效的风险控制。

（一）保险资金运用风险的含义

保险资金运用风险一般指在保单有效期间内，在保险资金运用过程中，会使保险公司资产价值发展变化，进而可能导致偿付危机的各种不确定因素。

（二）保险资金运用风险的分类

影响保险资金运用的风险主要来自资金运用主体内部和外部两个方面。

1. 内部风险

影响保险资金运用的内部风险是指保险公司在保险资金的投资管理、投资交易等操作过程中由于决策失误、操作失误、工作人员道德风险等公司内部因素造成的风险。这种风险属于纯粹风险，只会造成损失而无额外收益，对保险资金运用有巨大影响。

（1）委托—代理风险。委托—代理风险是指保险公司作为委托人将部分或全部资金委托保险资产管理公司作为代理人，为其行使与投资相关的决策或行为，由于信息不对称，代理人可能会不以委托人的利益最大化为目标进行投资运作，如未经保险公司同意而私自处理资产，进而损害保险公司利益的可能性。

（2）决策失误风险。决策失误风险是指保险公司的管理者在资金运用过程中由于投资决策失误、经营不善等原因导致的内生性风险。保险资金运用过程中出现的决策失误风险主要包括业务定位不正确、投资策略和风险管理策略等资金运用战略制定的失误，具体表现为对宏观经济走势预测有偏差而导致业务结构调整错误、投资业务过于单一化而导致风险单一化等。

（3）操作风险。操作风险是指保险公司在资金运用过程中，因公司规章制度不完善、内部操作过程脱节、人员操作不当等导致间接或直接损失的风险。引发操作风险的因素还包括投资部门越权经营、超风险限额投资、违章挪用资金、信息系统崩溃、业务部门虚报信息等。

（4）内部人员其他方面的风险。保险公司内部人员尤其是投资人员、风险管理人员、操作人员带来的各类风险对资金运用将产生巨大的影响，如保险资金投资主管人员有挪用公款、贪污等风险的存在。其中，内部人员的道德风险在我国保险市场上非常突出，该类风险隐蔽性强、破坏性大。

2. 外部风险

外部风险是指由政治、经济等全局性因素引起的风险，包括市场价格风险、信用风险、利率风险、汇率风险、流动性风险、政策风险等。这些风险的诱因存在于公司外部，不被保险公司所控制。

（1）市场价格风险。市场价格风险是指股票、基金等金融资产或不动产因市场波动造成资产价格发生变化，从而导致收益率变动的可能性。存在市场价格风险的投资渠道主要有股票投资、基金投资、二级市场上的固定收益证券现货交易和国债回购业务等。

（2）信用风险。信用风险是一种财务性的损失风险，即指交易对手不愿意或没有能力按照合同约定履行责任而导致保险公司发生损失的可能性。在保险资金运用过程中，信用风险主要体现在贷款和债券两种资金运用渠道上。其中，随着保险公司可投资企业债券品种的增多，其在企业债券投资、回购业务及结算过程中可能会面临较大的信用风险。

（3）利率风险。利率风险是指由市场利率波动造成资产或负债价值发生变化，使保险公司的实际收益与预期收益或实际成本与预期成本发生背离，导致实际收益低于预期收益，或实际成本高于预期成本而遭受损失的可能性。利率变动既能通过到期收益率影响资产价值，也可通过保单所有人的行为影响负债价值。

（4）汇率风险。汇率风险主要指保险公司在持有或运用外汇的经济活动中，其外汇资产（如外汇存款、外国债券、股票和证券投资基金等）因汇率变动而导致资产价值蒙受损失的可能性。

汇率风险可分为三类：交易风险、换算风险（会计风险）、经济风险（经营风险）。保险资金运用面临的汇率风险主要是交易风险和换算风险。

交易风险指运用外币进行计价收付的交易中，经济主体因外汇汇率的变动而蒙受损失的可能性。

换算风险又称会计风险，指经济主体对资产负债表的会计处理中，将外汇资产转换成以人民币计价时因汇率变动而导致账面损失的可能性。

（5）流动性风险。流动性风险是指保险公司的流动性资产不足以支付到期债务（如赔款支出和保单赎回）或履行其他支付义务的风险。流动性风险广泛存在于证券、基金、货币等各个市场中。导致流动性不足的风险因素可能来自资产方、负债方、预料之外的退保事件、难以预测的保单赔付、突发事件引起保费收入减少等。

（6）政策风险。政策风险主要指政府金融政策发生重大变化或是有重要的举措、法规出台，引起资本市场的波动，迫使保险公司调整资产配置，最终导致财务不稳定的可能性。例如，投资收益相关税法的改变，迫使投资部门为确保收益与预定收益相匹配而调整资产组合，造成大量不同资产的买入和卖出，扩大了保险公司面临的流动性风险。

保险资金运用外部风险因素及主要风险来源详见表7-1。

表 7-1 保险资金运用外部风险因素及主要风险来源

外部风险	风险因素	主要风险来源
市场价格风险	价格的市场波动	股票投资、基金投资、二级市场固定收益证券现货交易、国债回购
信用风险	证券发行人盈利水平、经营能力及规模大小、中介者参与程度	贷款，债券（主要是企业债）的投资、回购和结算
利率风险	利率波动	银行存款和债券等固定收益证券
汇率风险	汇率波动	外汇、黄金、特别提款权等交易、换算
流动性风险	资产方、负债方、预料之外的退保事件、难以预测的保单赔付、突发事件引起保费收入减少	广泛存在于证券、基金、货币市场
地方融资平台风险	过度举债、运行不规范、风险过度集中于银行等	银行贷款、投资项目的选择与决策
政策风险	有关证券市场的政策发生重大变化或是有重要的举措、法规出台	例如，投资收益相关税法的改变，投资范围的规定

（三）保险资金运用风险控制原则与方法

保险资金运用的风险控制是指保险公司基于影响保险资金运用的风险因素及其特征、风险环境的分析的基础上，针对不同的风险制定相应的风险处理策略来控制风险，确保资金运用的安全。

1. 保险资金运用风险控制原则

保险资金运用风险具有复杂性、多样性及关联性等特征，其控制应遵循以下原则。

（1）独立制衡原则。独立制衡原则是指保险资金运用各相关机构、部门和岗位的设置应权责分明、相对独立、相互制衡，通过切实可行的相互制衡措施确保风险控制与投资操作保持相对独立，有效消除保险资金运用风险控制中的盲点。

（2）全面控制原则。全面控制原则是指保险资金运用风险控制的过程应涵盖资金运用的各项业务、各个部门、各级人员及与保险资金运用相关的各个环节。

（3）适时适用原则。适时适用原则要求保险资金运用风险控制应同所处的环境相适应，以合理的成本实现内控目标，并根据保险公司、保险资产管理公司内外部环境的变化，适时进行更新、补充、调整和完善。

（4）责任追究原则。责任追究原则就是保险资金运用风险控制的每一个环节都要有明确的责任人，并按规定对违反制度的直接责任人，以及对负有领导责任的高级管理人员进行问责。

（5）审慎合规原则。审慎合规原则是指保险资金运用风险控制应在符合国家法律法规和有关监管规定的前提下，以审慎经营、防范和化解风险为出发点，在风险管理、内部控制、资产质量、损失准备金、风险集中、关联交易、资产流动性等方面严格遵守相关规定。

（6）质与量统一原则。质与量统一原则强调的是保险公司在保险资金运用中应注重贯穿质的控制与量的限制相结合的策略，主要指对投资风险的质的划分和量的测度，对投资模式选择、机构设置方面的制度构建，以及对高级管理者的选拔、任用及有效监督等。

2. 保险资金运用风险控制的方法

从控制层次来看，保险资金运用风险控制的方法可分为微观和宏观两个层面。在微观层面上，保险资金运用风险控制主要是保险公司对保险资金面临的各类风险的控制及对总体风险的综合控制。在宏观层面上，风险控制是由保险监管部门、证券监管部门等政府部门对保险资金运用方面在政策上采取的一系列措施，从而间接控制保险资金运用的风险，即对保险资金运用的外部监管。

（1）保险公司的风险控制。

根据《保险资金运用风险控制指引》的规定，保险资金运用风险控制体系是指保险公司和保险资产管理公司为维护保险公司的财务稳健和保障保险公司的偿付能力，对保险资金运用过程中的风险进行识别、评估、管理和控制的组织结构、制度安排和措施方法的总称。

① 内部风险的控制。我国保险公司的风险管理尚不健全、内控机制不到位，存在重投资、轻内控的现象，需加强对内部风险因素的控制。主要有以下四种方式。

第一，保险资产管理模式的选择。现有的资产管理模式主要有外部委托管理模式、内设投资部管理模式、专业化控股管理模式、集中统一管理模式。每种资产管理模式各有优缺点，保险公司根据自身的历史背景、治理结构的完善程度、资产规模和资金实力等条件采用适合自身发展的投资模式，尽量控制委托—代理等风险。

第二，建立投资决策与交易管理制度。保险公司和保险资产管理公司应建立健全相对集中、分级管理、权责统一的投资决策授权制度，对投资决策权限实行总额控制或比例控制。

投资交易管理应建立集中交易制度、资产隔离制度和公平交易制度。集中交易制度是指保险资金运用的所有交易指令必须由独立的交易部门负责执行。资产隔离制度是指对不同保险资金的来源、收益结构、流动性要求等进行分类，采用不同的账户，独立建账、独立运作、单独核算。公平交易制度是指对不同性质或来源的资金实行公平、公正、透明的投资操作，确保交易行为的合规性、公平性和有效性，防止不正当关联交易的发生。

第三，制定完善的资金运用内部控制制度。内部控制制度是指保险公司为了实现经营目标，控制操作风险、确保投保人利益、保证经营活动的合法合规，以全部业务活动为控制客体，实行制度化管理和控制的机制、措施和程序的总和。

第四，建立有效的人力资源管理制度。资金运用管理人员必须有良好的诚信记录，具备足够的风险控制意识及与岗位要求相适应的职业操守和专业胜任能力，从而有效降低或避免资金运用过程中面临的与内部人员相关的道德风险等。

② 外部风险的控制。随着保险资金运用渠道的不断拓宽，在提高保险资金收益的同时，也带来了巨大的市场风险、流动性风险等外部风险。保险公司需要对保险资金运用的外部风险进行有效控制。

第一，市场价格风险控制。市场价格风险主要体现在股票价格波动上，证券投资基金、固定收益证券现货交易及国债回购业务中也面临市场价格风险。具体而言，市场价格风险控制主要有四种方法：

一是限额管理。通过限额管理以确保将所承担的市场价格风险控制在可以承受的合理范围内，使风险水平与其风险管理能力和资本实力相匹配。

二是分散管理。通过分散持有风险资产以达到在不减少预期收益率的情况下降低整体风险的目的。

三是对冲管理。通过对冲市场风险，使保险公司处于风险免疫的状态，主要有表内对冲和表外对冲两种方法。

四是应急管理。该方法用于处理极端状态下的风险，通过制订应急预案，建立备份系统进行应急管理。

第二，信用风险控制。保险公司对信用风险的控制是通过建立公允的信用风险管理制度，管理上述交易对手、经纪人、中介机构和投资品种的信用风险，提供信用评级建议、建立信用评级系统，并进行信用评级、出具信用分析报告等，在信用风险度量的基础上，根据信用评级结果制订符合公司风险回报要求的信用风险限额分配计划，实施风险控制。因此，保险公司信用风险管理的核心内容就是信用风险的度量。信用风险的度量和评估方法主要有情景分析和信用风险价值两种方法。

第三，利率风险控制。保险公司应对利率风险进行合理评估，有效进行利率风险的控制。短期利率风险的控制方法有两种：

一是基于资产方的控制。即通过资产的重新配置，借助利率远期、利率期货、利率期权和利率互换等金融衍生工具来对冲利率风险，将不确定的损益转化为确定性的结果，锁定最大收益或最小损失。这种方式属于消极的完全规避风险，使保险公司失去了套利机会。

二是基于负债方的控制方式，包括审慎的准备金管理、保险证券化及再保险等。

第四，汇率风险控制。保险公司可通过外汇期权、外汇期货、互换或者远期等衍生品来固定未来可获得的本币数额，从而有效控制汇率风险。

第五，流动性风险控制。保险公司资产池中有相当一部分资产是固定收益类资产，而固定收益类资产会面临较大的流动性风险。对此，保险公司应建立合理的流动性评价标准和管理策略，结合负债的流动性要求，有效地管理流动性风险。

（2）政府监管部门的风险控制。

目前，我国保险资金配置的空间正逐步接近国际成熟保险市场水平，但新的投资渠道也意味着新的风险因素。无担保债券、不动产、非上市股权等新的保险资金投资渠道的风险相对较高。因此，政府监管部门应加快完善保险监管机制，加强对保险资金运用的监管。

◆ 课后习题

1. 【单选】下列关于保险经营的特征，叙述不正确的是（　　）。

A. 保险经营活动是一种具有经济保障性质的特殊的劳务活动

B. 保险经营资产具有负债性

C. 保险经营成本和利润计算具有专业性

D. 保险经营具有集中性和狭隘性

2. 【多选】保险商品是一种特殊商品，保险业的经营是风险经营，有其自身的特殊性，保险经营的特征主要有（　　）。

A. 保险经营活动是一种具有经济保障性质的特殊的劳务活动

B. 保险经营资产具有负债性

C. 保险投资是现代保险企业稳健经营的基石

D. 保险经营具有分散性和广泛性

3.【单选】（　　）的形成和在实践中的应用，对保险企业的经营活动有重大意义，已成为现代保险企业一种全新的经营指导思想。

A. 市场理念　　　　B. 效益理念　　　　C. 营销理念　　　　D. 信息理念

4.【多选】风险大量原则是指保险人在可保风险的范围内，根据自己的承保能力，应争取承保尽可能多的风险单位。关于采用风险大量原则的原因，说法正确的有（　　）。

A. 只有承保尽可能多的风险单位，才能建立起雄厚的保险基金

B. 只有承保大量的风险单位，大数法则才能显示其作用

C. 扩大承保数量是保险企业提高经济效益的一个重要途径

D. 扩大承保数量是为了分散风险

5.【多选】以下属于保险核保的内容的有（　　）。

A. 投保人资格的审查　　　　　　　B. 保险标的的审核

C. 保险金额的审核　　　　　　　　D. 复核签章

6.【多选】以下关于保险核保说法正确的是（　　）。

A. 保险核保是业务选择的关键环节，通过核保，可以防止非可保风险的带入，排除不合格的被保险人和保险标的

B. 如果保险人对投保者不加区别一律承保，将造成对保险人极为不利的逆选择，必然影响保险经营的顺利进行和经济核算原则的贯彻

C. 通过核保可以合理分散风险，也有利于促进被保险人加强防灾防损，减少实质性损失，从而保证承保业务质量和保险经营的稳定性

D. 核保的主要目标在于辨别保险标的的危险程度，并据此对保险标的进行分类，按不同标准进行承保、制定费率，从而保证承保业务的质量

7.【单选】保险承保是指（　　）。

A. 通过保险展业人员的宣传和引导使有保险需求的人参加保险的行为，也是投保人提供投保服务的行为

B. 在保险标的发生风险事故后，保险人对被保险人或受益人提出的索赔要求进行处理的行为

C. 保险人与被保险人采取各种组织措施和技术措施，预防和减少保险标的发生灾害事故，及在灾害事故发生后尽可能地减轻保险标的的损失

D. 保险人对投保人所提出的投保申请进行审核，继而决定是否承保和如何承保的过程

8.【单选】在理赔工作中，一方面要坚持按保险合同办事，另一方面也要具体情况具体分析，根据条款精神实事求是地按照具体情况，恰当运用条款，处理具体问题，做到合情合理，这是保险理赔的（　　）原则。

A. 重合同，守信用

B. 主动、迅速、准确、合理的原则

C. 实事求是

D. 平等互利

9.【单选】由于存在当年已经发生并且属于本年度支付而未支付的未决赔款，保险公司为了正确计算年度的损益，根据这些未决赔款从当年保费中估算提存的准备金是指（　　）。

A. 责任准备金

B. 未到期责任准备金

C. 寿险责任准备金

D. 未决赔款准备金

10.【多选】保险公司的资金营运必须遵循稳健与安全性原则，其资金可以用于（　　）。

A. 买卖债券　　　　B. 股票　　　　C. 向企业投资　　　D. 银行存款

第八章　保险市场

教学目的

1. 熟悉保险市场的构成要素、功能和保险市场的特征。

2. 理解保险市场的运行机制、保险市场的发展变化。

3. 掌握保险市场与一般商品市场的关系。

教学重点

1. 保险市场供求的影响因素及其相互关系。

2. 保险市场的时代特征及其变化规律。

3. 保险市场的三大机制及其发挥作用的范围。

第一节　保险市场概述

一、保险市场的定义

保险市场作为一种具体的市场形式，是指保险商品交换关系的总和或者是保险商品供给与需求关系的总和。它既可以指固定的交易场所（如保险交易所），也可以是所有实现保险商品让渡的交换关系的总和。在市场经济条件下，保险市场的内涵实质上就是市场机制。

保险市场与其他市场的区别在于，其交易对象是保险人为保险消费者提供的各种保险产品及相关服务。

二、保险市场的构成要素

虽然各国的保险市场各具特色，但其共同的构成要素主要包括保险市场的主体和保险市场的客体，此外还包括保险市场的交易价格。

（一）保险市场的主体

保险市场的主体是保险市场交易活动的参与者，主要包括保险市场的供给方、保险市场的需求方、保险市场的中介方和保险市场的监管方。保险市场就是由这些参与者之间形成的各种交换关系和管理与被管理关系的综合。

1. 保险市场的供给方

保险市场的供给方是指在保险市场上提供各类保险商品和服务，承担、分散和转移他人风险的各类保险人。它们以各种保险组织形式出现在保险市场上，常见的组织形式有保险股份有限公司、相互保险公司、保险合作社、相互合作社、专业自保公司等。目前，除英国劳合社外，各国保险人多为经保险监管部门审批获准经营保险业务的法人组织。通常它们必须是经过国家有关部门审查认可并获准专门经营保险业务的法人组织。在保险市场运行过程中，完善的组织结构和供给主体是先决条件，也是保险市场发育成熟程度的主要标志。

2. 保险市场的需求方

保险市场的需求方是指面临特定的风险威胁，期望获得保险保障，并具有一定支付能力和消费理念的经济主体。只有大量需求方的存在，才能使保险的基本原理"大数法则"得以实现，才能满足风险分散的要求，因此，它们是保险市场生存和发展的前提。

保险市场需求方的组成多种多样，既包括保险市场上现实的保险商品购买者，又包括保险市场上潜在的保险商品购买者。

（1）现实的保险商品购买者，是指在一定的时期、一定的价格水平条件下，愿意并且能够购买保险商品的消费者。

（2）潜在的保险商品购买者，是指因为投保意愿不强、保费交纳能力不足等原因，未能将其潜在需求转化为现实需求的保险消费者。在实践中，由于保险合同的投保人、被保险人和受益人可能为同一人，也可能为不同人，所以保险市场的需求方从狭义来说是指投保人，而从广义而言则包括投保人、被保险人和受益人。

3. 保险市场的中介方

保险市场的中介方是指对保险市场的供求者完成交易起媒介、桥梁或辅助作用的机构和个人。保险市场中介方是保险市场有效运行的保证。

保险市场的中介方包括保险人委托代理保险业务的保险代理人、基于投保人利益提供中介服务的保险经纪人，以及以第三者身份接受当事人委托办理有关保险业务的公证、公估、精算等事项的保险公证人、保险公估人和保险精算师等。

4. 保险市场的监管方

保险监管机构是指由国家政府设立的专门对保险市场的各类经营主体、保险经营活动进行监督和管理的机构。国家的保险监管制度主要是通过其所设立的保险监管机关行使监管权力，实施保险监管职能来实现的。由于保险经营具有广泛性、负债性等特点，为保护保险消费者利益，维护保险市场秩序，各国大都设有专门的保险监管机构或部门对保险市场进行监管。

（1）单一制的保险监管机构。所谓单一制的保险监管机构，就是国家成立单一的保险监管机关对全国范围内的保险市场实施统一的监督和管理。从世界各国的实际情况来看，大多数国家采取单一制的保险监管体制，如英国、日本、德国、法国等。

（2）双轨制的保险机构。所谓双轨制的保险监管机构，则是指中央政府和地方政府分别设立保险监管机关，在各自的监管权限范围内分别行使保险监管权力的保险监管体制。美国、加拿大等实行联邦制的国家采用双轨制的保险监管体制。

我国保险监督管理部门是国家金融监督管理总局。保险监管部门监管的主要目的是维护保险市场秩序，保护被保险人和社会公众利益。当然，除国家金融监督管理总局对我国保险市场进行直接监管外，工商管理部门、税务管理部门等政府管理部门也会对保险市场实施监管，但它们不属于保险监管部门，对保险市场的监管重点也与国家金融监督管理总局不同，如工商管理部门的工作重点是对保险机构的资质审查和执行有关法律法规上的审查。

（二）保险市场的客体

保险市场的客体是指保险市场上供求双方具体交易的对象，这个交易对象就是保险商品。保险商品是一种特殊形态的商品。从经济学角度看，保险市场的客体是一种无形的服务商品，具有以下特点。

1. 保险商品是一种无形商品

与一般看得见摸得着的商品不同，保险商品主要表现为"一张纸、一份承诺"，即通过保单承诺在约定的保险事故发生时对保险消费者予以赔付或给付，因而在很大程度上提供的只是一种心理保障。

2. 商品是一种"非渴求商品"

由于许多人在风险事故发生前都存在侥幸心理，认为风险事故不一定发生，对保险商品认可度不高，因此保险商品就成了一种"非渴求商品"。

3. 保险商品具有灾难的联想性

保险商品总是与未来可能发生的不幸相连的，因为通常是在被保险人发生，如疾病、伤残、死亡等不幸事件时，才能得到保险金。对于某些人而言，考虑保险本身就是一段不愉快的体验，因而很多人也不愿意考虑保险。

（三）保险市场的交易价格

保险市场的交易价格即保险费率，它是调节保险市场活动的经济杠杆。保险费率的确定要比一般商品定价困难许多。一般商品价格可以依据已发生的成本费用和合理盈利，结合市场供求状况核定。而在保险经营中，损失赔偿支出是事后发生的，不能在收取保费时事先精确测定。因此，保险费率是一个受制于风险损失概率及需求主体预期效用的变量，其确定难度较高。尽管如此，通过长期的市场实践，各类保险已经形成了应有的合理费率水平。

三、保险市场的类型

（一）按保险业务承保的程序分类

1. 原保险市场

原保险市场也称直接业务市场，是保险人与投保人之间通过订立保险合同而直接建立保险关系的市场。

2. 再保险市场

再保险市场也称分保市场，是原保险人将已经承保的直接业务通过再保险合同转分给再保险人的方式形成保险关系的市场。

（二）按保险业务性质分类

1. 人身保险市场

人身保险市场是专门为社会公民提供各种人身保险商品的市场。

2. 财产保险市场

财产保险市场是从事各种财产保险商品交易的市场。

（三）按保险业务活动的空间分类

1. 国内保险市场

国内保险市场是专门为本国境内提供各种保险商品的市场，按经营区域范围又可分为全国性保险市场和区域性保险市场。

2. 国际保险市场

国际保险市场是国内保险人经营国外保险业务的保险市场。

（四）按保险市场的竞争程度分类

1. 自由竞争型保险市场

自由竞争型保险市场是保险市场上存在数量众多的保险人、保险商品交易完全自由、价值规律和市场供求规律充分发挥作用的保险市场。

2. 垄断型保险市场

垄断型保险市场是由一家或几家保险人独占市场份额的保险市场，包括完全垄断型保险市场和寡头垄断型保险市场。

3. 垄断竞争型保险市场

垄断竞争型保险市场是大小保险公司在自由竞争中并存、少数大公司在保险市场中分别具有某种业务的局部垄断地位的保险市场。

四、保险市场的特征

作为现代市场经济体系的重要组成部分，保险市场与其他商品市场有着许多相似点。然而，由于保险市场交易对象的特殊性，保险市场也表现出其独有的一些特征。

（一）保险市场是直接的风险市场

保险市场交易的对象是保障产品，即对投保人转嫁于保险人的各类风险提供保障，所以本身就直接与风险相关联。对于保险行业来说，"无风险，无保险"，保险企业经营的就是风险，保险商品的交易过程，本质上就是保险人汇聚与分散风险的过程。所以说，保险市场是一个直接的风险市场。

（二）保险市场是非即时结清市场

所谓即时结清市场是指市场交易一旦结束，供需双方立刻就能确切知道交易结果的市场。而保险交易活动，因为风险的不确定性和保险的射幸性使交易双方都不可能确切知道交易结果，所以不能立刻结清。可见，保险单的签发看似保险交易的完成，但最终的交易结果则要看保单约定的保险事故是否发生，所以保险市场是非即时结清市场。

（三）保险市场是特殊的期货交易市场

由于保险合同的射幸性，保险市场所成交的任何一笔交易，都是保险人对未来风险事件所致经济损失进行补偿的承诺。保险人是否履行合同中的赔付承诺，主要取决于保险合同约定时间内是否发生约定的保险事故及这种事故造成的损失是否达到保险合同约定的赔付条件。保险交易这种合同订立和实际交割在时间上相分离的特点，使保险市场成为一种特殊的"灾难期货"市场。

五、保险市场的功能

（一）合理安排风险，维护社会稳定的功能

保险市场通过保险商品交易合理分散风险，提供经济补偿，在维护社会稳定方面发挥着积极的作用。

（二）聚集、调节资金，优化资源配置的功能

保险资金收入和支出之间有一个时间差，保险市场通过保险交易对资金进行再分配，从而充分发挥资金的时间价值，为国民经济的发展提供动力。

（三）实现均衡消费，提高人民生活水平的功能

保险市场为减轻居民消费的后顾之忧提供了便利，使之能够妥善安排生命期间的消费，提升人民生活的整体水平。

（四）促进科技进步，推动社会发展的功能

保险市场运用科学的风险管理技术，为社会的高新技术风险提供保障，由此促进新技术的推广应用，加快科技现代化的发展进程。

六、保险市场的模式

保险市场模式，也称保险市场结构，反映的是竞争程度不同的市场状态。根据保险市场中不同保险人之间的竞争程度，可以把保险市场的模式分为四种：完全竞争型、完全垄断型、垄断竞争型和寡头垄断型。

（一）完全竞争型

完全竞争型保险市场指保险市场上有数量众多的保险公司，任何公司都可以自由进出市场，每个保险公司都能提供同质的保险商品，所有保险公司都是价格接受者。在这种市场模式下，保险资本可以自由流动，市场机制充分发挥作用，国家管理机构对保险企业的管理相对宽松，保险行业公会在市场管理中发挥重要作用。

完全竞争型保险市场是一种理想状态的市场，它能最充分、最适度、最有效

地利用保险资源，能使各种保险资源配置达到最优化。保险业发展较早的西方发达国家多为这一类型。但是，由于完全竞争所要求的条件十分严格，所以现实中真正意义上的完全竞争型保险市场往往并不存在。

（二）完全垄断型

完全垄断型保险市场指保险市场完全由一家保险公司所操纵，其他公司无法进入市场，保险消费者也没有可替代选择，该保险公司可凭借其垄断地位获得超额利润。这家公司的性质既可是国营的，也可是私营的。在完全垄断型保险市场上，价值规律、供求规律和竞争规律受到极大的限制，各种资源配置扭曲，市场效率低下。完全垄断型有以下两种变通形式。

1. 专业型完全垄断型

在一个保险市场上同时存在两家或两家以上的保险公司，它们各自垄断某类保险业务，相互间业务不交叉。

2. 地区型完全垄断型

在一国保险市场上同时存在两家或两家以上的保险公司，它们各自垄断某一地区的保险业务，相互间业务也没有交叉。

（三）垄断竞争型

在垄断竞争型保险市场上，大小保险公司并存，少数大保险公司在市场上取得垄断地位。其市场特点：各公司之间提供有差别的同类产品，公司能够比较自由地进入市场，大公司具有较强的垄断势力，因此，同业竞争在大垄断公司之间、垄断公司与非垄断公司之间、非垄断公司之间激烈展开。

（四）寡头垄断型

寡头垄断型保险市场上只存在少数相互竞争的保险公司。在这种模式下，保险业经营仍然以市场为基础，但保险市场具有较高的垄断程度。保险市场上的竞争主要表现为国内保险垄断企业之间的竞争，其他保险公司难以进入市场，因而往往形成相对封闭的国内保险市场。

七、保险市场的规模

衡量一个国家或地区保险业市场规模的指标包括两类：绝对规模指标和相对规模指标。

（一）绝对规模指标

绝对规模指标主要包括保费收入、保险业总资产等，用于衡量一个国家或者地区保险业发展的总量水平。

（二）相对规模指标

相对规模指标主要包括保险密度和保险深度等，用于衡量一个国家或地区的保险业发展程度。

1. 保险密度

保险密度是指按一个国家或地区的全国人口计算的人均保险费支出，具体反映一个国家或地区的国民参与保险的程度。

2. 保险深度

保险深度是指保费收入占国内生产总值之比，具体反映一个国家或地区的保险业在整个国民经济中的地位。

八、中国保险市场

我国改革开放经过了 40 余年，保险业务也全面恢复了 40 余年。经过长期稳步发展，我国已成为世界第二保险大国。我国的保险产业市场规模不断增长，正在向成熟的市场体系转变。

（一）中国保险市场的形成

1. 外商保险公司垄断时期的中国保险市场

我国现代形式的保险是伴随着帝国主义的入侵而传入的。19 世纪初，西方列强开始了对东方的经济侵略，外商保险公司作为保险资本输出与经济侵略的工具进入中国。

2. 民族保险业开创与发展时期的中国保险市场

外商保险公司对中国保险市场的抢占及西方保险思想的影响，引起一些华商的起而仿效。1824 年广东富商在广州城内开设张宝顺行，兼营保险业务，这是华人经营保险的最早记载；1865 年中国第一家民族保险企业上海华商义和公司保险行创立，打破了外商保险公司独占中国保险市场的局面，中国近代民族保险业正式诞生；1875 年保险招商局成立，中国较大规模的民族保险企业诞生；1886 年，"仁和""济和"两家保险公司合并为"仁济和"水火保险公司，资金达白银 100 万两，雄厚的资金大大加强了其在保险市场上的实力和竞争能力，成为中国近代颇有影响的一家华商保险企业。以 1875 年保险招商局的创办为契机，之后中国民族保险又相继成立了 20 多家水火险公司，并在民族资本主义工商业的大发展中得以迅速发展。

3. 中国新保险市场的初创

中华人民共和国成立后，首先是对旧保险市场进行管理与整顿，紧接着是创立与发展人民保险事业。1949 年 10 月 20 日，中国人民保险公司正式挂牌开业，这标志着中国现代保险事业的创立，开创了中国保险的新纪元。

1979 年，随着改革开放春风到来，全国保险工作会议在北京举行，政府决定恢复保险业务，沉睡了 20 年的中国保险业开始进入复苏及对外开放试点的第二阶段。

2001 年 12 月，中国正式加入世界贸易组织之后，中国保险业就进入了全面发展的第三阶段。

2004 年底，中国保险业结束加入世界贸易组织的过渡期，率先在金融领域实现全面对外开放。

在市场经济下，由保险公司、保险中介机构、再保险公司、保险资产管理公司等市场主体组成的统一开放、竞争有序、充满活力的保险市场体系逐步建立。2014 年，"新国十条"的发布更是标志着我国以"顶层设计"形式明确保险业在社会经济中的地位，明确了中国保险业要努力由保险大国向保险强国转变。

（二）中国保险市场的现状

近年来，中国经济保持稳定增长，社会财富持续积累，人口和家庭结构不断变化，城乡统筹发展、农业实现现代化，中国政府高度重视保险业的发展，保险在财富管理方面的功能不断增强，保险监管体系逐步完善。

1. 保险市场主体不断增加，公平竞争的市场格局已经形成

1988 年以前，中国保险市场上只有中国人民保险公司独家经营。1988 年以来，随着平安保险公司、太平洋保险公司的相继成立，保险市场独家垄断的格局被打破。截至 2018 年 7 月中旬，全国共有保险中介机构 2623 家，其中，保险中介集团公司 5 家、全国性保险代理公司 228 家、区域性保险代理公司 1549 家、保险经纪公司 505 家、保险公估公司 336 家。

保险市场主体的多元化，有力地促进了保险公司经营观念的转变，使之逐步确立了服务意识、竞争意识、效益意识和发展意识。保险市场开始由量的扩张走向质的提高。

2. 保险业务持续发展，市场潜力巨大

目前，从保费收入的规模和增长速度来看，我国保险业务年平均增长速度都远远高于同期 GDP 的年均增长速度。但与发达国家相比，我国还存在着一定差距。

2018 年，我国保险密度为 2724 元/人，较上年增加 92 元；保险深度为 4.22%，比上年低 0.20 个百分点[①]。保险市场发展仍有较大潜力。

3. 保险法规体系逐步完善，保险监管不断创新

1995 年我国第一部保险法颁布。随着国民经济快速发展及法律环境的改变，为了从根本上解决束缚行业发展的一些障碍，我国再次修订《保险法》，于 2009 年 10 月 1 日开始实施。与此同时，我国引入保险公司治理监管制度，形成了偿付能力、公司治理和市场行为监管三支柱的现代保险监管框架，形成了以《保险法》为核心、以行政法规和部门规章为主体、以规范性文件为补充，基本覆盖保险经营和保险监管主要领域的制度体系。

4. 保险市场全面对外开放，国际交流与合作不断加强

保险市场的开放，一方面允许外国公司进来，另一方面意味着国内的公司可以"走出去"。2004 年 12 月 11 日，我国加入世界贸易组织的过渡期结束，我国保险业进入全面对外开放的新时期。外资财产保险公司可以经营除法定保险业务以外的全部非寿险业务，寿险经营领域也将进一步对外开放。加入世界贸易组织以来，保险业对外开放的进程日益加快，对外开放的广度和深度不断扩大。外资保险公司的进入促进了市场竞争，带来了先进的技术和管理经验，在稳健经营和优质服务等方面起到了良好的示范作用，提高了保险业的整体发展水平。

[①] 资料来源：中国人民银行金融消费权益保护局发布的《2018 年中国普惠金融指标分析报告》。

（三）中国保险市场存在的问题

综观我国保险业的发展，客观地说，中国保险市场还处在初级发展阶段，主要表现在以下几个方面。

1. 中国保险市场基本上还处于一种寡头垄断

从中国目前保险市场的情况来分析，中国人民保险公司、中国人寿保险公司、中国平安保险公司、中国太平洋保险公司四大保险公司已经占有中国保险市场份额的96%。其中，国有独资的中国人保、中国人寿则几乎占去保险市场份额的70%。中国人寿占去了人寿保险市场份额的77%，中国人保占去了财产保险市场的78%。而机动车险市场中仅中国人保一家就占82%。也就是说，中国保险市场虽然初步形成了竞争的格局，但依然存在这种以国有独资保险公司高度垄断市场的局面，特别是以少数几家保险公司寡头垄断市场的局面。

2. 中国保险业的发展还处于一个低水平

按照保险业发展的规律，保费收入一般占当年国内生产总值的3%~5%。从目前西方发达国家来看，年保费收入一般都占本国国内生产总值的8%~10%。而我国虽然已是世界第二保险大国，近十年来超过20%的年均增速也使保险业成为中国增长最快的产业之一，但放眼世界，不可否认的是，我国保险业还处在发展的初级阶段，与发达保险市场还存在不小的差距。

3. 中国保险市场结构分布不均衡

从目前中国保险公司机构的分布来看，30家中外保险公司的总部基本上都设置在北京和中国沿海城市。保险公司分支机构虽然在大陆已普遍设立，但多数又集中在人口密集、经济发达的地区和城市，造成了保险市场结构分布不均衡性。这种分布上的不均衡，对中国保险业的长期发展是不利的。

4. 中国保险业的专业经营水平还不高

目前，我国各保险公司已经开发和销售的产品品种并不少，但产品结构雷同，保险责任不足，并且在中国保险从业人员中真正受过系统保险专业教育又有保险专业水平的保险专业人才不到30%，其中既了解国际保险市场又懂得精算和计算机技术的高级人才更是凤毛麟角。这都表明了当前中国保险经营水平还处于初级发展阶段。

5. 保险市场还未形成完整体系

目前，中国保险市场相对来说"两头大、中间小"，即保险主体与保险市场发展很快，而中介组织发展缓慢。

6. 再保险市场发展滞后，保险监管亟待加强

目前，我国比较重视直接保险市场的建设，忽略了对再保险市场的培育，导致国内保险人所承担的风险不能得到妥善处理，分保计划安排不当经常造成损失；同业间信任不足，再保险行为不规范，外币保险业务过度依赖国外再保险市场。与此同时，我国对保险监管没有得到应有的重视，保险监管机关建设和监管力度与保险业的发展一直存在较大的差距，目前还基本上处于被动的监管状态，监管工作的科学性、系统性、前瞻性不够。对于关系到保险行业稳定的偿付能力、资产负债质量、再保险安排等重要方面的监管力度不够。至于在法律法规建设方面，还缺乏严密、完善的成套法律法规。

（四）中国保险市场的发展趋势

根据市场经济发展的一般规律和近 20 年来我国保险业发展的实际状况，预计在未来 10 年之内，我国保险业将出现以下发展趋势。

1. 保险市场体系化

从市场体系架构来看，原保险市场较大，再保险市场很小；市场发展很快，监督和法规发展较慢，保险中介混乱，违规代理严重，权力运作、官方管制使各保险主体在市场中处于不平等地位。自 1995 年《保险法》颁布实施，特别是从 1998 年 11 月中国保监会成立以来的情况来看，建设和完善中国保险市场体系的步伐正在加快，一个体系完整、门类齐全、法规健全的中国保险市场体系正在建立。

2. 经营业务专业化

就专业经营水平而言，我国保险专业经营水平还很低，发达国家在财产保险与人寿保险领域内都有专门的公司，如专营火灾保险的公司、专营健康保险的公司、专营机动车保险的公司、专营农业保险的公司等。随着我国保险体制改革的深化，出口信用保险和农业保险等政策性保险业务将从商业保险公司中分离出来，由国家成立专门的政策性保险公司，与此同时，在未来几年也会成立专营诸如火灾保险或机动车保险业务的专营保险公司。

3. 市场竞争有序化

中国保监会成立后，进一步强调要逐渐规范市场秩序，加大对违规机构和违规行为的打击处罚力度，取得显著成效。我国加强保险监管的工作思路是加强保险机构内控制度建设，强化保险业自我约束机制，深化体制改革，完善保险法规

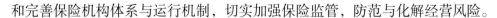

和完善保险机构体系与运行机制，切实加强保险监管，防范与化解经营风险。

4. 保险产品品格化

随着我国经济改革的进一步深化，商业保险会更加深入人心，企业与居民在逐步提高保险意识的同时，对保险的选择意识也不断增强，投保需求呈多样化和专门化趋势。它们从自身利益和需要出发，慎重选择。在这种逐渐成熟的市场里，产品要占领市场只能靠"品牌＋价格＋服务"，这就是品格化。就保险产品的品格化而言，它所包含的不仅是利益保障功能或投资功能、储蓄功能或产品的组合功能，更主要的是它的价格水平与服务水平。而保险产品价格在规定的浮动范围内也将实行市场化。

5. 保险制度创新化

根据我国的具体情况，我国的保险创新内容主要包括产品开发、营销方式、业务管理、组织机构、电子技术、服务内容及用工制度、分配制度、激励机制等方面的创新。上述内容的创新将促进我国民族保险业的发展，使国内保险公司在与国外保险公司的竞争中立于不败之地。

6. 经营管理集约化

在市场竞争日益激烈的背景下，我国各保险公司都已意识到原来只注重扩大规模、抢占市场的弊端，而纷纷寻求走效益型发展道路，向内涵式集约化发展，追求经济效益最大化。一方面，通过加强资金管理、成本管理、人力资源管理、经营风险管理和技术创新实现集约化的经营管理；另一方面，在国内资本市场逐步完善、保险资金运用政策逐步放宽的基础上，将大量的准备金所形成的巨额资金通过直接或间接渠道投资房地产、股票、各种债券，实现投资多元，达到提高经济效益的目的。

7. 行业发展国际化

在经济全球化的大趋势下，我国保险业与国际接轨是必由之路。我国加入世界贸易组织后，在加快保险市场对外开放步伐、接受外资保险公司资本投入的同时，中资保险公司也会到国外设立分支机构，开展业务或者购买外国保险公司的股份，甚至收购一些外国的保险企业。在险种开拓上，积极发展核能、卫星发射、石油开发等高科技险种；在业务经营上，通过再保险分入分出或国内外公司相互代理等形式加强与国际保险（再保险）市场的技术合作和业务合作，积极开展国际保险业务。

8. 从业人员专业化

在国内外同行竞争的背景下，客观上对保险从业人员提出了更高的要求，各商业保险公司将更加重视人才的培养，既要培养适应国内保险业务发展需要的核保师、核赔师、精算师等专业人才，更要培养精通国际保险惯例、参与国际保险市场竞争的外向型的人才。只有这样，才能在竞争中立于不败之地并发展壮大。

第二节　保险市场中介

一、保险中介的定义

保险中介是指介于保险经营机构之间或保险经营机构与投保人之间，专门从事保险业务咨询与销售、风险管理与安排、价值衡量与评估、损失鉴定与理算等中介服务活动，并从中依法获取佣金或手续费的单位或个人。

二、保险中介的作用

保险中介在保险市场上作用的发挥，是由其在专业技术服务、保险信息沟通、风险管理咨询等诸方面的功能所决定的。

（一）专业技术

在保险中介公司中都具有各自独特的专家技术人员，能够弥补保险公司存在的人员与技术不足的问题。

（二）保险合同

保险合同是一种专业性较强的经济合同，非一般社会公众所能理解，在保险合同双方发生争议时，由保险中介人出面，不仅能解决专业术语和条款上的疑难问题，而且容易缓解双方之间的紧张关系。

（三）协商洽谈

由于保险合同双方在保险的全过程中存在着利益矛盾，意见分歧在所难免。由于保险中介公司的介入，能够提供具有公正性和权威性的资证，供保险双方或法院裁决时参考，有利于矛盾的化解和消除。

（四）保险信息沟通功能

在信息不对称的保险市场中，建立保险中介制度，并利用其专业优势，为保险合同双方提供信息服务，是加强保险合同双方的信息沟通、协调保险合同双方的关系、促进保险经济关系良性发展的最佳选择。

（五）风险管理咨询功能

保险中介公司凭借其专业技术和专家网络优势，为社会公众提供风险评估、防灾防损等风险管理咨询服务，这种特殊性的专业技术优势，使保险中介公司在保险市场中处于不可替代的地位。

三、保险中介行为遵循的原则

根据国际和国内保险业的实践，为充分发挥保险中介的作用并有利于保险业的发展，保险中介行为应遵循以下原则。

（一）合法性原则

保险中介在从事保险业务时，要遵循保险的各项法律法规，在法律允许范围内规范保险业务行为。

（二）公平竞争原则

在保险市场中，保险中介在从事各项保险业务时，要遵循保险市场的规律，相互公平竞争,不能因为获取经济利益,相互诋毁,不得采取不正当手段,获取客户。

（三）资格认证原则

保险中介人需要有丰富的专业知识和专业技能，从事保险中介业务，需要持有相应资格证书，以规范保险中介行为，保障客户利益。

（四）独立性原则

保险中介人的主体形式多样，不同的保险中介人代表不同客户的利益，因此保险中介人从事保险业务要独立自主，保证客户的利益不遭受损失。

四、保险中介的类别

保险中介人的主体形式多样，主要包括保险代理人、保险经纪人和保险公估人等。此外，其他一些专业领域的单位或个人也可以从事某些特定的保险中介服务，如保险精算师事务所、事故调查机构和律师等。

（一）保险代理人

1. 保险代理人的定义

《保险法》第一百一十七条规定："保险代理人是根据保险人的委托，向保险人收取佣金，并在保险人授权的范围内代为办理保险业务的机构或者个人。保险代理机构包括专门从事保险代理业务的保险专业代理机构和兼营保险代理业务的保险兼业代理机构。"

2. 保险代理的特征

保险代理是代理行为的一种，保险代理具备民事代理的一般特征，主要包括：

（1）保险代理人以保险人的名义进行代理活动。

（2）保险代理人在保险人授权范围内作独立的意思表示，保险代理产生于保险人的委托授权，属于委托代理。

（3）保险代理人与投保人实施的民事法律行为，具有独立、变更或终止一定的民事权利义务关系的法律意义。

（4）保险代理人与投保人签订的保险合同所产生的权利义务，视为保险人的民事法律行为，法律后果由保险人承担。

3. 保险代理人的分类

根据不同的标准，保险代理人可以分为不同的种类，主要包括以下几种。

（1）按代理对象分类。根据代理对象不同，保险代理人可分为专属代理人和独立代理人。

① 专属代理人只能为一个保险公司代理保险业务。

② 独立代理人则可以独立的身份和名义同时为多个保险人代理保险业务。

（2）按授权范围分类。根据授权范围不同，保险代理人可分为总代理人、地方代理人和特约代理人。

① 总代理人是经保险人授权全面负责某一地区的保险业务的代理人。

② 地方代理人，也称营业代理人，是指既受总代理人委托，又同时可与保险人保持直接联系的代理人，其授权仅限于招揽业务、交付保险单、收取第一次保险费。

③ 特约代理人是受保险人委托处理某项特别事务的代理人，如医生、海损理算师等。

（3）按代理性质分类。根据代理性质不同，《保险法》将保险代理人分为专业代理机构、兼业代理机构和个人代理人。

① 专业代理机构。《保险专业代理机构监管规定》第二条规定："本规定所称保险专业代理机构是根据保险公司的委托，向保险公司收取佣金，在保险公司授权的范围内专门代为办理保险业务的机构，包括保险专业代理公司及其分支机构。"第二十六条规定："保险专业代理机构可以经营下列保险代理业务：（一）代理销售保险产品；（二）代理收取保险费；（三）代理相关保险业务的损失勘查和理赔；（四）中国保监会批准的其他业务。"

② 兼业代理机构。兼业代理机构是指受保险公司委托，在从事自身业务的同时，指定专人为保险公司代办保险业务的单位。它只能代理与本行业直接相关且能为被保险人提供便利的保险业务，其业务范围包括代理销售保险单和代理收取保险费。兼业代理机构具有建立机构简单、易于开展业务、适应性强等特点。

③ 个人代理人。个人代理人是指根据保险公司委托，向保险公司收取代理手续费并在保险公司授权范围内代为办理保险业务的个人，其业务范围与兼业代理人一样。目前，我国的个人保险代理人主要指保险营销员。《保险法》第一百二十五条规定："个人保险代理人在代为办理人寿保险业务时，不得同时接受两个以上保险人的委托。"

4. 保险代理制度的利弊

保险代理制度是通过保险代理人来代理保险公司招揽和经营保险业务的一种制度，其实行有利有弊。

（1）保险代理制度的优点。保险代理制度的优点是提高保险企业的供给能力和服务质量，从而有利于保险企业降低保险成本，提高经济效益。

① 有利于保险企业降低保险成本，提高经济效益。保险代理人是按劳取酬，保险企业只需向代理人支付佣金，节省了直销制下必须支付的员工管理费、宣传费和员工福利等各项费用。

② 有利于提高保险企业的供给能力，促进保险商品销售。保险代理人具有分布广泛、人员众多、能够快速把保险产品推向保险市场、提高保险企业的产品供给能力。

③ 有利于提高保险企业的服务质量，增强其在市场竞争中的实力。保险代理人直面客户，而且工作热情，服务优良，有利于提高保险企业的服务质量和服务水平。

④ 有利于保险企业迅速建立和健全更为有效的保险信息网络，提高保险企业的经营水平。保险代理人是保险市场的一线人员，能够更好地了解客户需求，收集客户信息，帮助保险企业迅速建立和健全更为有效的保险信息网络，提高保险企业经营管理水平。

（2）保险代理制度的缺点。由于保险代理人发展的时间较短及区域间的不平衡，保险代理工作中不可避免地出现了这样或那样的问题，亟待加以解决。这些问题具体表现在以下几个方面：

① 保险代理人制度与法律法规不完善。2009 年 9 月 27 日、28 日中国保监会先后发布了《保险公司管理规定》《保险公司中介业务违法行为处罚办法》《保险专业代理机构监管规定》《保险经纪机构监管规定》等多部法规。这些法规虽然为我国保险代理人制度的完善奠定了法律基础，但与之相配套的实施细则和行政法规还不完善，有关保险代理人管理规定的实施细则、保险代理人的行为准则、佣金和咨询费标准等尚未出台，有待于进一步的完善。同时，还需要尽快出台有关涉外保险代理法规，形成与国际规则接轨的保险代理法律法规体系，为我国保险代理业务的发展和保险代理监管创造良好的法制环境。

② 行业组织管理不严，缺乏制约力。保险公司招聘的代理人与保险公司基本上是出于一种单一的业务代理，也可以是雇佣关系。由于代理人的流动性大，没有将自身利益与公司利益挂钩，两者之间缺乏相应的约束，使保险公司对保险代理人的管理缺乏力度，再加上保险公司对代理人的管理没有形成一套具体的、可行的管理制度和管理办法，佣金制度在发挥激励作用的同时容易诱发各种短期行为，代理人有空可钻，违规开展代理业务时有发生。

③ 代理人的本身素质不高，代理行为不规范。代理人招聘上的存在要求过低，

只是经过短期培训便仓促上岗，表现为部分代理人对保险的各种法规、条款，以及承保、理赔、保险责任等基本常识还未掌握就开展业务，出现不规范的代理行为。具体表现：只注重业务数量，忽视业务质量；自行签订保单，截留保费；保险代理人在展业中对代理的险种宣传不实；部分代理人在未取得代理人资格证的情况下开展代理业务。以上现象导致竞争低级化，甚至产生"劣币驱逐良币"的现象，使真正优秀的保险代理人离开保险业，保险业的行业形象和公众信誉也因此不断下降。

案例 8-1

保险代理人违规挪用保费怎么处理

2020 年，某寿险公司接到客户刘某投诉称：保险代理人张某劝诱他把其他公司的保险退保，后改投现公司的保险，但交保费两个多月后，张某仍未将投保单及保费交到保险公司。保险公司当即联系张某，张某承认挪用保费的事实，但此后便就失去联系。

鉴于张某挪用保费等违规行为，保险公司决定成立调查小组进行调查，后发现代理人张某自入公司以来经办的业务中，挪用、侵占的保费、理赔款项及保单退费等共计 6 笔，涉及金额共 17364 元。经过两个多月的追讨，保险公司最终将挪用、侵占的保费等金额追回。保险公司认为张某挪用保费等违规行为性质恶劣，对公司诚信形象造成极坏影响，决定与他解除代理合同，并报保险行业协会将他列入黑名单。

我国《保险法》第一百二十七条规定了保险代理人的行为及相应的法律责任："保险代理人根据保险人的授权代为办理保险业务的行为，由保险人承担责任。保险代理人没有代理权、超越代理权或者代理权终止后以保险人名义订立合同，使投保人有理由相信其有代理权的，该代理行为有效。保险人可以依法追究越权的保险代理人的责任。"实践中，寿险公司授权或默认代理人在投保中提出要约或续保时收取保费，当代理人违规私自侵吞保险费时，将对公司资金的正常营运和信誉造成极坏影响，依照民事表见代理的原理和《保险法》上述规定，公司对客户应当承担责任。

（二）保险经纪人

1. 保险经纪人的定义

《保险法》第一百一十八条规定："保险经纪人是基于投保人的利益，为投保人与保险人订立保险合同提供中介服务，并依法收取佣金的机构。"《保险经纪机构监管规定》第二条规定："本规定所称保险经纪机构是指基于投保人的利益，为投保人与保险公司订立保险合同提供中介服务，并按约定收取佣金的机构，包括保险经纪公司及其分支机构。"

《保险经纪机构监管规定》第二十九条规定："保险经纪机构可以经营下列保险经纪业务：（一）为投保人拟订投保方案、选择保险公司及办理投保手续；（二）协助被保险人或者受益人进行索赔；（三）再保险经纪业务；（四）为委托人提供防灾、防损或者风险评估、风险管理咨询服务；（五）中国保监会批准的其他业务。"

2. 保险经纪人的特点

（1）保险经纪人是投保人或被保险人利益的代表。保险经纪人受投保人的委托，为投保人提供防灾、防损或风险评估、风险管理咨询服务，安排保险方案，办理投保手续，并在出险后为投保人或受益人代办检验、索赔等事务。

（2）专业化要求高。对于被保险人，由于保险合同是一种附合合同，其条款与费率都是保险公司单方面预先制定的，被保险人只需附合，合同即可成立。这需要从事保险经纪业务的人必须是保险方面的专家，经过一定的专业训练，凭借其专业知识，对保险条款的精通、对理赔手续的熟悉，以及对保险公司信誉、实力、专业化程度的了解，根据客户的具体情况，与保险公司进行诸如条款、费率方面的谈判和磋商，以使客户支付最少的保费获取最大的保障。

（3）承担的风险较大。作为独立的专业机构和投保人的代理人，法律规定因保险经纪人在办理保险业务中的过错，给投保人、被保险人造成损失的，由保险经纪人承担赔偿责任。世界各国一般都强制保险经纪人为其可能产生的这种职业伤害责任交存保证金或（和）购买职业责任保险，以使保险经纪人承担其业务失误产生的民事赔偿责任。

（4）各国对保险经纪人的监管都比较严格。除要求购买职业责任保险外，还要求保险经纪人每年向主管机关进行登记，在有资格的银行开设保险经纪人账户，并且每年须向主管机关提交经过专业审计的账目。

3. 保险经纪人的作用

（1）服务全面。保险经纪人能够为客户提供从风险评估、风险分析、风险防范、风险转移到灾后防损、索赔等全方位、全过程、专家式的服务及出租、担保和项目融资等增值服务，可以大大拓展和深化由保险公司提供的传统服务，大大降低风险管理过程中出现遗漏和错误的可能性，同时避免客户在自己不具备优势的风险管理领域浪费大量的资源。

（2）降低成本。保险经纪人凭借其特殊的市场地位，可以帮助客户在获得合理、充分的保险保障的同时，有效地降低投保成本。保险经纪人由于精通保险技术、熟悉保险市场的运作方式，能够充分考虑投保企业的实际情况，为企业量身定做最适合的保险方案，使客户能够以科学、合理的保险条件获得充分的保险保障。保险经纪人一般与保险市场上的多家保险公司都有通畅的询价渠道，通过市场竞争机制，可以合理降低费率。

（3）降低投保风险。一方面，保险经纪人作为客户的代表，可以利用自身的专业知识，对保险公司的不合理行为及时提出不同的意见，避免保险公司利用其专业技术上的不平等的优势地位损害客户的利益。另一方面，在法律上，保险经纪人代表投保人的利益。如果因保险经纪人的过错在投保、协助索赔等环节上给投保人造成损失，保险经纪人要承担赔偿责任。

案例 8-2

保险经纪人的作用

福建地区某企业，2019 年 10 月台风期间发生保险事故，其一幢常年未使用的旧厂房遭暴风、暴雨致使厂房建筑结构受损。事故发生前，该企业在保险经纪人的安排下，向保险公司投保了财产一切险，故向保险公司提出索赔。保险公司理赔人员在查勘过程中发现，该幢建筑物的屋顶、梁、柱、壁有破损及倾斜的现象，的确存在一定的损失。但通过进一步调查，保险公司的理赔人员发现该幢建筑物在事故发生前，已出现轻微的破损及梁、柱倾斜的情况，该企业在发现上述情况后，也的确采取了临时的加固措施，并准备加以修复。保险公司在得知上述情况后，即提出厂房受损的近因是厂房的"年久失修"，不属责任范围，据此予以拒赔。

在事故发生后，该企业即向保险经纪人提出协助索赔的请求。保险经纪人参与了上述事故的处理，又进行了进一步的调查分析，认为保险公司的拒赔处理并不合理。

保险公司在接到经纪人提出的意见后仍坚持拒赔，该企业遂向法院提起诉讼，法院受理后，由经纪人代表该企业出庭。在法庭上，经纪人依据保险相关法规、保险条款及保险的原理及过往案例据理力争，迫使保险公司最终接受经纪人提出的索赔要求，同意进行调解。最终保险公司按照企业的实际损失进行了赔付。

由于保险事故的定责是一种对专业知识要求较高的工作，一般客户难以掌握。上述案件中，经纪人作为受损企业的保险顾问，利用自身熟练的专业知识，对保险公司的不合理定责处理，能及时提出不同意见，维护了客户的利益，避免了保险公司利用其专业技术上的不平等的优势地位造成客户的损失。

4. 保险经纪人的分类

保险经纪人以保险业务为依据，可以划分为人寿保险经纪人、非人寿保险经纪人和再保险经纪人。

（1）人寿保险经纪人，是指在人寿保险市场上代理保险客户选择保险人，代为办理投保手续，并从保险人处收取佣金的中介。人寿保险经纪人必须熟悉保险市场行情和保险标的详细情况，熟练掌握专项业务知识，还要懂法律，运用法律，并且会计算人身险的各种费率，以便为投保人获得最佳保障。

（2）非人寿保险经纪人，是指主要为保险人介绍财产保险、责任保险和信用保证保险等非人寿保险业务。由于保险产品的复杂性，非人寿保险经纪人必须要掌握相关的专业知识，以便能与投保人进行沟通，为投保人进行风险评估、设计风险管理方案，为投保人选择最佳保险保障等服务。例如，在海上保险中，保险经纪人既要深谙航海风险，又要通晓保险知识，才能为被保险人提供十分专业的服务。

（3）再保险经纪人，是指促成再保险分出公司与接受公司建立再保险关系的中介人。他们把分出公司视为自己的客户，在为分出公司争取较优惠的条件的前提下选择接受公司并收取由后者支付的佣金。再保险经纪人不仅介绍再保险业务、提供保险信息；而且在再保险合同有效期间对再保险合同进行管理，继续为分保公司服务，如合同的续转、修改、终止等问题；并向再保险接受人及时提供账单并进行估算。

再保险经纪人应该熟悉保险市场的情况，对保险的管理技术比较内行，具备相当的技术咨询能力，能为分保公司争取较优惠的条件；并与众多的投保人、保险人和再保险人保持着广泛、经常的联系，以便及时获取有利的信息，为分保公司争取一笔又一笔的再保险交易。

5. 保险经纪人与保险代理人的区别

保险经纪人与保险代理人同属保险中介范畴，均凭借自身的专业知识和优势活跃于保险人与投保人、被保险人之间，成为保险市场的重要组成部分，但是二者也具有明显区别，具体表现在以下几个方面。

（1）代表的利益不同。保险代理人是根据保险人的委托，代表保险人的利益办理保险业务；保险经纪人则是基于投保人的利益从事保险经纪业务，为投保人提供风险管理咨询服务，选择保险公司、保险险别和承保条件等。

（2）提供的服务不同。保险代理人通常是代理销售保险人授权的保险服务品种；保险经纪人则接受投保人的委托，为其与保险公司协商投保条件，向其提供保险服务。

（3）收取费用不同。保险代理人按代理合同的规定向保险人收取佣金；保险经纪人则根据投保人的要求向保险公司进行投保，主要由保险公司在接受业务后向经纪人支付佣金，有时也会由投保人根据保险经纪人提供的服务给予一定的报酬。

（4）法律上承担的责任不同。保险代理人与保险公司是代理被代理关系，被代理保险公司仅对保险代理人在授权范围内的行为后果负责；保险经纪人则是独立的一方经济主体，客户与保险经纪人是委托与受托关系，如果因为保险经纪人的过错造成客户的损失，保险经纪人对客户承担相应的经济赔偿责任。

（5）服务的对象不同。保险经纪人的主要客户主要是收入相对稳定的中高端消费人群及大中型企业和项目，保险代理人的客户主要是个人。

（三）保险公估人

1. 保险公估人的定义

保险公估人是指接受保险当事人委托，专门从事保险标的或者保险事故的评估、勘验、鉴定、估损理算等业务，并据此向委托人收取报酬的人，也称保险公估行或保险公估机构。接受委托对保险标的或保险事故进行评估和鉴定的机构和人员，应当依法、独立、客观、公正地进行评估和鉴定，任何单位和个人不得干涉。

保险公估机构和人员，因故意或者过失给保险人或者被保险人造成损失的，依法承担赔偿责任。

《保险公估机构监管规定》第三十条规定："保险公估机构可以经营下列业务：（一）保险标的承保前和承保后的检验、估价及风险评估；（二）保险标的出险后的查勘、检验、估损理算及出险保险标的的残值处理；（三）风险管理咨询；（四）中国保监会批准的其他业务。"

案例 8-3

保险公估人工作中的注意事项

2019 年 6 月 12 日，河北省保定市某公司（以下简称被保险人）按估价方式，以 600 万元保险金额对库存货物，采用不定值保险合同形式向保定市某保险公司（以下简称保险公司）投保财产保险综合险，保险公司在未检验投保标的的情况下签发了保险单。

2019 年 10 月 20 日深夜，保险标的发生了几近全损的特大火灾事故，被保险人向保险公司提出近 600 万元的巨额索赔要求。河北省公安消防总队对火灾总损失认定为 356 万余元，河北某保险公估公司（以下简称公估公司）对被保险人的保险库存货物损失的公估结论为 282 万余元，损失金额相差悬殊。被保险人遂以投保时有价值 600 万元存货为由，向法院提起保险索赔诉讼。

法院对保险公司单方委托的公估公司的公估结论不予采信。法院在判决书中写道："保险公司委托公估公司虽对实际损失作出鉴定，但该鉴定是其单方委托作出，且存在以下明显缺陷：现场清点不及时、不完整，该工作在火灾发生近一个月后才开始，两个多月后又进行第二次；被保险人不认可其与保险公司参加了全部的查勘；公估报告中对于损毁轮胎的数量、种类等的认定只是根据专家的技术推论，对价格的认定，与被保险人的原始进销货凭证记载及当时的实际情况有相当的差距；作出该公估报告的公估人员之一未在所附资料中出示其公估师资格证书。因此，该鉴定所得出的损失数额不能反映本案的实际损失，据此认定赔偿金额，缺乏充分的依据，本院不予采信。"

河北省高级人民法院终审判决保险公司赔偿被保险人仓库火灾损失 480 万元，及其他费用共计 536 万多元。保险公司不服，就该判决提出申诉，河北省高级人民法院在 2020 年 1 月 14 日，以"公估公司的评估结论存在诸多瑕疵"为由驳回再审申请。

2. 保险公估人的特征

（1）经济性。保险公估人通过储备专业技术人员，接受诸多保险人委托，处理不同类型的保险公估业务，积累保险公估经验，提高保险公估水平，从而可以帮助保险人降低成本，提高经济效益。

（2）专业性。由于面向众多保险当事人处理不同类型的保险理赔、评估业务，因此，保险公估机构必须拥有具有各种专业背景并熟悉保险业务的专业工程技术人员，他们处理保险理赔案件的技术更加熟练，经验更加丰富。

（3）超然性。相对保险当事人而言，保险公估人的地位超然，在理赔过程中既为保险当事人提供理赔技术服务，又可以缓解双方的矛盾。

3. 保险公估人的分类

根据不同的分类标准，保险公估人可以划分为以下不同的类型。

（1）按业务活动顺序分类。根据保险公估人在保险公估业务活动中先后顺序的不同，保险公估人可以分为承保公估人和理赔公估人两类。

① 承保公估人，主要从事保险标的的承保公估，即对保险标的作现时价值评估和承保风险评估。由承保公估人提供的查勘报告是保险人评估保险标的风险、审核其自身承保能力的重要参考。

② 理赔公估人，是在保险合同约定的保险事故发生后，受托处理保险标的的检验、估损及理算的专业公估人，主要包括损失理算师、损失鉴定人和损失评估人。

（2）按业务性质分类。按照业务性质的不同，保险公估人可分为保险型公估人、技术型公估人和综合型公估人三类。

① 保险型公估人，主要解决保险方面的问题，他们精通保险、金融、经济等方面的知识，但对其他专业技术知识相对欠缺，对于技术型问题的解决只能作为辅助。

② 技术型公估人，侧重于解决技术方面的问题，其他有关保险方面的问题涉及较少。

③ 综合型公估人，不仅解决保险方面的问题，同时还解决保险业务中的技术问题。由于知识全面、经验丰富，越来越为社会所需。

4. 保险公估人的作用

（1）保险理赔是保险经营的重要环节。保险公司从经营成本考虑，不可能配备众多的、门类齐全的各类专业技术人员。而保险公估人能协助保险公司解决理赔领域的一些专业性、技术性较强的问题，诸如经济、金融、保险、财会、法律及工程技术等领域方面的问题，从而促进保险在理赔领域良好地进行。

（2）提供公正的损失评估结果。保险公司既是承保人又是理赔人，直接负责对保险标的进行检验和定损，作出的结论往往难以令被保险人信服。而与保险代理人和保险经纪人相比，保险公估人的地位显得更加独立。保险公估人在从事保险公估业务过程中始终本着独立、公正的原则行事，由于地位超然，其损失评估结果能使保险赔付更趋于公平合理，可以有效缓和保险人与被保险人在理赔领域的矛盾。

（3）实现保险经营的专业化分工。在保险业发展初期，对保险标的的检验、定损等工作往往由保险公司自己进行。随着业务的发展，这种保险公司"全程包办"方式的局限性日益凸显，保险公司理赔人员的专业局限性越来越难以适应复杂的情况。保险公司从经营成本考虑，不可能配备众多的、门类齐全的各类专业技术人员。而保险公估人能协助保险公司解决查勘和理赔领域的一些专业性、技术性较强的问题，从而有助于实现保险经营的专业化分工，提高保险市场的运行效率。

5. 保险公估人的职能

（1）评估职能。保险公估人对保险标的进行公估，得出公估结论，并说明得出结论的充分依据和推理过程，体现出其评估职能。评估职能是保险公估人的关键职能。保险公估人执行的评估职能，可使赔案快速、科学地得以处理。

保险公司委托保险公估人参与理赔已成为国际保险市场的发展趋势。由于保险公估人是由各行各业的专家组成，他们不仅具备深厚的专业知识，而且同时具备金融、保险、财务、经济、法律、管理等多方面的知识，对一些大的赔案特别是一些高新技术方面的赔案有很好的把握。保险公估人的理赔公估一般包括现场查勘、损失理算、出具公估报告等程序。理赔公估的职责主要表现在对遭受损失的财产进行检验、鉴定、定责、定损等方面。

（2）公证职能。保险公估人有丰富的保险公估知识和技能，在判断保险公估结论准确与否的问题上最具权威和资格；保险公估人是保险合同当事人之外的第三方，既不代表保险人，又不代表被保险人，完全站在中间、公正的立场上就事论事、科学办事。

公证职能是保险公估人的重要职能，并具有以下特征：第一，这种公证职能虽然不具备对赔案的定论作用，但却有促成结案的督促作用，因为保险双方难以找出与公估结论相左的原因或理由。第二，这种公证职能虽然不具备法律效力，但该结论可以接受法律的考验。这是因为：保险公估人的公估结论确定之后，必须经保险关系当事人双方均接受才能结案。一旦保险关系当事人双方有一方不能接受，则最终决定权在法院。但是，保险公估人可以接受委托方委托出庭作证，甚至可被聘请为诉讼代理人出庭诉讼，本着对委托方特别是对公估报告负责的原则，促成对方接受既定结论。

（3）中介职能。保险公估人作为保险中介人，从事保险经济活动，并参与保险经济利益的分配，为保险双方提供服务，具有鲜明的中介职能。这是因为：第一，保险公估人既可以受托于保险人，又可以受托于被保险人。第二，保险公估人以保险关系当事人之外的第三方身份从事保险公估经营活动，保险公估人从保险合同一方那里获得保险公估委托，是以中间人立场执行保险公估，并收取合理费用。这样，保险公估人以中间人身份，独立地开展保险公估，从而得出公估结论，促成保险关系当事人接受该结论，为保险关系当事人提供中介服务，淋漓尽致地发挥了中介职能。

第三节　保险市场机制

一、保险市场机制的内容

所谓市场机制，是指在市场经济运行中形成的以价格、供求和竞争三位一体的互动关系为基础的经济运行和调节的机理。

保险市场机制就是将市场机制运用于保险经济活动中所形成的价值规律、供求规律和竞争规律之间相互制约、相互作用的关系，具体表现为保险商品价格和供求之间相互影响的关系。保险商品价值规律表现为保险商品价格由价值决定。由于保险市场具有不同于一般市场的自身特征，因此，市场机制在保险市场上也有其特殊体现。

（一）价值规律

价值规律是市场机制中最基本的机制。按照马克思劳动价值论，价格是商品价值的货币表现，价值是凝结在商品中的无差别的人类劳动。价格决定于价值，同时又受市场供求状况的影响，因而价格总是以价值为中心，围绕价值上下波动。

保险商品价值是指生产保险商品所花费的社会必要劳动时间，体现为保险从业人员社会必要劳动时间的凝结。保险商品价格即是保险费率，分为理论价格和市场价格。理论价格是保险商品价值的理论表现，主要由保险商品精算费率、保险企业合理费用率、行业平均利润率、存在道德风险和逆选择条件下的费率加成构成。市场价格是指由于市场机制的作用所形成的价格。

（二）供求规律

供求规律的作用使保险商品市场价格受供求关系的影响，围绕价值上下波动。供小于求，则价格上升；供大于求，则价格下降。但从长期变动趋势看，保险商品总价格应与其价值趋于一致。

（三）竞争规律

竞争规律是市场机制中的另一重要机制。竞争包括供者之间的竞争、求者之间的竞争及供求之间的竞争。在价格机制和供求机制的作用下，竞争的结果必然是优胜劣汰。竞争会引起供求力量的对比发生变化，使商品价格发生变动；竞争会促使保险企业创新产品、改善服务、加强管理；竞争会导致资本流动，引起保险业的整合和重组。合理、有序的竞争能极大地促进保险业的发展。

市场竞争的手段可以分为价格竞争和非价格竞争。在保险市场上，由于保险商品的纯费率决定的特殊性，供求反而成为保险费率形成的一个次要因素。如果忽略这一点采取不顾成本的恶性价格竞争，必然会影响保险人的稳定经营，引发偿付能力甚至破产危机，从而最终损害保险消费者的根本利益。因此，一般商品市场的价格竞争机制，在保险市场上必然受到某种程度的限制，非价格竞争手段在保险市场上有着不容忽视的重要性。

二、保险市场机制运行条件

保险市场机制的有效运行是以满足下列条件为前提的。

（一）市场主体有自己特殊的经济利益，以追求利益最大化为目标

投保人在同等保障条件下追求最低保费，或在同等保费下追求最大保障；保险公司则相反，希望尽可能提高保单价格和盈利水平。不同主体经济利益的差异

是市场机制运行的内在动力。

（二）保险商品价格可自由波动，价格能反映供求关系的对比和变化

保险商品价格可以根据保险市场供求自由调整，保险商品需求增多，保险商品价格上涨，保险商品需求减少，保险商品价格下降；保险商品供给过多，保险商品价格下降，保险商品需求过少，保险商品价格上涨。

（三）保险商品价格的变动可自发调节市场供求

价格上升，会刺激生产者增加供给，消费者减少需求；价格下降，会引起消费者增加购买，抑制生产者的供给。

（四）保险资本流动不受限制

社会资金仅依据利润率的高低决定是否投资保险业，不存在行业进入壁垒和退出限制。

三、保险市场机制作用

由于保险市场具有不同于一般市场的独有特征，市场机制在保险市场上表现出特殊的作用。

（一）价值规律在保险市场上的作用

保险商品是一种特殊商品，这种商品的价值一方面体现为保险人提供的保险保障所对应的等价劳动的价值，另一方面体现为保险从业人员社会必要劳动时间的凝结。保险费率即保险商品的价格，投保人据此所交纳的保险费是为换取保险人的保险保障而付出的代价，无论从个体还是总体的角度，都表现为等价交换。

但是，由于保险费率的主要构成部分是依据过去的、历史的经验测算出来的未来损失发生的概率，所以，价值规律对于保险费率的自发调节只能限于凝结在费率中的附加费率部分的社会必要劳动时间。因而，价值规律对于保险商品的价值形成方面具有一定的局限性，只能通过要求保险企业改进经营技术、提高服务效率来降低附加费率成本。

（二）供求规律在保险市场上的作用

供求规律通过对供需双方力量的调节达到市场均衡，从而决定市场的均衡价格，即供求状况决定商品的价格。因而，就一般商品市场而言，其价格形成直接取决于市场的供求状况。

但在保险市场上，保险商品的价格即保险费率不是完全由市场供求状况决定的，即保险费率并不完全取决于保险市场供求的力量对比，保险市场的费率形成需由专门的精算技术予以确立。因为保险市场上保险费率的形成，一方面取决于风险发生的频率，另一方面取决于保险商品的供求情况。例如，人寿保险的市场费率，是保险人根据预定死亡率、预定利率与预定营业费用率三要素事先确定的，而不可能依据市场供求的情况完全由市场来确定。也就是说，保险人不能就需求情况的变化随意调整市场费率。因此，尽管费率的确定要考虑供求状况，但供求状况本身并不是确定保险费率的主要因素。

（三）竞争规律在保险市场上的作用

价格竞争是任何市场的重要特征。在保险市场上，也曾一度以价格竞争作为最主要甚至是唯一的竞争手段，为了在市场上取得竞争优势，有的甚至将费率降至成本线以下，结果使一些保险人难以维持，纷纷破产倒闭，最终影响了广大被保险人的利益。因此，在保险市场上，由于交易的对象与风险直接相关联，保险商品的费率的形成并不完全取决于供求力量的对比；相反，风险发生的频率即保额损失率等才是决定费率的主要因素，供求仅仅是费率形成的一个次要因素。因此，一般商品市场价格竞争机制在保险市场上必然受到某种程度的限制。

四、保险市场供求

保险市场供给与保险市场需求是推动价值规律、供求规律和竞争规律在保险市场上发挥作用的主要力量。

（一）保险市场供给

1. 保险市场供给的含义

（1）供给：是指生产者在某一特定时期内，在每一价格水平上生产者愿意并且能够提供的一定数量的商品或劳务。

（2）保险市场供给，是指在一定的费率水平上，保险市场上的各家保险企业愿意并且能够提供的保险商品的数量。由于保险产出无法进行精确的定义或衡量，所以保险市场供给可以用保险市场上的承保能力来表示，它是各个保险企业的承保能力的总和。

保险市场供给的内容包括质和量两个方面：

保险市场供给的质有三层含义：一是保险公司所能提供的保险商品的种类，如人寿保险公司的传统人寿保险产品、新型人寿保险产品等。二是具体保险险种质量的高低，如合同条款是否合理、产品是否适销对路等。三是保险公司产品供给的结构。

保险市场供给的量既包括保险企业为某一保险险种提供的经济保障额度，也包括保险企业为全社会所提供的所有保险商品的经济保障总额。

2. 保险市场供给的主要影响因素

保险市场供给是以保险市场需求为前提的。因此，保险市场需求是制约保险市场供给的基本因素。存在保险市场需求的前提下，保险市场供给则受到以下因素的制约。

（1）保险商品的价格。同其他商品一样，保险商品的价格是决定保险供给的主要因素。在其他条件不变的情况下，保险市场供给与保险市场价格呈正相关关系。保险费率的上升，会刺激保险市场供给增加；反之，则可能引起保险市场供给下降。

（2）互补品与替代品的价格。互补品价格与保险市场供给呈正相关关系。互补品价格上升，会引起保险市场需求减少，从而保险费率上升，保险市场供给增加；互补品价格下降，会引起保险市场需求增加，从而保险费率下降，保险市场供给减少。替代品价格与保险市场供给则呈负相关关系。替代品价格下降，会引起保险市场需求减少，从而保险费率上升，进一步导致保险市场供给增加；反之则相反。

（3）保险专业技术水平。保险业是一个专业性、技术性较强的行业，保险市场供给者在经营管理上要有相当的专业水平和技术水平。保险经营中的险种开发、条款设计、费率厘定、准备金提存、再保险、投资和理赔等每一项业务水平的高低，都会影响保险市场供给。

（4）保险市场规范程度。竞争无序的市场会抑制保险市场需求，从而迫使保险市场供给收缩，而竞争有序、行为规范则有助于保险市场信誉提高，从而刺激保险市场需求，扩大保险市场供给。可见，规范有序的保险市场会促使保险市场供给增加，反之则会抑制保险市场供给。

（5）偿付能力。偿付能力是指保险人履行赔偿或给付责任的能力，也是保险机构资金力量与自身所承担的危险赔偿责任的比较。保险人应具有与其业务规模相适应的最低偿付能力，保险机构是经营风险的企业，必须随时准备应付各种灾害事故的发生，这就必须要求拥有足够的资金积累和起码的偿付能力。偿付能力越强，保险市场供给相应可以增多。对偿付能力的监管也是国家对保险市场监督管理的核心内容。

（6）政策因素。政府对保险业发展所实施的监管、税收等宏观政策直接影响着保险市场供给。如当政府对保险业的监管较为严格甚至苛刻时，即使保险费率上升，保险市场供给也难以扩大。特别是由于保险经营的特殊性，各国保险监管机构对于保险企业都有偿付能力方面的监管要求，保险市场供给因而直接受到偿付能力的制约。而当政府对保险市场供给者采取税收优惠等宽松政策时，保险市场供给将会随之增加。

（二）保险市场需求

1. 保险市场需求的含义

（1）需求，是指在既定的价格水平下，消费者愿意并且能够购买的商品数量。

（2）保险需求，是指在一定的费率水平下，保险消费者从保险市场上愿意并且有能力购买的保险商品数量。保险需求主要包括购买动机和购买能力两个要素。由于保险商品的特殊性，受保险利益原则的约束，消费者除了要有投保意愿和交费能力，保险利益的存在成为保险需求的首要前提。保险需求有两种表现形式：一是有形的经济保障，体现在物质方面的需求，即当被保险人发生保险合同约定的保险事故时，能获得经济补偿和给付；二是无形的经济保障，体现在精神方面的需求，即在获得保险保障之后，被保险人由于向保险人转嫁了风险而获得心理上的安全感。

（3）保险市场需求，是一个总括性集合性的概念，是在各种不同的费率水平上，消费者购买保险商品数量表（单）。在特定时间内，在不同的费率水平上，消费者保险需求的集合形成了保险市场需求。保险市场需求不是所有保险需求的简单加总。

保险市场需求的类型：

① 潜在的保险市场需求，是由一些对保险商品或某一具体险种具有一定兴趣

的消费者构成的。

② 有效的保险市场需求，是指既有保险商品的购买兴趣，又有足够的交费能力，并有可能接近保险商品的保险消费者的需求总和。同时，有效的保险市场需求的规模还取决于消费者是否容易接近保险商品或某一具体险种，即是否有通路。

③ 合格的保险市场需求。

④ 已渗透的保险市场需求。

在保险公司的目标保险市场上，那些已经成为本保险公司的投保人或被保险人的需求是该保险公司已渗透的保险市场需求。

2. 保险市场需求的主要影响因素

（1）风险因素。"无风险，无保险"，风险是保险产生与发展的前提条件与客观依据，从而也就成为保险需求的触发条件。风险程度越高、范围越广，以致消费者无法自行承担，保险需求就越强烈。

（2）保险商品的价格。保险商品的价格即保险费率。从总体上讲，费率上升会带来保险需求的减少，费率下降则会引起保险需求的增加，两者一般呈反方向变化。但是，保险费率对保险需求的影响会因具体保险险种的不同而不同。

（3）保险消费者的货币收入。消费者的货币收入直接代表着其购买力的大小。当保险消费者的货币收入增加时，其交费能力更强，保险需求也就随之扩大。不仅如此，货币收入的增加还有可能改变消费者个人及其家庭的消费者结构，从而催生出不同层次的保险需求。

（4）互补品与替代品的价格。两种互补商品中，一种商品价格的下降会引起其需求的增加，从而导致另一种商品的需求随之增加；反之则相反。财产保险的险种是与财产相关的互补商品，例如，汽车保险与汽车为互补商品，当汽车的价格下降时，会引起汽车需求量的增加，从而带动汽车保险需求量的扩大；反之，则会引起汽车保险需求量的减少。而在可以相互替代的两种商品中，一种商品价格的下降，会引起另一种商品的需求随之减少；反之则相反。当企业自保的成本下降时，企业会更倾向于自保，对保险商品的需求就会减少；反之则会增加。另外，一些保险商品特别是人寿保险商品是储蓄的替代商品，当储蓄利率上升时，人寿保险商品品种的需求就会减少，反之则会增加。

（5）文化传统。保险需求在一定意义上受一国民众的风险意识和保险意识的直接影响，而一国民众的风险意识与保险意识又受特定的文化传统所影响和制约。例如，韩国、日本和其他亚洲国家的文化倾向于大量储蓄，政府也对此加以鼓励，推动了某些市场上以储蓄为目的的人寿保险需求。另外，有些穆斯林认为人寿保险与伊斯兰教义相抵触，这种看法抑制了穆斯林人口众多的国家中的人寿保险需求。

（6）政策因素。一国的收入分配、金融、财政及社会保障政策等都会对保险需求产生影响。以税收政策为例，在其他因素不变的情况下，如果税收政策鼓励消费者购买保险，如养老保险产品享受税收递延优惠、保险金免征遗产税等，将会刺激相应的保险需求增长；反之，则会抑制消费者的保险需求。

（三）供求平衡

保险市场供求平衡，是指在一定费率水平下，保险供给恰好等于保险需求的状态，即保险供给与需求达到均衡点。当费率不变时，保险供给等于保险需求。

保险市场供求平衡包括供求的总量平衡与结构平衡两个方面，而且平衡还是相对的。保险供求的总量平衡是指保险供给规模与需求规模的平衡。保险供求的结构平衡是指保险供给的结构与保险需求的结构相匹配，包括保险供给的险种与消费者需求险种的适应性、费率与消费者交费能力的适应性，以及保险产业与国民经济产业结构的适应性等。

保险市场供求平衡，受市场竞争程度的制约。市场竞争程度决定了保险市场费率水平的高低，因此，市场竞争程度不同，保险供求平衡的水平各异。而在不同的费率水平下，保险供给与需求的均衡状态也是不同的。保险市场有自动实现供求平衡的内在机制。

◆ 课后习题

1.【单选】（　　）是保险商品的需求方。

A. 需要降低风险的人

B. 有足够资金交保费的人

C. 保险商品的购买者

D. 保险市场上所有现实的和潜在的保险商品的购买者

2.【单选】（　　）是保险商品交换关系的总和或保险商品供给与需求关系的总和。

A. 保险关系　　　　B. 保险服务　　　　C. 保险市场　　　　D. 保险公司

3.【单选】（　　）是保险监管部门监管的主要目的。

A. 保护保险人和社会公众的利益 　　　 B. 保护被保险人和保险人的利益

C. 保护被保险人和社会公众的利益 　　　 D. 保护投保人的利益

4.【单选】保险市场之所以是特殊的"期货"市场，是因为保险具有（　　）。

A. 射幸性 　　　 B. 单一性 　　　 C. 异质性 　　　 D. 附和性

5.【单选】下列关于保险市场特征的说法，正确的是（　　）。

A. 保险市场是间接的风险市场 　　　 B. 保险市场是直接的风险市场

C. 保险市场是即时清结市场 　　　 D. 保险市场是卖方市场

6.【单选】（　　）是大小保险公司并存，少数大保险公司在市场上取得垄断地位的保险市场模式。

A. 完全竞争模式 　 B. 完全垄断模式 　 C. 垄断竞争模式 　 D. 寡头垄断模式

7.【单选】（　　）是保险市场机制中最基本的机制。

A. 交易机制 　　　 B. 价格机制 　　　 C. 供求机制 　　　 D. 竞争机制

8.【单选】理论上讲，保险市场供给的内容包括（　　）。

A. 保险商品的质和量 　　　 B. 有形保险保障和无形保险保障

C. 直接保险保障和间接保险保障 　　　 D. 保险商品结构和保险商品数量

9.【多选】保险中介行为应遵循的原则主要有（　　）。

A. 公平竞争原则 　 B. 合法性原则 　 C. 资格认证原则 　 D. 独立性原则

10.【多选】下列关于保险代理人与保险经纪人的说法，正确的是（　　）。

A. 前者是保险人的代表，后者是被保险人的代表

B. 前者的佣金由保险人支付，后者的佣金由投保人支付

C. 前者代理销售的产品由保险人自己指定，后者需要在哪家保险公司投保，视实际需要而定

D. 两者都属于保险辅助人

第九章 保险监督管理

教学目的

1. 熟悉保险监管制度的产生背景。

2. 理解保险监管的原则与目标。

3. 掌握保险监管的内容与方式。

教学重点

1. 保险监管的原则与目标。

2. 保险监管的体系与方式。

3. 保险监管的范围与内容。

第一节　保险监管概述

保险监管与保险的产生和发展并非完全同步。在早期，保险活动依照市场自由竞争的原则进行，国家并不干预。随着竞争的激烈化，保险业出现了混乱无序的局面，给被保险人乃至社会带来极大的危害。此时，政府开始考虑对保险业实施监管，以保障公众利益和促进保险业发展。经过 100 多年的实践，现代保险监管制度正式建立并逐步完善。

一、保险监管的定义

保险监管是指一个国家对保险业的监督和管理，以确保保险人的经营安全，同时维护被保险人的合法权利，保障保险市场的正常秩序并促进保险业的健康有序发展。

我国《保险法》第一百三十三条规定：“保险监督管理机构依照本法和国务院规定的职责，遵循依法、公开、公正的原则，对保险业实施监督管理，维护保险市场秩序，保护投保人、被保险人和受益人的合法权益。”

（一）保险监管的内涵

1. 保险监管的主体

保险监管的主体是享有监督和管理权力并实施监督和管理行为的政府部门或机关，也称为监督管理机关。不同国家的保险监督管理机关有不同的形式和名称。目前，我国保险监督管理机关是中国银行保险监督管理委员会。中国银行保险监督管理委员会成立于 2018 年 4 月，是国务院正部级直属事业单位，其主要职责是依照法律法规统一监督管理银行业和保险业，维护银行业和保险业合法、稳健运行，防范和化解金融风险，保护金融消费者合法权益，维护金融稳定。在中国银行保险监督管理委员会成立之前，我国保险监督管理机关是成立于 1998 年 11 月的中国保险监督管理委员会。

2. 保险监管行为的性质

对于保险监管行为的性质，可从两个方面来理解：

一方面，保险监管是以法律和政府行政权力为根据的强制行为。保险监管这种强制性的行为不同于以自愿为基础的保险同业公会对会员公司的监督管理，不同于以产权关系为基础的母公司对子公司的监督管理，也不同于以授权为根据的总公司对分支机构的监督管理。

另一方面，在市场经济体制下，保险监管的性质实质上属于国家干预保险经济的行为。对于保险市场而言，保险监管部门既要体现监督职能，规范保险市场行为，防止"市场失灵"，维护保险市场秩序，保护被保险人及社会公众的利益；又要体现管理职能，根据国务院授权履行行政管理职能，优化保险资源的配置，调控保险业的发展。

3. 保险监管的领域、内容和对象

（1）保险监管领域。保险监管领域仅限于商业保险领域，不涉及社会保险领域。

（2）保险监管的内容。保险监管的内容是保险经营活动，除涉及保险组织的相关内容外，主要指保险业务经营活动，即保险保障的生产和风险转移的生产活动，还包括资金运用等领域。保险监管的具体内容主要有：市场准入监管、公司股权变更监管、公司治理监管、内部控制监管、资产负债监管、资本充足性及偿付能力监管、保险交易行为监管、网络保险监管、再保险监管、金融衍生工具监管等。

（3）保险监管的对象。保险监管的对象是保险产品的供给者和保险中介人。保险产品的供给者是指保险人，具体包括保险公司、保险公司分支机构。保险中介人是辅助保险人和被保险人从事保险业务活动的，如保险代理人、保险经纪人和保险公估人。

4. 保险监管的依据

保险监管的依据是有关的法律、行政法规、规章和规范性文件。在我国，法律主要是指全国人民代表大会及其常务委员会通过的法律，如保险法、公司法、海商法等；行政法规是指国务院制定和发布的条例，如《外资保险公司管理条例》；规章是指监管机构和国务院有关部委制定和发布的部门规章，如原中国银保监会发布的《关于长期医疗保险产品费率调整有关问题的通知》。

（二）保险监管制度

国家的保险监管制度主要是通过其所设立的保险监管机关行使监管权力，实施保险监管职能来实现的。保险监管制度通常包括两大部分：一是国家通过制定有关保险法规，对本国保险业进行宏观指导与管理；二是国家专司保险监管职能的机构依据法律或行政授权对保险业进行管理，以保证保险法规的贯彻执行。

二、保险监管的产生及其原因

（一）保险监管的产生

1. 保险监管的开端

保险监管的历史始于16世纪后半期。随着商品经济和社会生产的发展，保险得到了空前的发展和繁荣，人们纷纷进入该领域进行投机经营。随着竞争的激烈化，保险业出现了混乱无序的局面，给被保险人乃至社会带来极大的危害。面对这种情况，一些国家开始干预保险业，通过保险立法或成立专门机构对保险业实施监管。最早建立保险监管制度的国家是保险业最先发展起来的英国。1575年英国成立了保险商会，政府要求海上保险单必须向保险商会办理登记，这是政府对保险业进行管理的开端。

2. 现代保险监管

现代保险监管制度的一个重要标志是国家授权给专门的保险监管机构，使之专司保险监管之责。这种制度最早产生于美国。在美国国内战争爆发之前，国家对保险业几乎不加约束，结果弊端频出，影响了保险业的发展，如不公平保险条款充斥市场、因责任准备金不足而发生保险公司倒闭等。面对这种情况，政府不得不考虑对保险业实施监管，以保障公众的利益，促进保险业健康发展。1851年新罕布什尔州率先设立保险署，专司监管之责，从而开启了现代保险监管制度的新篇章。

现代保险监管制度的另一进步体现在保险监管法规的不断完善。1870年，英国颁布了《寿险公司法》，1909年英国颁布了《保险公司法》，并在以后的保险监管中不断进行完善。奥地利于1859年、瑞士于1885年、德国于1909年也都先后建立了各自的保险监管制度。至此，保险监管迈入了一个新的时期。

3. 全球保险监管

20世纪末，国际保险监督官协会（IAIS）正式成立，国际保险监管原则与标准开始建立，全球保险监管的规范性和一致性逐步确立。

IAIS是全球性保险监管组织，1994年在瑞士成立，其宗旨是制定保险监管原则与标准，提高成员国监管水平。现有180个国家和地区的保险监管机构是其成员，超过100个代表着行业协会、专家协会、保险和再保险机构、咨询组织和国际金融组织的观察员。成为IAIS成员，享有表决权，是一国保险监管当局融入国际保险界、对国际保险事务发挥影响的重要标志。中国于2000年10月正式成为IAIS成员，享有对重大事务的表决权，并参加了其中6个委员会。

具体而言，IAIS在以下三个方面发挥着重要作用：

第一，制定国际保险监管规则。IAIS通常以成员国表决的方式通过保险监管规则和标准。这些规则具有较高的权威性，被当作国际保险监管文件范本，影响着国际保险业的发展方向。

第二，发布国际保险最新动态。IAIS汇集世界各国保险业信息，掌握各国保险监管情况，能够在第一时间发布国际保险行业动态信息，预测国际保险发展趋势。其各技术委员会收集掌握的情况成为国际保险业各专门领域最新趋势的指南。

第三，提供国际保险界交流平台。IAIS每年在全球组织近60场各种会议，为成员国提供沟通交流的平台。各国保险监管当局和国际保险业界代表可借助这个平台发表看法，密切联系，增进了解。

（二）保险监管产生的原因

无论是经济发达国家还是发展中国家，大多对保险业实施监管。保险监管之所以具有国际普遍性，主要是由保险业的性质及其经营的特点决定的。

1. 保险业的公共性

保险业的公共性质，决定了国家对其监管的必要性，以维护众多家庭和企业的利益，保证社会的稳定。建立在互助观念基础上的保险业，其公共性质主要体现在其经营具有负债性、保障性和广泛性三大特征上。

（1）负债性。负债性是指保险公司通过收取保险费而建立的保险基金，很大一部分作为保险公司未来的准备金。保险准备金是保险公司对其客户的负债，而不是保险公司的资产，在保险合同期满之前不为保险人所有。因为大数法则和收支相抵原则是保险公司稳健经营的基本准则，所以保险业经营不适用一般商业的自由竞争机制，即纯粹用市场的力量优胜劣汰，任凭保险企业自生自灭。

（2）保障性。保障性是指保险的一个重要功能在于损失补偿或保险金给付，并通过这种补偿或给付保证社会生产和人民生活在遭受灾害事故造成损失时，能够及时得到恢复和弥补。如果保险公司经营不善，不能正常履行其补偿或给付职能，将会直接影响社会再生产的正常进行和人民生活的安定。

（3）广泛性。广泛性是指保险业对整个社会有较大的影响和渗透。从范围上看，一家保险公司可能涉及众多家庭和企业的安全问题；从期限上看，一张保险单可能涉及投保人的终生保障。即使只是一家保险公司经营失败，众多的家庭和企业也可能失去保障，进而造成社会震荡。

2. 保险合同的特殊性

与一般商业合同相比，保险合同的特殊性在于其本身所具有的附和性和射幸性。

（1）保险合同附和性与保险监管的关系。附和合同是指在合同订立时，一方受到严格限制，另一方不受任何限制。保险合同之所以具有附和合同的性质，是因为它是保险人一方准备好印就的标准合同条款，被保险人不得不在既定的条件下接受合同。保险人根据本身承保能力和技术特点，确定承保的基本条件，规定双方的权利与义务。投保人只能依据保险人设定的不同险种的标准合同进行选择，一般情况下难以对合同的内容加以变更。这种保险关系是保险合同双方当事人在一种信息不对称、交易力量不相等的基础上建立起来的。在这种情况下，政府从保护被保险人的权益出发，对保险合同的条款、保险费率等内容进行严格审核，以达到公平合理的目的。

（2）保险合同射幸性与保险监管的关系。合同双方当事人因合同所产生的权利和义务具有不等价关系的合同属于射幸合同。保险合同之所以属于射幸合同，是因为保险合同双方当事人因合同而产生的权利与义务之间不具有等价关系，因此，必须通过政府监管，以确保保险合同交易的公平合理。

3. 保险技术的复杂性

保险技术的复杂性主要体现在保险承保的对象涵盖生产资料和劳动者两大社会生产要素；保险承保的范围包括财产、责任、利益及人身死亡、疾病、伤残等各种风险；保险价格的计算以数学和统计学为基础；为调整保险关系而形成的保险法规、保险条款和保险惯例，因其内容涉及专门术语和技术，并非一般投保人所能完全了解等，因而需要保险监管机关对保单条款和费率水平进行审核，以保护投保人的利益。

三、保险监管的原则和目标

（一）保险监管的原则

保险监管适用的原则通常包括依法监管原则、独立监管原则、市场化监管原则、谨慎监管原则、公众利益原则等监管原则。

1. 依法监管原则

随着市场经济的发展，保险作为市场经济中风险管理的基本手段，关系到社会发展的方方面面，它的经营必须在法制的框架下进行。保险监督管理部门也必须依照有关法律或行政法规实施保险监督管理行为，不得超越职权实施监督管理行为。只有依法监管，才能保证保险市场有序运作。

2. 独立监管原则

保险监督管理部门应独立行使保险监督管理的职权，不受其他单位和个人的非法干预。当然，保险监督管理部门实施监督管理行为而产生的责任（如行政赔偿责任）也由保险监督管理部门独立承担。

3. 市场化监管原则

在市场经济体制下，保险监管应该具有市场化监管的意识。监管者要尊重市场规律，保护保险公司的经营自主权，避免对保险公司不必要的行政干预，为保险公司营造一个良好的公平竞争环境，推动市场机制有效运行。

4. 谨慎监管原则

保险业是经营风险的特殊行业。随着社会经济的迅速发展、市场竞争的日趋激烈和保险风险的复杂化，保险监管者需要认真关注保险公司面临的风险。为了维护广大投保人和被保险人的权益，保险监管者必须坚持谨慎监管，加强对保险资金充实性、负债匹配性、准备金以及偿付能力的监管，维护保险市场健康发展。

5. 公众利益原则

保险业是关系公众利益的行业，因此需要保障投保人和被保险人的合法权益，避免保险公司因面对风险而导致公众利益的损失。如果保险公司因经营不善而倒闭，轻则导致保险合同关系人利益受损，重则引发严重的经济和社会问题，甚至危及社会公共利益。因此，政府必须通过监管来维护保险市场的稳定，从而保护社会公众利益。

6. 公平性原则

保险监督管理部门对各监督管理对象要公平对待，必须采用同样的监管标准，创造公平竞争的市场环境。

（二）保险监管的目标

保险监管的目标，是指一个国家或地区建立整个保险监管制度的动机，也即通过保险监管所要实现的目的，它是一切保险监管制度设计、方式采纳与手段选择的出发点。保险监管目标有一般目标与特殊目标之分。

1. 一般目标

保险业作为一般行业，国家对其经济活动监管的目标包括消除不合理的独占，管理自然垄断，确保公平竞争，合理分配天然资源，促使保险企业承担社会成本，促进经济繁荣，保障国民的安全、健康和福利，消除年龄、性别、婚姻状态、种族、宗教问题上不合理的差别对待，保护消费者和投资者的利益，管理与公共利益有关的企业等。

2. 特殊目标

保险业作为特殊行业，保险监管还有着特殊目标。

（1）保护被保险人合法权益。与保险人相比，被保险人一般处于劣势，其合法权益需要通过政府监管予以保护。维护被保险人合法利益是保险监管公认的目标。被保险人在保险活动中处于劣势的原因主要有以下几条：

第一，保险人有信息优势。保险产品专业性很强，被保险人缺乏有关保险专业知识，很难在投保过程中识别出保险公司可能存在的欺骗、误导行为。

第二，保险合同是附和合同。对于保险条款，被保险人一般只能表示同意与否，在条款中可能存在对被保险人不利、不公平的内容。

第三，被保险人的经济实力一般低于保险公司。当被保险人的经济实力远远低于保险公司时，一旦发生保险事故双方产生争议，被保险人在急需经济赔偿补偿损失的同时，仍然要支付律师费、诉讼费，费时费力，从而面临很大的困难。

（2）维护保险市场秩序。保险监管不仅可以维护保险人与被保险人之间的公平，而且可以为保险人之间的竞争提供合理的环境。竞争作为保险企业进步的助推器，能够刺激保险人为被保险人提供优质服务。不合理的恶性竞争，不但提高企业经营成本，形成无效率运作，而且容易导致偿付能力的下降。通过监管可以防止市场独占或过度竞争；减少破产保险企业的数量；保证合理的价格水平，最终促进保险业的健康发展。

利用保险进行欺诈是破坏保险市场秩序的一种表现。各国的保险监管法律法规都会作出有关规定，以维护保险市场的公平秩序。利用保险进行欺诈的手法很多，归纳起来主要有三个方面：

第一，保险人方面的欺诈。保险人方面的欺诈行为包括保险人缺乏必要的偿付能力经营保险业务，超出核定的业务经营范围经营保险业务，不具备保险人资格的人经营保险业务，利用自己拟订保险条款和保险费率的优势欺骗投保人或被保险人。

第二，投保人方面的欺诈。投保人利用保险欺诈，在形式上花样多端，手法各异，主要表现在投保人利用保险谋取不正当利益，如投保人故意制造保险事故、故意夸大保险事故造成的经济损失，以谋取更多的保险赔款等。

案例 9-1

被保险人故意致残　保险公司不承担责任

2019 年 2 月 25 日，方某以妻子卢某为被保险人向保险公司投保了 1 万元终身保险及附加 1 万元意外伤害医疗保险和住院医疗保险，交纳保险费 1295 元。根据免责条款规定，被保险人故意自伤、自残而支出的医疗费，保险公司不承担给付责任。

2020 年 2 月 26 日，方某报案称，被保险人卢某在家中搞卫生擦玻璃，不慎从 6 楼阳台摔下，造成重伤；并以被保险人委托人的身份，向保险公司申请给付被保险人的住院医疗费用 14181 元。

保险公司经调查，发现被保险人送往急救中心抢救时，当时急救病历上记载的事故发生原因是被保险人卢某因与方某吵架，从 6 楼跳下。因此，保险公司以被保险人故意行为导致保险事故发生为由，作出了不予给付保险金的决定。卢某不服，诉至法院。

一审法院经审理认为，方某与保险公司签订的保险合同系双方真实意思表示，合法有效，双方应按合同的约定享受权利和履行义务。现投保人虽按合同的约定交纳了相应的保险费，但是被保险人因与高某发生争吵，跳楼而导致其身体受到伤害，并因此住院而造成一定的经济损失，被保险人卢某跳楼的行为是其主观故意所致，根据附加意外伤害医疗费保险特约条款及住院医疗保险条款的责任免除规定，保险公司不应承担保险责任。故法院驳回了卢某的诉讼请求。

第三，来自社会方面的欺诈。社会方面的欺诈包括保险公司以外的单位或个人，未经主管机关批准非法从事保险经营活动，盗用保险人或其代理人的名义骗取客户；保险公司工作人员内外勾结，编制假案，骗取保险金等。

（3）促进保险业健康发展。促进保险业健康发展是中国保险监管的重要目标。促进保险业的健康发展，主要把握以下几点：

一是要坚持全面协调可持续的发展。保险业基础薄弱、起步晚，必须抓住机遇，树立科学的发展观，坚持全面协调可持续发展，妥善处理好保险改革发展稳定的关系。

二是要坚持市场取向的发展。尊重市场力量在资源配置中的作用，相信并鼓励市场竞争，通过市场经济的方法来发展保险业。

三是要坚持有秩序并充满活力的发展。保险机构的市场行为不能违反有关法规，保险产品和费率要品种丰富、灵活多变、贴近市场，使市场有序、充满活力。

四是要坚持有广度和深度的发展。要努力提高保险对社会经济和人民生活的渗透力和影响力，让保险产品成为人们生活的必需品。

（4）维护保险体系的整体安全与稳定。维护保险体系的整体安全与稳定是维护被保险人合法权益、维护公平竞争的市场秩序的客观要求和自然延伸。其内容主要包括以下两个方面：

一是维护保险体系的整体安全稳定是前两个目标的自然延伸，而不是单一的和唯一的目标。

二是维护保险体系的整体安全稳定，并不排除某些保险机构和保险中介机构因经营失败而自动或被强制退出市场。监管者不应当，也不可能为所有保险机构提供保险。监管者所追求的是整体的稳定，而不是个体的"有生无死"。

四、保险监督管理模式

保险监管模式是对市场行为、偿付能力和信息披露要求都相当严格的一种监管方式。监管部门对费率、条款、保单利率、红利分配等均有明文规定并在投放市场前受到严格和系统的监督。

（一）弱势监管

在这种监管形式下，保险公司在确定费率和保险条件时享受很大的余地，监管者的精力集中在公司的财务状况和偿付能力上，只要公司能够保证这一点，它们的经营一般不会受到太多干预。在欧洲、英国和荷兰长期使用这一模式。

（二）强势监管

这种类型的监管是对市场行为、偿付能力和信息披露要求都相当严格的一种监管方式。监管部门对费率、条款、保单利率和红利分配都有严格规定。美国是这一类型的代表。

（三）折中式监管

这是一种以偿付能力监管为核心、兼顾市场行为及信息监管的模式。目前大多数国家都采用这种模式。

五、保险监管的手段

（一）法律手段

法律手段是国家通过制定和运用经济法规来管理保险业的方法。国家通过保险法规对保险公司的开业资本金、管理人员、经营范围、保险费率、保险条款等根本性问题作出明确规定。

（二）经济手段

经济手段是根据客观经济规律的要求，国家运用税收杠杆等经济政策，正确处理各种经济关系来管理保险业的方法。

（三）行政手段

行政手段是依靠国家和政府及企业行政领导机构自上而下的行政隶属关系，采用指示、命令、规定等形式强制干预保险活动。

（四）计划手段

许多发展中国家还把计划管理作为一种监管手段，而实行市场经济的国家则很少采用这一监管手段。发展中国家选用计划手段监管保险业，一般情况下应为指导性计划。

六、保险监管的意义

（一）保险监管可以禁止不合理的价格歧视

价格歧视是指厂商对相同的产品向不同顾客群体索要不同的价格。保险人有时也会采取价格歧视。保险监管往往禁止不合理的价格歧视，不允许出现价格差异，因为人们不能以损失和成本来解释这种价格差异。理论上讲，极端的价格歧视会导致掠夺性定价。所谓掠夺性定价，是指把价格降到无利的水平以削弱和消灭竞争，在竞争消失之后再提高价格。这种掠夺性定价，会导致保险市场秩序混乱，损害保险人与被保险人利益。

（二）监管能保证保险产品的质量

各国保险监管的首要目标，是保证保险人能够提供品质优良、价格合理的保险产品。一个完全竞争的市场可以保证这一目标的实现。因此，政府的重要职责之一就是通过推动竞争来实现这一目标。

（三）防止保险欺诈

保险欺诈指有人为了获取保险赔偿或给付，故意损害财产或谋害人命。在有些保险市场上，如欧洲和北美市场，大约有5%~15%的非寿险索赔被认为涉及欺诈。这些破坏活动，表现为社会净福利的损失，同时也可以被看作经营保险业的一种成本。

（四）保险监管可以解决信息不对称问题

关于信息不对称问题，会导致保险市场失灵，保险市场失去效率，保险资源不能实现优化配置，一直受到各国保险监管者的重视。

案例 9-2

保险监管为消费者保驾护航

广东银保监局在半年度新闻发布会上通报了消费投诉典型案例，相关负责人指出，保险合同是表述消费者权益范围内容的唯一载体，一切口头介绍行为仅为辅助行为，消费者对合同收益等宣传，可通过要求销售人员提供纸质说明资料或予以写明用作凭证，仅仅口头上的宣传和承诺并不靠谱。

2019年刘某在参加某保险公司产品说明会时，购买了一份分红险。经查，销售人员赵某在介绍保单收益、保单贷款时存在虚假宣传、夸大收益等误导的行为，赵某在介绍保单收益时使用了保本、好过银行等词语，并涉嫌夸大保单收益，同时，赵某在介绍保单贷款时告知"借款利息可以与保险金账户复利利息相冲减，所以贷款相当于只要付1个多点的利息"，实际上借款金额与保险金账户数额相差较大，保险金账户复利利息远低于贷款利息。

上述销售人员介绍保单收益、保单贷款时存在虚假宣传、夸大收益等误导行为，违反了《保险法》的相关规定，广东银保监局依法对该销售人员及相关保险公司进行了处罚。

保险消费者在选择产品及服务时，应根据自身情况，在销售人员介绍主要内容后，还应认真研读相关保险条款。特别是对合同收益等，消费者可通过要求销售人员提供纸质说明资料或予以写明用作凭证，以便日后存在争议时可以用作维权。

七、保险监管的处罚措施

（一）采取非正式的纠正措施

保险监管机构对有问题的保险公司作出的第一反应通常是非正式的。监管机构可以与公司的管理层共同寻找和处理产生问题的原因。在大多数国家，善意兼并或收购是通常的做法。这些行动成功与否取决于保险人是否愿意合作、保险人的财务状况、其他公司的善意程度和监管机构的威信和强制力。

（二）采取正式的纠正或处罚措施

尽管各国采取的正式措施的具体方式和程度有所不同，但一般来讲包括以下明确的书面指令：要求公司在从事某些交易之前必须获得监管机构的允许；限制或停止承保新业务；增加资本；停止从事某些业务。如果保险人未能纠正已经被发现的问题，则会导致更加严厉的措施。

在一些国家，如果保险人未能按照监管机构的要求行事，监管机构通常在大众或官方媒体上公开它对该保险人的建议或指令，从而提醒公众注意保险人的问题和缺陷。还有一些国家规定，在严重情况下，监管机构有权撤换该公司的管理人员和审计人员。更为严厉的措施还有中止或撤销保险人承保某些险种的资格甚至吊销其执照，这一类措施通常要提交法院或其他机构审查决定。

（三）对公司进行整顿

监管机构为了实现对有问题公司的重整，可以取得对该公司的控制权。所谓整顿是指采取措施恢复保险人在市场上的功能。在有些国家，采取整顿措施可能会需要有法院的裁定，有些国家无须事先取得法院的裁定。整顿大多被作为清算前的折中性措施，目的是尽量减少市场波动，防止导致系统性风险。

（四）依法清算

保险监管机构对付本国财务困难的保险人的最后一项措施是进行清算，结束该公司的所有业务。清算人一般由保险监管机构指定，也可以由法院指定。清算人负责清点保险人的资产，准备向保单持有人、债权人分配，如有可能还应当向股东分配。在清算程序中，保单持有人通常享有优先权。某些险种的保单持有人可以享有优于其他保单持有人的权利。

竞争性保险市场中保险人丧失偿付能力的情况是不可避免的，因此，监管机构必须面对如何保护相关保险人利益的问题。多数国家都建立了保险给付或赔偿的担保机制，有些国家还设立了丧失偿付能力保证组织或保证基金。在中国，《保险法》《外资保险公司管理条例》《中国保险监督管理委员会主要职责内设机构和人员编制规定》《保险公司管理规定》《现场检查规程》《现场检查手册》《行政处罚程序规定》等监管规章中对有问题机构的纠正和处罚有明确具体的规定。

案例 9-3

中国银保监会的一份行政监管措施决定书

当事人：××人寿保险股份有限公司

住所：××省××市××区××路××号××投资大厦3楼、4楼、18楼

监管发现，你公司存在以下问题：2019年第二季度末，你公司不动产类资产占上季度末总资产的30.72%，违反了《关于加强和改进保险资金运用比例监管的通知》的有关规定。

　　我会依法向你公司告知了采取行政监管措施的事实、理由、依据及当事人依法享有的权利。在告知书规定时间内，你公司未提出陈述申辩。

　　依据《中华人民共和国保险法》第一百六十四条、《保险资金运用管理办法》第六十八条相关规定，我会决定对你公司采取以下监管措施：

　　一、自接到行政监管措施决定书之日起，你公司不得新增不动产相关投资。

　　二、你公司要积极调整资产结构，持续监测权益类资产和其他金融产品的投资情况，防止超监管比例。

　　三、你公司要加强资产负债管理，提高风险管理能力，改善资产负债匹配状况，及时进行风险预警和制定应对措施，防范资产负债错配风险。

　　你公司应当自收到本行政监管措施决定书之日起十五日内将整改情况报告我会。整改完成并经同意后，方可开展相关投资业务。

　　当事人如不服上述决定，可以在收到本决定书之日起六十日内向中国银保监会申请行政复议，也可以在收到本决定书之日起六个月内向有管辖权的人民法院提出诉讼。复议、诉讼期间上述决定不停止执行。

第二节　保险监管体系及方式

一、保险监管的体系

　　保险监管体系是指控制保险市场参与者市场行为的完整的体系。保险监管体系是一个包括监督者、管理者、被监督管理者及其相互作用的完整的、动态的体系，由保险监管者和被监管者及其行为构成。

　　保险监管体系有广义和狭义之分。狭义保险监管体系指保险监管者通常指政府部门，即保险监管部门；广义保险监管体系指保险监管者包括政府保险监管部门、保险行业自律组织和保险评级机构；被监管者即监管对象，则包括保险人和保险中介。一般而言，政府对保险的监管是保险监管的基础，保险行业自律是保险监管的补充，保险信用评级是保险监管有效的辅助工具。

　　在现实生活中，国家对保险业的管理构成保险监管的基础，保险业的自我管理是保险监管的补充。从这种意义上说，保险监管体系包括保险监管法规、保险监管机构和保险行业自律三大部分。

（一）保险监管法规

保险监管法规又称保险业法，是指调整国家对保险业进行管理过程中所形成的权利和义务关系的一种法律规范。其内容可以分为两个部分：一是对保险监管对象的规定；二是对保险监管机构授权的规定。保险监管法规作为保险法律体系的一个组成部分，一般是以保险单行法规的形式出现。有些国家按保险监管的不同内容分别立法，构成保险监管法律体系，如英国、日本等；有些国家则将保险监管法与保险合同法合并立法，如美国的纽约州、中国等。

1995 年 6 月 30 日，中华人民共和国成立以来的第一部《保险法》在第八届全国人大常委会第 14 次会议上得以通过，并于同年 10 月 1 日开始实施，标志着我国保险监管工作有了真正的法律依据。此后，《保险法》还进行了两次大的修改。

我国其他一些法律也对有关保险的内容进行了规范。比如，《公司法》在公司的设立、公司的组织结构、公司的财务会计及公司的合并、破产、解散和清算等方面，对《保险法》的有关内容进行了规范。

我国《保险法》颁布施行后，监管机构还陆续出台了《保险公司管理规定》等许多部门规章，一方面完善了保险监管法规体系，另一方面规范了监管机构依法合规监管的具体行为。

（二）保险监管机构

保险监管机构是指由国家政府设立的专门对保险市场的各类经营主体、保险经营活动进行监督和管理的机构。

1. 保险监管机构的名称

保险监管机构在不同国家有不同称谓，同一国家的不同时期也有不同的主管机构。英国的保险监管机构是工贸部，美国的保险监管机构是州保险监督局，日本的保险监管机构是大藏省。

2. 国家金融监督管理总局

随着保险业的发展和银行业、证券业、保险业的分业经营，国务院于 1998 年 11 月 18 日批准设立中国保监会，专司保险监管职能。中国保监会的成立，标志着我国保险监管走向了专业化、规范化的新阶段。2018 年 4 月 8 日，中国银保监会成立，是国务院直属正部级事业单位，其职责是依照法律法规统一监督管理银行业和保险业，维护银行业和保险业合法、稳健运行，防范和化解金融风险，保护金融消费者合法权益，维护金融稳定。2023年5月18日，国家金融监督管理总局揭牌，标志着我国新一轮金融监管领域机构改革迈出重要一步。国家金融监督管理总局在中国银保监会基础上组建，负责贯彻落实党中央关于金融工作的方针政策和决策部署，把坚持和加强党中央对金融工作的集中统一领导落实到履行职责过程中。主要职责如下：

（1）依法对除证券业之外的金融业实行统一监督管理，强化机构监管、行为监管、功能监管、穿透式监管、持续监管，维护金融业合法、稳健运行。

（2）对金融业改革开放和监管有效性相关问题开展系统性研究，参与拟订金融业改革发展战略规划。拟订银行业、保险业、金融控股公司等有关法律法规草案，提出制定和修改建议。制定银行业机构、保险业机构、金融控股公司等有关监管制度。

（3）统筹金融消费者权益保护工作。制定金融消费者权益保护发展规划，建立健全金融消费者权益保护制度，研究金融消费者权益保护重大问题，开展金融消费者教育工作，构建金融消费者投诉处理机制和金融消费纠纷多元化解机制。

（4）依法对银行业机构、保险业机构、金融控股公司等实行准入管理，对其公司治理、风险管理、内部控制、资本充足状况、偿付能力、经营行为、信息披露等实施监管。

（5）依法对银行业机构、保险业机构、金融控股公司等实行现场检查与非现场监管，开展风险与合规评估，查处违法违规行为。

（6）统一编制银行业机构、保险业机构、金融控股公司等的监管数据报表，按照国家有关规定予以发布，履行金融业综合统计相关工作职责。

（7）负责银行业机构、保险业机构、金融控股公司等的科技监管，建立科技监管体系，制定科技监管政策，构建监管大数据平台，开展风险监测、分析、评价、预警，充分利用科技手段加强监管、防范风险。

（8）对银行业机构、保险业机构、金融控股公司等实行穿透式监管，制定股权监管制度，依法审查批准股东、实际控制人及股权变更，依法对股东、实际控制人以及一致行动人、最终受益人等开展调查，对违法违规行为采取相关措施或进行处罚。

（9）建立除货币、支付、征信、反洗钱、外汇和证券期货等领域之外的金融稽查体系，建立行政执法与刑事司法衔接机制，依法对违法违规金融活动相关主体进行调查、取证、处理，涉嫌犯罪的，移送司法机关。

（10）建立银行业机构、保险业机构、金融控股公司等的恢复和处置制度，会同相关部门研究提出有关金融机构恢复和处置意见建议并组织实施。

（11）牵头打击非法金融活动，组织建立非法金融活动监测预警体系，组织协调、指导督促有关部门和地方政府依法开展非法金融活动防范和处置工作。对涉及跨部门跨地区和新业态新产品等非法金融活动，研究提出相关工作建议，按要求组织实施。

（12）按照建立以中央金融管理部门地方派出机构为主的地方金融监管体制要求，指导和监督地方金融监管相关业务工作，指导协调地方政府履行相关金融风险处置属地责任。

（13）负责对银行业机构、保险业机构、金融控股公司等与信息技术服务机构等中介机构的信息科技外包等合作行为进行监管，依法对违法违规行为开展调查，并对金融机构采取相关措施。

（14）参加金融业相关国际组织与国际监管规则制定，开展对外交流与国际合作。

（15）完成党中央、国务院交办的其他任务。

（三）保险行业自律

保险行业自律是指保险市场主体为了共同的权益组织起来，通过行业内部协作、调节与监督，实行自我约束、自我管理。从世界范围来看，保险行业自律组织在组织形式和职能上有所不同，但总体上都致力于维护行业秩序和消费者权益，是保险人或保险中介人自己的社团组织，具有非官方性。成立保险行业自律组织的目的在于保障或增进本身的利益，而不是为了被保险人或受益人的利益等，所以行业自律只能是政府监管的一种补充。

1. 保险行业自律组织的形式

在发达国家或地区的保险市场上，保险同业公会比较普遍。同业公会的地位因国而异，大致可以区分为以下两种情况：

一种是充当政府与保险人、被保险人及社会大众之间的桥梁，如香港地区保险市场上的保险公司，按业务性质组成许多行业工会，这些行业工会又组成香港保险联合会、香港保险总会和香港寿险总会三个组织，与政府部门进行沟通。

另一种是保险同业公会不具有某种约束力，保险人参加与否皆取决于资源，同业公会只是提供同业沟通的场所，本身不具有管理职能，英国是这种情况的典型代表。

2. 保险行业自律组织的作用

在市场经济条件下，保险行业自律成为保险监管活动的重要组成部分，其作用主要有以下几方面：

（1）有利于国家对保险业的监督管理。保险行业组织是保险监管主体与监管对象之间的中介，是联系政府与保险公司的桥梁。保险监管部门可以通过行业组织贯彻国家关于保险的法律、法规及政策，行业组织可以通过自律机制有效地解决保险活动中的具体问题，从而对国家在宏观监管活动中运用行政、法律方面的不足之处进行弥补，协助政府加强对保险业的管理。此外，各保险公司、中介机构还可以通过行业组织向政府反映行业共同利益的要求和有关保险行业的发展信息，为国家制定保险宏观政策提供依据。

（2）有利于行业经营和协调内部关系。保险经营的性质决定保险经营必须遵循风险大量和风险分散等原则，通过行业自律，可以实现保险同业的全面协作，从而科学、有效地运用大数法则等数理工具和保险学的基本原理，使保险经营的各项原则得到顺利贯彻。

在行业自律机制的运行中，保险行业组织可提供多种服务。通过服务，可以加强和发展各保险组织之间的联系，使保险行业的整体利益得到维护。在市场经济条件下，保险组织之间在市场竞争中存在经济利益矛盾。行业自律可以约束保险组织的行为，有利于解决彼此之间的矛盾，正确处理共同利益问题，使保险实现有序竞争。此外，在与国际保险市场接轨，参与国际保险业的竞争过程中，通过行业组织，还可以统一民族保险业的发展战略和协调在保险市场上的运作行为，从而维护民族保险业的共同利益。

（3）有利于协调社会关系和提供社会服务。保险行业组织作为行业利益代表，它可以行业的名义与社会各行业、各有关部门发生横向联系，妥善协调、处理彼此之间的关系，从而保证保险业严格依法经营，充分发挥保险的职能作用。此外，保险行业组织作为社团法人，还可以兴办保险咨询服务公司等第三产业，为社会公众服务，从而进一步提高保险的经济效益和社会效益。

3. 中国保险行业协会

中国保险行业协会成立于 2001 年 2 月 23 日，是经监管机构审查同意并在民政部登记注册的中国保险业的全国性自律组织，是自愿结成的非营利性社会团体法人。根据《保险法》第一百八十条的规定："保险公司应当加入保险行业协会。保险代理人、保险经纪人、保险公估机构可以加入保险行业协会。"

中国保险行业协会的最高权力机构是会员大会。理事会是会员大会的执行机构。中国保险行业协会实行专职会长负责制，由专职会长负责协会日常工作，根据工作需要聘任秘书长和副秘书长等工作人员。

中国保险行业协会的宗旨是遵守国家宪法、法律、法规和经济金融方针政策，遵守社会道德风尚，深入贯彻科学发展观，依据《保险法》，配合监管部门督促会员自律，维护行业利益，促进行业发展，为会员提供服务，促进市场公开、公平、公正，全面提高保险业服务社会主义和谐社会的能力。

中国保险行业协会的基本职责是自律、维权、服务、交流、宣传。

二、保险监管的方式

在不同的历史时期，各国对保险业的监管曾经采用过不同的方式，归纳起来，主要包括以下三种方式。

（一）公示方式

公示方式又称公告管理方式，是指政府对保险业的经营不作直接监督，仅规定保险人按照政府规定的格式及内容，将其经营结果定期呈报给监管部门予以公告。公示方式是一种宽松的监管方式。这种方式的特点在于，通过公告的形式由社会来监督保险人的经营，监管机构对保险人的经营不作任何评价，保险人的经营优劣完全由社会公众自己加以分析和判断。英国在1964年以前曾采用这种方式，原因是其保险业自律能力较强。国家对保险业的实体不加以任何直接监管，而仅把保险业的资产负债、营业结果及其他有关事项予以公布。其优点是通过保险业的自由经营，使保险业在自由竞争的环境中得到充分发展；缺点是一般公众对保险企业优劣的评判标准不易准确掌握，对不正当的经营无能为力。

（二）准则方式

准则方式又称规范监管方式或形式监管方式，是指国家对保险业的经营制定具体的准则，要求保险业者共同遵守的一种监管方式。政府对保险经营的重大事项，如最低资本金的要求、资产负债表的审核、资金的运用、违反法律行为的处罚等均作出明确规定。这种管理方式注重保险经营形式上的合法。对于形式上不合法者，主管机关给予处罚，而只要形式上合法，主管机关便不加干预。

（三）实体方式

实体方式又称严格监管方式或许可监管方式，是指国家订有完善的保险监督管理规则，监管机构根据法律法规赋予的权力，对保险市场尤其是保险公司进行全面监督管理的一种方式。实体方式是保险监管方式中最严格的一种，由瑞士于1885 年首创。目前，大多数国家都采用这种监管方式，如日本、德国、美国、奥地利等，我国也采用这种监管方式。

三、保险监管的形式

保险监管的目标是保护被保险人利益，监管机构可以制定科学的监管程序，采用有效的监管手段和方法，对保险机构进行监管。我国《保险公司管理规定》第五十九条规定："中国保监会对保险机构的监督管理，采取现场监管与非现场监管相结合的方式。"

（一）非现场监管

非现场监管是指监管机构通过采集、分析、处理保险公司的经营信息，对保险公司风险状况进行监测、评估，从而采取预警和管制的过程。《保险法》对非现场监管形式有原则性的规定，它同《保险公司管理规定》等规范性文件构成了我国对保险公司的非现场监管体系。

《保险公司管理规定》第六十五条规定："中国保监会有权根据监管需要，要求保险机构进行报告或者提供专项资料。"

《保险公司管理规定》第六十六条规定："保险机构应当按照规定及时向中国保监会报送营业报告、精算报告、财务会计报告、偿付能力报告、合规报告等报告、报表、文件和资料。保险机构向中国保监会提交的各类报告、报表、文件和资料，应当真实、完整、准确。"

《保险公司管理规定》第六十七条规定："保险公司的股东大会、股东会、董事会的重大决议，应当在决议作出后 30 日内向中国保监会报告，中国保监会另有规定的除外。"

上述监管规定明确了中国保监会非现场监管的职权，规范了非现场监管工作流程，设立了非现场监管操作标准，从而建立了我国的非现场监管制度。

> **案例 9-4**
>
> ## 中国银保监会的非现场监管
>
> 2019 年 6 月，中国银保监会组织开展第二次财产保险公司备案产品条款费率非现场检查。经查，××财产保险有限公司部分产品存在以下问题：一是费用补偿型医疗保险未区分被保险人是否拥有社会医疗保险等不同情况；二是险种归属不当；三是条款名称命名不规范；四是投保人、被保险人故意制造保险事故情形下违规退还保费；五是费率调整条件不清晰、不明确。以上事实有该公司报送的条款费率等材料为证。
>
> 依据《保险法》第一百三十六条及《财产保险公司保险条款和保险费率管理办法》第三十条的规定，中国银保监会决定对该公司采取如下监管措施：
>
> 一、自接到行政监管措施决定书之日起，立即停止使用问题产品，并在一个月内完成问题产品的修改工作。
>
> 二、自接到行政监管措施决定书之日起三个月内，禁止该公司备案新的保险条款和保险费率。
>
> 三、该公司应高度重视产品开发管理工作，对公司产品开发管理方面存在的问题进行全面自查整改，自接到行政监管措施决定书之日起三个月内向中国银保监会报送自查整改报告和相关责任人员的处理情况。

（二）现场监管

现场监管的主要手段是现场检查。现场检查是指监管机构到保险机构现场对其经营和风险情况按照一定程序实施全面或重点的检查。现场检查是保险监管的重要形式，与非现场检查密切相关。非现场检查是现场检查的基础，现场检查是非现场检查的重要补充。现场检查有临时检查和定期检查两种，临时检查一般针对专项内容进行检查，定期检查是对保险机构作出综合评价。

《保险公司管理规定》第六十二条规定："中国保监会对保险机构进行现场检查，保险机构应当予以配合，并按中国保监会的要求提供有关文件、材料。"

《保险公司管理规定》第六十三条规定："中国保监会工作人员依法实施现场检查；检查人员不得少于2人，并应当出示有关证件和检查通知书。中国保监会可以在现场检查中，委托会计师事务所等中介服务机构提供相关专业服务；委托上述中介服务机构提供专业服务的，应当签订书面委托协议。"

《保险公司管理规定》第六十一条规定："中国保监会对保险机构的现场检查包括但不限于下列事项：（一）机构设立、变更是否依法经批准或者向中国保监会报告；（二）董事、监事、高级管理人员任职资格是否依法经核准；（三）行政许可的申报材料是否真实；（四）资本金、各项准备金是否真实、充足；（五）公司治理和内控制度建设是否符合中国保监会的规定；（六）偿付能力是否充足；（七）资金运用是否合法；（八）业务经营和财务情况是否合法，报告、报表、文件、资料是否及时、完整、真实；（九）是否按规定对使用的保险条款和保险费率报经审批或者备案；（十）与保险中介的业务往来是否合法；（十一）信息化建设工作是否符合规定；（十二）需要事后报告的其他事项是否按照规定报告；（十三）中国保监会依法检查的其他事项。"

（三）信息公开

国际保险监督官协会于2002年1月颁布了保险公司公开信息披露的指导原则，旨在为保险人的信息披露提供指引，以便市场参与者更好地了解保险人当前的财务状况及未来的发展潜力。但需要强调的是，国际保险监管组织并不提倡、也不认为监管机构有义务去披露他们自己手中掌握的保险公司的信息。

如果能够提供可以用来评估保险人的活动及这些活动内在风险的适当信息，市场力量就会发挥有效的作用，即奖励那些能够有效管理风险的公司，惩罚那些不能够有效管理风险的公司，这就是所谓的市场法则或市场纪律，它是有效监管的重要组成部分。

保险公司公开披露的信息的要求：（1）必须与市场参与者的决策有关；（2）必须具有及时性，以便人们在决策时所依据的信息是最新的；（3）必须是经济和便利的，对市场参与者而言是可取的，而且不必支付过多费用；（4）必须是全面和有价值的，有助于市场参与者了解保险公司的整体状况；（5）必须是可靠的，基于这些信息的决策应当是可信的；（6）必须是可比较的，要在不同保险公司之间及保险公司与其他企业之间有可比性；必须是一致的，要具有连续性，以便可以看出相关的趋势。

第三节 保险监管的内容

保险监管的内容主要是根据保险监管的目标来设立的。从原则上来说，在保险监管上要达到监督保险人履行偿付承诺、实现公平和效率等目标。各国的保险监管机构及监管方式、形式有所差异，但监管内容大多相似，保险监管的内容主要包括三大方面：一是市场行为监管；二是公司治理监管；三是偿付能力监管。

一、市场行为监管

市场行为是指保险公司的行为和保险中介机构的行为，以及保险机构相互之间的市场行为。保险监管机构对市场行为监管的根本任务和目的是保证保险市场的健康发展，为社会提供充分的经济保障。具体任务有维护合法经营，取缔非法经营；合理发展保险机构；完善保险法规；规范保险公司市场行为，保护正当竞争；保证保险公司的稳健经营和发展。市场行为监管是偿付能力监管的有力保证，对偿付能力监管有着重要的影响，也是我国保险监管的重要内容之一。对于市场行为的监管主要内容有以下几条。

（一）经营范围的监管

经营范围监管是指政府通过法律或行政命令，规定保险公司所能经营的业务种类和范围，其内容包括两个方面：一是兼业问题，即保险人可否兼营保险以外的业务，非保险人可否兼营保险或类似保险的业务；二是兼营问题，即同一保险企业可否经营性质不同的数种保险业务。

《保险法》第八条规定："保险业和银行业、证券业、信托业实行分业经营、分业管理，保险公司与银行、证券、信托业务机构分别设立。国家另有规定的除外。"

《保险法》第九十五条规定："保险公司的业务范围：（一）人身保险业务，包括人寿保险、健康保险、意外伤害保险等保险业务；（二）财产保险业务，包括财产损失保险、责任保险、信用保险、保证保险等保险业务；（三）国务院保险监督管理机构批准的与保险有关的其他业务。保险人不得兼营人身保险业务和财产保险业务。但是，经营财产保险业务的保险公司经国务院保险监督管理机构批准，可以经营短期健康保险业务和意外伤害保险业务。"

（二）公司准入的监管

设立一家保险公司需要得到政府主管机关的批准，这是当今世界各国的普遍做法。目前世界各国主要有以下两种批准制度。

1. 登记制

登记制，即申请人只要符合法律规定进入保险市场的基本条件，就可以提出申请，经政府主管机关核准登记后进入市场。

2. 审批制

审批制，即申请人不仅必须符合法律规定的条件，而且还必须经政府主管机关审查批准后才能进入市场。我国对保险市场的准入采用的是审批制。

《保险法》第六十七条规定："设立保险公司应当经国务院保险监督管理机构批准。"

《保险法》第六十八条规定："设立保险公司应当具备下列条件：（一）主要股东具有持续盈利能力，信誉良好，最近三年内无重大违法违规记录，净资产不低于人民币二亿元；（二）有符合本法和《中华人民共和国公司法》规定的章程；（三）有符合本法规定的注册资本；（四）有具备任职专业知识和业务工作经验的董事、监事和高级管理人员；（五）有健全的组织机构和管理制度；（六）有符合要求的营业场所和与经营业务有关的其他设施；（七）法律、行政法规和国务院保险监督管理机构规定的其他条件。"

《保险法》第七十条规定："申请设立保险公司，应当向国务院保险监督管理机构提出书面申请，并提交下列材料：（一）设立申请书，申请书应当载明拟设立的保险公司的名称、注册资本、业务范围等；（二）可行性研究报告；（三）筹建方案；（四）投资人的营业执照或者其他背景资料，经会计师事务所审计的上一年度财务会计报告；（五）投资人认可的筹备组负责人和拟任董事长、经理名单及本人认可证明；（六）国务院保险监督管理机构规定的其他材料。"

（三）组织形式的监管

保险人以何种组织形式进行保险活动经营，各个国家和地区根据本国国情或本地区情况均有特别规定。美国保险人的形式包括股份有限公司和相互公司两种；

日本包括股份有限公司、相互公司和互济合作社三种；英国除股份有限公司和互相保险社外，还允许采用个人保险组织形式（劳合社）；中国保险人的组织形式包括保险公司及法律、行政法规规定的其他保险组织。我国保险组织的形式为国有独资公司、股份有限公司和其他形式。

（四）保险中介人的监管

我国对保险中介人的监管主要依靠《保险法》《保险专业代理机构监管规定》《保险经纪机构监管规定》和《保险公估机构监管规定》等相关的中介监管规定。《保险法》的监管规定主要涉及保险代理人和保险经纪人，而《保险专业代理机构监管规定》《保险经纪机构监管规定》和《保险公估机构监管规定》分别针对不同的保险中介人给出了具体的监管要求。

（五）停业解散的监管

政府对保险业进行管理的目的是为了保证保险公司稳健经营，从而维护被保险人的合法利益。比如，监管机构发现保险公司存在违法违规行为时，可以责令保险公司限期改正，若保险公司在规定期限内未改正，监管机构可以决定对其进行整顿；对于违法违规行为严重的保险公司，监管机构可以对其实行接管；被接管保险公司不能清偿到期债务且资产不足以清偿全部债务或者明显缺乏清偿能力的，以及明显丧失清偿能力可能的，监管机构可以依法申请对该保险公司进行重整或者破产清算。

（六）保险条款和保险费率的监管

保险条款是投保人和保险人对权利和义务的约定，专业性极强。投保人很难对保险合同中的每一条款进行充分了解，一般也很少与保险人协商保险条款的具体内容，客观上要求监管机构对保险条款进行相应的监管。

保险费率是保险产品的价格，受预期损失、预期经营成本、预期投资收益等因素影响。保险费率如果过高，会降低保险公司的竞争力，同时对投保人也不公平；如果过低，会降低保险公司的财务稳定性，甚至影响其偿付能力，最终损害被保险人的利益。因此，厘定合理的费率水平对保险公司和广大消费者而言都是至关重要的。保险费率的监管方式一般可以分为强制费率、规章费率、实现核定费率、事先报批费率、事后报批费率和自由竞争费率等。

《保险法》第一百一十四条规定："保险公司应当按照国务院保险监督管理机构的规定，公平、合理拟订保险条款和保险费率，不得损害投保人、被保险人和受益人的合法权益。"

《保险法》第一百三十五条规定："关系社会公众利益的保险险种、依法实行强制保险的险种和新开发的人寿保险险种等的保险条款和保险费率，应当报国务院保险监督管理机构批准。国务院保险监督管理机构审批时，应当遵循保护社会公众利益和防止不正当竞争的原则。其他保险险种的保险条款和保险费率，应当报保险监督管理机构备案。"

二、公司治理监管

中国保险监管部门高度重视公司治理监管的制度建设，于 2006 年颁布了《关于规范保险公司治理结构的指导意见（试行）》，初步确立了公司治理的制度框架。之后，又先后发布了《保险公司股权管理办法》《保险公司董事会运作指引》《保险公司控股股东管理办法》《保险公司关联交易管理暂行办法》《保险公司内部审计指引（试行）》等多个相关配套的规章或指引文件，基本形成了一整套公司治理的监管制度体系。

在加强制度建设的同时，中国保险监管部门还通过报告制度、窗口指导、董事会秘书谈话制度等，推动相关配套制度的落实，提高保险公司治理的能力和水平。具体来讲，中国保险监管部门主要从优化股权结构、加强董事会建设和推动公司完善内控体系三个方面加强公司治理监管。

（一）优化股权结构

为引导建立适合行业稳健发展和持续增资需求的较为合理的股权结构，中国保险监管部门重点从三个环节进行了规范。

1. 严格股东资格

在公司设立或增资扩股时，一方面对股东特别是控股股东的资质严格依法审查；另一方面保证社会资本的有序进入，重点引入大型国有和优质民营企业，壮大保险行业资本实力。

2. 规范股权流转

2010 年发布的《保险公司股权管理办法》第二十四条至第二十六条规定："股

东质押其持有的保险公司股权，应当签订股权质押合同，且不得损害其他股东和保险公司的利益。保险公司应当加强对股权质押和解质押的管理，在股东名册上记载质押相关信息，并及时协助股东向有关机构办理出质登记。保险公司股权质权人受让保险公司股权，应当符合本办法规定的资格条件，并依照本办法的规定报中国保监会批准或者备案。"

3. 强化股东股权监管

股权是公司治理的基础，也是保险监管的重点和难点。按照股东持股比例大小和对公司影响力强弱，将保险公司股东分为一般股东、主要股东和控股股东，适用不同的监管标准。

（1）一般股东的管理。对持股比例在 5% 以下的一般股东，采取简单的备案制管理，鼓励社会资本向保险业流动。

（2）主要股东的管理。对持股比例在 15% 以上的主要股东实施严格监管，鼓励大型国有企业和优质民营企业投资保险业，壮大保险业的资本实力。

（3）控股股东的管理。对掌握公司控制权的控股股东强化监管。2012 年中国保监会出台了《保险公司控股股东管理办法》，既强化了控股股东对公司的责任和经营管理行为的合理监督，又注重规范控股股东的控股行为，防止其损害保险公司利益。

《保险公司控股股东管理办法》以保险公司控股股东与保险公司之间的管控和业务联系为基础，在控制行为、交易行为、资本协助、信息披露和保密、监管配合五个方面作出了规定，主要内容如下：

一是保险公司控股股东应当善意行使对保险公司的控制权，审慎行使对保险公司董事、监事的提名权。

二是保险公司控股股东应当确保与保险公司进行交易的透明性和公允性，不得利用关联交易、利润分配、资产重组、对外投资等任何方式损害保险公司的合法权益。

三是保险公司控股股东应当恪守对保险公司作出的资本协助承诺，对于偿付能力不足的保险公司，应当积极协调保险公司其他股东或者采取其他有效措施，促使保险公司资本金达到保险监管的要求。

四是保险公司控股股东应当建立信息披露管理制度，恪守对保险公司的保密义务。

五是保险公司控股股东应当督促保险公司依法合规经营，积极配合中国保监会对保险公司进行风险处置。

（二）加强董事会建设

董事会是公司治理的核心，加强董事会建设是国内外完善公司治理的普遍做法。保险经营专业性和审慎性的特点决定了保险公司董事会建设的重要性。2008年中国保监会发布的《保险公司董事会运作指引》从明确董事会职责、强化董事责任、建立独立董事制度、设立专业委员会四个方面，将加强董事会建设作为规范保险公司治理结构的重要内容，对董事会职权明确和组织完善进行了重点规范。

在具体的监管实践工作中，保险公司主要完成以下几项工作。

1. 完善董事会组织建设

建立了独立董事制度，保证了董事会足够的专业性和独立性，提升董事会决策和监管水平。

2. 强化董事会职能

规定董事会对公司内控、合规和风险管理负最终责任，并要审议公司治理等一系列重大报告，促使董事会真正关心、了解公司运作和督促管理层改进工作。从加强风险防范的角度出发，明确要求保险公司董事会对内控、风险和合规性承担最终责任。

3. 规范董事会运作

从会议召集、提案与通知、会议召开、表决和决议等各个方面，规范董事会会议的整个流程，保障董事会科学决策。

（三）推动公司完善内控体系

内控机制既是公司治理的重要组成部分，也是公司治理真正发挥作用的重要保障。具体而言，包括以下几个方面。

1. 健全公司内部控制体系

《保险公司内部控制基本准则》第五条规定："保险公司内部控制体系包括以下三个组成部分：（一）内部控制基础。包括公司治理、组织架构、人力资源、信息系统和企业文化等。（二）内部控制程序。包括识别评估风险、设计实施控制措施等。（三）内部控制保证。包括信息沟通、内控管理、内部审计应急机制和风险问责等。"

《保险公司内部控制基本准则》还借鉴国际经验，基于前期公司和监管部门的实践，提出 3 个层次的内控活动框架，即前台控制、后台控制和基础控制。

（1）前台控制，是对直接面对市场和客户的营销及交易行为的控制活动；

（2）后台控制，是对业务处理和后援支持等运营行为的控制活动；

（3）基础控制，是对为公司经营运作提供决策支持和资源保障等管理行为的控制活动。

保险公司要建立和发布风险管理指引、合规管理指引等配套制度，明确公司的不同风险控制职能，建立较为科学的工作机制和清晰的报告路线。

2. 推动公司内部审计体制改革

《保险公司内部审计指引（试行）》要求保险公司健全内部审计体系，认真开展内部审计工作，及时发现问题，有效防范经营风险，鼓励公司实行内部审计集中化或垂直化管理，促进公司监督机制的改革。

《保险公司内部控制基本准则》第四十五条规定："内部审计的职责。保险公司内部审计部门对内部控制履行事后检查监督职能。内部审计部门应当定期对公司内部控制的健全性、合理性和有效性进行审计，审计范围应覆盖公司所有主要风险点。审计结果应按照规定的时间和路线进行报告，并向同级内控管理职能部门反馈，确保内控缺陷及时彻底整改。保险公司内部审计部门应当与内控管理职能部门分离。"

3. 建立关联交易管理制度

随着保险资金运用改革不断深入、投资渠道持续拓宽，保险公司的关联交易呈现增长趋势，部分中小保险公司关联交易占比偏高、交易对手比较集中、另类投资领域的关联交易增幅明显。部分保险公司的关联交易管理制度不健全、落实不严格，保险公司关联交易的潜在风险值得关注。

2015 年 4 月 1 日，中国保监会印发了《关于进一步规范保险公司关联交易有关问题的通知》，着眼于解决当前保险公司关联交易呈现出的阶段性重点问题，通过比例控制、程序优化、信息披露和问责机制等综合手段，实现对保险公司关联交易重大风险的有效控制。该通知针对保险公司总资产、重点大类资产投资总额、对单一关联方投资余额等维度，设定了必要的比例上限。同时，加强保险公司关联交易的内部审查，强化非关联董事和独立董事作用，进一步明确信息披露要求，增强关联交易的透明度和外部监督。

三、偿付能力监管

（一）偿付能力监管的含义

1. 保险公司偿付能力监管

偿付能力监管是指协调保险市场各方利益，使市场参与各方在市场经济下获得最大利益，提高社会总体福利，实现监管保护公众利益这一最终目标的有效监管手段，偿付能力监管已经成为各国保险监管的核心。在中国，保险公司的偿付能力监管由监管机构负责实施，检查保险公司偿付能力，并判断保险人的财务状况能否保证其履行财务责任，并在长期中维持经营。

2. 偿付能力

偿付能力是指保险人履行赔偿或给付责任的能力，保险人应具有与其业务规模相适应的最低偿付能力。偿付能力可以分为最低偿付能力和实际偿付能力。

（1）保险公司的实际偿付能力，也称有效偿付能力，是指公司的实际资产减去实际负债的部分，而实际资产和实际负债均要按照监管准则进行评估和核准。

（2）最低偿付能力，是指法律规定的保障一定偿付能力所要求的最低数额，是监管部门从监管的角度用来判定保险公司偿付能力状况的重要指标。

保险公司的实际偿付能力应当保持在最低偿付能力以上，否则就会被要求采取相应的措施来提高其偿付能力。

（3）偿付能力监管的内容：

① 偿付能力的计算方法，包括保险公司资产和负债的谨慎性评估、风险资本评估标准和法定最低偿付能力标准等；运用这些评估结果和标准对负债、资产的质量、流动性和价值、资产和负债的匹配进行评估。

② 偿付能力真实性的检查方法，包括财务报告、精算报告制度、偿付能力报告、监管部门的现场检查及非现场检查制度。

③ 偿付能力不足时的处理方法，指监管部门根据保险公司的偿付能力水平而采取的整顿、接管、清算等监管措施。

（二）中国的偿付能力监管

中国的偿付能力监管始于世纪之交，目前已经经历了三个阶段：偿付能力额

度监管、第一代偿付能力监管和正在实施的第二代偿付能力监管。

1. 偿付能力额度监管

2003 年 3 月，在总结 2001 年颁布的《保险公司最低偿付能力及监管指标管理规定（试行）》试行两年的实践基础上，结合国情与保险业的发展，中国保监会颁布了更加科学的《保险公司偿付能力额度及监管指标管理规定》。

《保险公司偿付能力额度及监管指标管理规定》包括总则、偿付能力额度、财产保险公司监管指标、人寿保险公司监管指标、偿付能力额度和监管指标的管理五章，规定了保险偿付能力额度，制定了财产保险公司和人身保险公司的分项监管指标及正常变动的参考范围，强调了监管指标体系对偿付能力状况的预警功能。

2. 第一代偿付能力监管

2008 年，中国保监会颁布了《保险公司偿付能力管理规定》，同时废止了《保险公司偿付能力额度及监管指标管理规定》。新的偿付能力规定中使用了资本充足率水平来衡量保险公司的偿付能力，提出将潜在的风险和对未来的预测作为考量偿付能力的重要因素。

《保险公司偿付能力管理规定》着重建立以风险为基础的动态偿付能力监管机制，建立分类监管机制，并首次引入资本充足率概念，确立了由年度报告、季度报告和临时报告组成的偿付能力报告体系，并要求保险公司进行动态偿付能力测试，对不同情形下的偿付能力趋势进行预测和评价，从而使监管部门可及时监测保险公司偿付能力的变化情况，采取监管措施。

《保险公司偿付能力管理规定》体现出了五个新特点：

第一，着重于建立以风险为基础的动态偿付能力监管机制，树立分类监管机制和国外保险公司在华分支机构并表监管机制。

第二，用"最低资本"和"实际资本"分别替代以往规定中的"最低偿付能力额度"和"实际偿付能力额度"，并重新定义资本充足率为保险公司的实际资本与最低资本的比率。

第三，取消财产保险公司和人寿保险公司的监管指标，不再设置分类监管指标，而是对可能出现偿付危机的保险公司进行预警。这主要还是由于分类监管的指标范围的选定有一定主观性，而我国保险业的发展较快、变化较大，各公司之间的差异也较大，很难确定一个长期普适的指标体系。

第四，不再规范最低资本和实际资本的具体计算规则，只是对最低资本、实际资本的定义和确定依据做了原则规定，具体评估方法由偿付能力报告编报规则进行规范。

第五，对偿付能力充足率低于100%的公司规定了统一的监管措施，而不再将偿付能力不足的公司按30%和70%两个临界点分为三类，分别规定不同的监管措施。

第一代偿付能力监管体系（以下简称偿一代）建立了以监管流程为主线的监管框架，主要由公司内部风险管理、偿付能力报告、财务分析和财务检查、适时监管干预、破产救济五部分内容组成，并在实践中形成了行之有效的监管机制。

3. 第二代偿付能力监管

中国以风险为导向的第二代偿付能力监管体系（以下简称偿二代）于2012年启动，2013年立项，2014年建立全部标准，并进行多轮压力测试，2015年进入试运行过渡期。偿二代旨在以一套以风险为导向的监管体系取代以规模为导向的偿一代监管规则，是中国保险行业的一次重大变革。

（1）偿二代的总体目标：

① 科学全面地计量保险公司面临的风险，使资本要求与风险更相关；

② 守住风险底线，确定合理的资本要求，提高我国保险业的竞争力；

③ 建立有效的激励机制，促进保险公司提高风险管理水平，促进保险行业科学发展；

④ 积极探索适合新兴市场经济体的偿付能力监管模式，为国际偿付能力监管体系建设提供中国经验。

（2）偿二代的整体框架：

偿二代的整体框架由制度特征、监管要素和监管基础三大部分构成。偿二代采用了目前国际上金融审慎监管普遍采用的"三支柱模型"，即分别从定量资本要求、定性监管要求和市场约束机制三个方面对金融机构的风险和资本进行监督和管理。

① 第一支柱——定量资本要求。第一支柱主要防范能够量化的风险，通过科学地识别和量化各类风险，要求保险公司具备与其风险相适应的资本。

A. 量化的风险特征：

在第一支柱中，能够量化的风险应具备三个特征：

第一，这些风险应当是保险公司经营中长期稳定存在的。

第二，通过现有的技术手段，可以定量识别这些风险的大小。

第三，这些风险的计量方法和结果是可靠的。

B. 定量资本的内容：

第一，量化资本要求，具体包括保险风险资本要求；市场风险资本要求；信用风险资本要求；宏观审慎监管资本要求，即对顺周期风险、系统重要性机构风险等提出的资本要求；调控性资本要求，即根据行业发展、市场调控和特定保险公司风险管理水平的需要，对部分业务、部分公司提出一定期限的资本调整要求。

第二，实际资本评估标准，即保险公司资产和负债的评估标准和认可标准。

第三，资本分级，即对保险公司的实际资本进行分级，明确各类资本的标准和特点。

第四，动态偿付能力测试，即保险公司在基本情景和各种不利情景下，对未来一段时间内的偿付能力状况进行预测和评价。

第五，监管措施，即监管机构对不满足定量资本要求的保险公司，区分不同情形，可采取的监管干预措施。

② 第二支柱——定性监管要求。第二支柱是在第一支柱的基础上，进一步防范难以量化的风险，如操作风险、战略风险、声誉风险、流动性风险等。

保险公司面临许多非常重要的风险，但这些风险无法量化或难以量化。特别是，我国保险市场是一个新兴市场，采用定量监管手段来计量这些风险存在较大困难，因此，需要更多地使用第二支柱的定性监管手段来评估和防范。例如，操作风险难以量化，我国也没有积累这方面的历史数据，现阶段难以通过定量监管手段进行评估。因此，对于不易量化的操作风险、战略风险、声誉风险等将通过第二支柱进行定性监管。

第二支柱共包括四部分内容：

第一，风险综合评级，即监管部门综合第一支柱对能够量化的风险的定量评价，和第二支柱对难以量化风险（包括操作风险、战略风险、声誉风险和流动性风险）的定性评价，对保险公司总体的偿付能力风险水平进行全面评价。

第二，保险公司风险管理要求与评估，即监管部门对保险公司的风险管理提出具体监管要求，如治理结构、内部控制、管理架构和流程等，并对保险公司风险管理能力和风险状况进行评估。

第三，监管检查和分析，即对保险公司偿付能力状况进行现场检查和非现场分析。

第四是监管措施，即监管机构对不满足定性监管要求的保险公司，区分不同情形，可采取的监管干预措施。

③ 第三支柱——市场约束机制。第三支柱是引导、促进和发挥市场相关利益人的力量，通过对外信息披露等手段，借助市场的约束力，加强对保险公司偿付能力的监管，进一步防范风险。其中，市场力量主要包括社会公众、消费者、评级机构和证券市场的行业分析师等。

A. 第三支柱主要内容：

第一，通过对外信息披露手段，充分利用除监管部门之外的市场力量，对保险公司进行约束。

第二，监管部门通过多种手段，完善市场约束机制，优化市场环境，促进市场力量更好地发挥对保险公司风险管理和价值评估的约束作用。

B. 市场约束机制：

市场约束机制是新兴保险市场发展的客观要求，是我国偿付能力监管体系的重要组成部分。

第一，市场力量是对保险公司进行监管的有效手段和重要组成部分，可以有效约束保险公司的经营管理行为，应当充分利用。

第二，我国现阶段监管资源有限，更应该充分调动和发挥市场力量的约束作用，成为监管机构的有力补充。

第三，现阶段，我国市场约束力量对保险公司的监督作用没有充分发挥，急需监管机构进一步完善市场约束机制，优化市场环境。

（三）违反偿付能力管理的处罚措施

我国《保险法》第一百三十八条规定：对偿付能力不足的保险公司，国务院保险监督管理机构应当将其列为重点监管对象，并可以根据具体情况采取下列措施：

（1）责令增加资本金、办理再保险；

（2）限制业务范围；

（3）限制向股东分红；

（4）限制固定资产购置或者经营费用规模；

（5）限制资金运用的形式、比例；

（6）限制增设分支机构；

（7）责令拍卖不良资产、转让保险业务；

（8）限制董事、监事、高级管理人员的薪酬水平；

（9）限制商业性广告；

（10）责令停止接受新业务。

◆ **课后习题**

1.【单选】保险监管部门监管的主要目的是（　　）。

A. 保护保险人和社会公众的利益　　　　B. 保护被保险人和保险人的利益

C. 保护被保险人和社会公众的利益　　　D. 保护投保人的利益

2.【多选】保险业作为金融业和宏观经济的重要组成部分，对保险业进行监管具有积极作用，具体而言，这些好处包括（　　）。

A. 保证金融市场的稳定　　　　　　　B. 促进保险业健康发展

C. 提高保险公司的竞争能力和盈利水平

D. 保护保险消费者利益

3.【单选】保险监管部门对保险市场中保险费率、条款、保单利率和红利分配都有严格规定。这种保险监管模式属于（　　）。

A. 弱势监管　　　B. 强势监管　　　C. 折中式监管　　　D. 半强式监管

4.【单选】管理方式注重保险经营形式上的合法。对于形式上不合法者，主管机关给予处罚，只要形式上合法，主管机关便不加干预。这种保险监管的方式是（　　）。

A. 公告管理方式　　　　　　　　　B. 合法管理方式

C. 规范管理方式　　　　　　　　　D. 实体管理方式

5.【单选】（　　）是指保险监督管理机构及其分支机构派出监督管理小组到各保险机构进行的实地调查。

A. 定期检查　　　B. 现场检查　　　C. 事前检查　　　D. 临时检查

6.【多选】国家对保险进行监管的主要手段有（　　）。

A. 法律手段　　　B. 经济手段　　　C. 行政手段　　　D. 计划手段

7.【多选】保险监管体系是指控制保险市场参与者市场行为的完整的体系，其中，广义的监管者通常包括（　　）。

A. 保险公司　　　　　　　　　　　B. 保险行业自律组织

C. 国家保险监管部门　　　　　　　D. 保险评级机构

8.【单选】保险行业自律组织性质上属于（　　）。

A. 经济实体
B. 行政性组织

C. 非官方性的社团组织
D. 官方组织

9.【单选】保险监管工作的核心是（　　）。

A. 财务核算的监管
B. 业务监管

C. 偿付能力监管
D. 对保险资金运用的监管

10.【多选】关于中国银行保险监督管理委员会的监管职责的表述中，正确的是（　　）。

A. 拟定保险业发展的方针政策，制定行业发展战略和规划

B. 审批保险公司及其分支机构、保险集团公司、保险控股公司的设立

C. 审查、认定各类保险机构高级管理人员的任职资格

D. 依法监管保险公司的偿付能力和市场行为

答案与解析

第一章　风险与保险

1.【答案】B

【解析】按风险的性质分类，风险可分为纯粹风险与投机风险。

2.【答案】B

【解析】股票市场股价的波动可能会给投资人带来损失，也可能给投资人带来收益，因此属于投机风险。

3.【答案】B

【解析】自留是指对风险的自我承担，即人们自我承受风险损害后果的方法。通常自留风险在风险所致损失频率和程度低、损失短期内可预测及最大损失对企业或单位不影响其财务稳定时采用。

4.【答案】D

【解析】预防是指在损失发生前为了消除或减少可能引发损失的各种因素而采取的处理风险的具体措施。预防通常在损失频率高且损失程度低时采用。

5.【答案】B

【解析】道德风险因素，是指与人的道德修养及品行有关的无形风险因素。如由于人的不诚实或不良企图，故意导致风险的发生，因此某建筑工程队在施工时偷工减料导致建筑物塌陷，则造成损失事故发生属于道德风险因素。

6.【答案】B

【解析】法定保险又称强制保险，是国家对一定的对象以法律、法令或条例规定其必须投保的一种保险。

7.【答案】A

【解析】人寿保险是以人的寿命为保险标的，当发生保险事故时，保险人对被保险人履行给付保险金责任的一种保险。

8.【答案】B

【解析】财产保险是指以财产及其相关利益为保险标的、因保险事故的发生导致财产的损失，以金钱或实物进行补偿的一种保险。广义的财产保险是人身保险以外一切保险业务的统称，具体包括财产损失保险、责任保险和信用保证保险。

9.【答案】BCD

【解析】保险以承保方式为标准，保险可以被区分为原保险、再保险、复合保险、重复保险和共同保险。

10.【答案】CD

【解析】保险的基本功能包括经济补偿和损失分摊。

第二章　保险合同

1.【答案】A

【解析】保险合同是指投保人与保险人订立的、约定保险权利义务关系的协议。

2.【答案】ABCD

【解析】保险合同发生争议时，存在以下四种方式解决：和解、调解、仲裁和诉讼。

3.【答案】A

【解析】保险合同当事人包括投保人与保险人。

4.【答案】B

【解析】暂保单具有与正式保险单同样的效力，但是其有效期限较短，通常不超过三十日。

5.【答案】B

【解析】自合同效力中止之日起满二年双方未达成协议的，保险人有权解除合同。

6.【答案】A

【解析】广义的变更包括保险合同各要素的变更，既包括内容的变更，也包括主体的变更。而狭义的变更仅仅包括内容的变更，而主体的变更属于保险合同的转让。我国保险法律采用的是狭义说，即保险合同的变更是指在保险合同的存续期间内，经当事人双方协商一致或者依照法律的规定，对保险合同的内容在局部予以修改或加以补充。

7.【答案】C

【解析】投保单是指投保人向保险人申请订立保险合同的书面要约。

8.【答案】C

【解析】受益人所受领的保险金不属于投保人或被保险人的遗产，一方面无须征收遗产税，另一方面也不属于投保人或被保险人之债权人的债务清偿请求范围。

9.【答案】D

【解析】射幸合同是指合同的法律效果在订约时不能确定的合同，保险合同的射幸性体现在，虽然投保人确定要支付保险费，但是保险人是否给付保险金，在合同订立当时无法明确，而取决于合同订立后不确定的偶发事故。

10.【答案】D

【解析】保险金额是指投保人和保险人在保险合同中约定的，在保险事故发生时保险人承担给付保险金责任的最高限额。

第三章　保险原则

1.【答案】B

【解析】我国保险立法采用询问告知的形式。

2.【答案】B

【解析】承诺保证是指投保人或被保险人对将来某一事项的作为或不作为的保证，即对该事项今后的发展作保证。

3.【答案】A

【解析】保险利益是指投保人或被保险人对保险标的所具有的法律上承认的经济利益。

4.【答案】ABD

【解析】保险利益存在于：第一，人身关系，即投保人以自己的生命和身体具有保险利益；第二，亲属关系，指投保人的配偶、子女、父母等家庭成员；第三，雇佣关系，企业或雇主对其雇员具有保险利益；第四，债权债务关系。债权人对债务人具有保险利益；此外，由被保险人同意，也可以视为具有保险利益。

5.【答案】B

【解析】与财产保险利益时间要求不同的是，人身保险着重强调投保人在订立保险合同时对被保险人必须具有保险利益，保险合同生效后，就不再追究投保人对被保险人的保险利益问题。

6.【答案】D

【解析】所谓近因，不是指在时间或空间上与损失结果最为接近的原因，而是指促成损失结果的最有效、起决定作用的原因。

7.【答案】BCD

【解析】坚持损失补偿原则，即要求保险人在承担赔偿责任时，把握赔偿额度的三个上限，以保险金额为限，以实际损失为限，以保险利益为限。

8.【答案】B

【解析】保险人在代位求偿中享有的权益以其对被保险人赔付的金额为限，如果保险人从第三者责任方追偿的金额大于对被保险人的补偿，超出的部分应归还给被保险人，防止保险人获得不当得利。

9.【答案】B

【解析】为了保障被保险人的利益，限制保险人利用违反告知或保证而拒绝承担保险责任，各国保险法一般都有弃权与禁止反言的规定，以约束保险人及其代理人的行为，平衡保险人与投保人或被保险人的权利义务关系。

10.【答案】ABCD

【解析】在保险实务中，投保人或被保险人违反告知的表现主要有四种：漏报、误告、隐瞒、欺诈。

第四章　财产保险

1.【答案】A

【解析】火灾保险属于财产保险的范畴，是财产保险的一种。

2.【答案】C

【解析】财产保险的保险标一般均有客观而具体的价值标准，可以用货币来衡量其价值。

3.【答案】C

【解析】职业责任保险是以各种专业技术人员在从事职业技术工作时因疏忽或过失造成合同对方或他人的人身伤害或财产损失所导致的经济赔偿责任为承保风险的责任保险。

4.【答案】D

【解析】广义财产保险是指包括各种财产损失保险、责任保险、信用保险和保证保险等业务在内的一切非人身保险业务；狭义财产保险则仅指各种财产损失保险，它强调保险标的是各种具体的财产物资。

5.【答案】B

【解析】家庭财产两全保险不仅具有保险的功能，也兼具到期还本的功能，即被保险人向保险人交付保险储金，保险人以储金在保险期内所生利息为保险费收入；当保险期满时，无论是否发生过保险事故或是否进行过保险赔偿，其本金均须返还给被保险人。

6.【答案】C

【解析】海洋货物运输保险的责任范围一般分平安险、水渍险和一切险三种，在实务中统称为基本险。

7.【答案】AD

【解析】按照保险责任划分，机动车辆保险又被分为车辆损失保险和第三者责任保险。

8.【答案】B

【解释】信用保险是保险人根据权利人的要求担保义务人（被保证人）信用的保险。

9.【答案】D

【解析】财产保险综合险与基本险的主要区别不在于保险期限、保险金额和保险标的，而在于综合险在保险责任方面有所扩展。

10.【答案】D

【解析】责任保险是以被保险人（致害人）依法承担的对第三者（受害人）的民事赔偿责任为保险标的的保险。

第五章　人身保险

1.【答案】B

【解析】人寿保险是以被保险人的寿命为保险标的，以被保险人的生存或死亡为保险事故的一种人身保险业务。

2.【答案】B

【解析】定期寿险指以死亡为给付保险金条件，且保险期限为固定年限的人寿保险。

3.【答案】C

【解析】以两个或两个以上的被保险人中至少尚有一个生存作为年金给付条件，但给付金额随着被保险人数的减少而进行调整的年金称为联合及生存者年金。

4.【答案】AB

【解析】两全保险的纯保费由危险保险费和储蓄保险费组成，危险保险费用于当年死亡给付，储蓄保险费则逐年积累形成责任准备金，既可用于中途退保时支付退保金，也可用于生存给付。

5. 【答案】ABC

【解析】意外伤害保险的保险责任由三个必要条件构成，即被保险人在保险期限内遭受意外伤害；被保险人在责任期限内死亡或残疾；被保险人所受意外伤害是其死亡或残疾的直接原因或近因。上述三个必要条件缺一不可。

6. 【答案】ABD

【解析】按照是否可保划分，意外伤害可以分为不可保意外伤害、特约保意外伤害和一般可保意外伤害三种。

7. 【答案】ABCD

【解析】特约保意外伤害包括以下四种：（1）战争使被保险人遭受的意外伤害；（2）被保险人在从事剧烈的体育活动或比赛中遭受的意外伤害；（3）核辐射造成的意外伤害；（4）医疗事故造成的意外伤害。

8. 【答案】B

【解析】健康保险是以被保险人的身体为保险标的，使被保险人在疾病或意外事故所致伤害时发生的费用或损失获得补偿的一种保险。

9. 【答案】D

【解析】合同成立后，经过一定时期或达到一定年龄后才开始给付的年金称为延期年金。

10. 【答案】C

【解析】疾病保险条款一般都规定了一个等待期或观察期，等待期或观察期一般为 180 天（不同的国家规定可能不同），被保险人在等待期或观察期内因疾病而支出的医疗费用及收入损失，保险人概不负责，观察期结束后保险单才正式生效。

第六章 再保险

1. 【答案】B

【解析】《保险法》第二十八条规定，保险人将其承担的保险业务，以分保形式部分转移给其他保险人的，为再保险。再保险的基础是原保险，再保险的产生是基于原保险人在经营中分散风险的需要。

2.【答案】ABC

【解析】再保险具有下列重要特征：（1）再保险的固定性；（2）再保险的独立性；（3）再保险的合伙性。

3.【答案】C

【解析】再保险的保险标的是原保险人所承担的风险责任，是一种具有责任保险性质的保险。

4.【答案】D

【解析】再保险的作用包括：（1）分散风险、控制损失；（2）扩大保险人承保能力；（3）控制保险责任；（4）增加保险公司的净资产，提高保险公司的偿付能力；（5）增加保险基金积累；（6）增进国际交流，提高保险技术。故 D 项错误。

5.【答案】C

【解析】溢额再保险与成数再保险都是比例再保险，两者的区别是溢额再保险的比例不是固定的，成数再保险的比例是固定的。

6.【答案】ACD

【解析】非比例再保险分为险位超赔再保险、事故超赔再保险和赔付率超赔再保险三种形式。

7.【答案】B

【解析】成数分保比较适用新创办的保险公司、新开办的保险险种、互惠交换业务、各类转分保业务、集团分保业务和特殊性质的业务等。

8.【答案】B

【解析】在溢额分保中，分出公司以保险金额为基础，规定每一危险单位的一定额度作为自留额，并将超过自留额的部分即溢额，分给分入公司，分入公司按承担的溢额责任占保险金额的比例收取分保费、分摊分保赔款和分保费用等。

9.【答案】A

【解析】临时再保险中，分出公司与接受公司都可以自由选择。

10.【答案】B

【解析】预约再保险合同克服了临时再保险合同手续烦琐的缺点，是对固定再保险合同的自动补充，适合于火险和水险的比例分保，故 B 项正确，ACD 项错误。所以答案选 B。

第七章 保险经营

1. 【答案】D

【解析】保险经营有以下特征：（1）保险经营活动是一种特殊的劳务活动；（2）保险经营资产具有负债性；（3）保险经营成本具有不确定性；（4）保险企业的利润计算具有特殊性；（5）保险投资是现代保险企业稳健经营的基石；（6）保险经营具有分散性和广泛性。

2. 【答案】ABCD

【解析】保险经营的特征主要有：保险经营活动是一种具有经济保障性质的特殊的劳务活动；保险经营资产具有负债性；保险经营成本具有不确定性；保险企业的利润计算具有特殊性；保险投资是现代保险企业稳健经营的基石；保险经营具有分散性和广泛性。

3. 【答案】C

【解析】营销理念的形成和在实践中的应用，对保险企业的经营活动有重大意义，已成为现代保险企业一种全新的经营指导思想。

4. 【答案】ABC

【解析】风险大量原则是指保险人在可保风险的范围内，保险人根据自己的承保能力，应争取承保尽可能多的风险单位。原因主要有：保险经营的过程实际上就是风险管理的过程，只有承保尽可能多的风险单位，才能建立起雄厚的保险基金；概率论和大数法则是计算保险费率的基础，只有承保大量的风险单位，大数法则才能显示其作用；扩大承保数量是保险企业提高经济效益的一个重要途径。

5. 【答案】ABC

【解析】保险核保的内容包括以下几个方面：（1）投保人资格的审查，即审核投保人是否具有保险利益；（2）保险标的的审核；（3）保险金额的审核；（4）审核适用费率是否正确、合理；（5）审核被保险人的资格和信誉。

6. 【答案】ABCD

【解析】保险核保是业务选择的关键环节，通过核保，可以防止非可保风险的带入，排除不合格的被保险人和保险标的，故 A 项正确；如果保险人对投保者不加区别一律承保，将造成对保险人极为不利的逆选择，必然影响保险经营的顺利进行和经济核算原则的贯彻，故 B 项正确；保险人必须对被保险人和保险标的加以选择和控制，通过核保可以合理分散风险，也有利于促进被保险人加强防灾防损，减少实质性损失，从而保证承保业务质量和保险经营的稳定性，故 C 项正确；核保的主要目标在于辨别保险标的的危险程度，并据此对保险标的进行分类，按不同标准进行承保、制定费率，从而保证承保业务的质量，故 D 项正确。

7.【答案】D

【解析】保险承保是指保险人对投保人所提出的投保申请进行审核，继而决定是否承保和如何承保的过程。

8.【答案】C

【解析】实事求是指在理赔工作中，一方面要坚持按保险合同办事，另一方面也要具体情况具体分析，根据条款精神实事求是地按照具体情况，恰当运用条款，处理具体问题，做到合情合理。

9.【答案】D

【解析】未决赔款准备金，是指保险公司在会计年度决算以前发生保险责任而未赔偿或未给付保险金，在当年收入的保险费中提取的资金。

10.【答案】ABD

【解析】保险公司的资金运用限于下列形式：（1）银行存款；（2）买卖债券、股票、证券投资基金份额等有价证券；（3）投资不动产；（4）国务院规定的其他资金运用形式。

第八章　保险市场

1.【答案】D

【解析】保险商品的需求方是指保险市场上所有现实的和潜在的保险商品的购买者，即各类投保人。

2.【答案】C

【解析】保险市场是保险商品交换关系的总和或保险商品供给与需求关系的总和。它既可以指固定的交易场所如保险交易所，也可以是所有实现保险商品让渡的交换关系的总和。

3.【答案】C

【解析】保险监管机构是指由国家政府设立的专门对保险市场的各类经营主体、保险经营活动进行监督和管理的机构。保险监管部门监管的主要目的是维护保险市场的秩序，保护被保险人和社会公众的利益。

4.【答案】A

【解析】由于保险的射幸性，保险市场所成交的任何一笔交易，都是保险人对未来风险事件发生所致经济损失进行补偿的承诺。只有在保险合同所约定的未来时间内发生保险事故，并导致经济损失，保险人才可能对被保险人进行经济补偿。因此，保险市场可以理解为是一种特殊的"期货"市场。

5.【答案】B

【解析】保险市场的特征有：（1）保险市场是直接的风险市场；（2）保险市场是非即时清结市场；（3）保险市场是特殊的"期货"交易市场。

6.【答案】C

【解析】在垄断竞争模式的保险市场上，大小保险公司并存，少数大保险公司在市场上取得垄断地位，故C项正确。完全竞争市场模式是指一个保险市场上有数量众多的保险公司，任何公司都可以自由地进出市场，每个保险人都只占有很小的市场份额，获取平均利润；完全垄断型保险市场是指保险市场完全由一家保险公司所操纵，这家公司的性质既可以是国营的，也可以是私营的；寡头垄断型保险市场是指在一个保险市场上只存在少数相互竞争的保险公司。

7.【答案】B

【解析】保险市场机制就是将市场机制运用于保险经济活动中所形成的价值规律、供求规律和竞争规律之间相互制约、相互作用的关系。保险市场机制的构成要素包括价格机制、供求机制和竞争机制。其中，价格机制是市场机制中最基本的机制。

8.【答案】A

【解析】保险市场供给的内容包括质和量两个方面。保险市场供给的质有三层含义：（1）保险公司所能提供的保险商品的种类；（2）具体保险险种质量的高低；（3）保险公司产品供给的结构。保险市场供给的量有两方面含义：（1）一定时期内保险市场能提供的保险商品数量，一般用保单数量和保险费总量衡量；（2）供给的保险商品所能实现的保障水平，主要体现在保险金额上。

9.【答案】ABCD

【解析】根据国际和国内保险业的实践，为充分发挥保险中介的作用并有利于保险业的发展，保险中介行为应遵循的原则有：（1）合法性原则；（2）公平竞争原则；（3）资格认证原则；（4）独立性原则。

10.【答案】ACD

【解析】保险代理人是根据保险人的委托，代表保险人的利益办理保险业务；保险经纪人则是基于投保人的利益从事保险经纪业务；保险代理人代理销售的产品由保险人自己指定，保险经纪人需要在哪家保险公司投保，视实际需要而定；保险代理人与保险经纪人都是保险中介人，都属于保险辅助人。故 ACD 项正确。保险代理人按代理合同的规定向保险人收取佣金，保险经纪人则根据被保险人的要求向保险公司投保，保险公司接受业务后，向经纪人支付佣金，故 B 项错误。

第九章　保险监督管理

1.【答案】C

【解析】保险监管是指一国的保险监督执行机关依据现行法律对保险人和保险市场实行监督与管理，以确保保险人的经营安全，同时维护被保险人的合法权利，保障保险市场的正常秩序并促进保险业的健康有序发展。因此保险监管部门监管的主要目的是维护保险市场的秩序，保护被保险人和社会公众的利益。

2.【答案】ABD

【解析】保险监管的作用包括：（1）维护被保险人的合法权益；（2）维护公平竞争的市场秩序；（3）维护保险体系的整体安全与稳定；（4）促进保险业健康发展。

3.【答案】B

【解析】强势监管是对市场行为、偿付能力和信息披露要求都相当严格的一种监管方式。监管部门对费率、条款、保单利率和红利分配都有严格规定。故 B 项正确。弱势监管形式下，保险公司在确定费率和保险条件时享受很大的余地；折中式监管是一种以偿付能力监管为核心，兼顾市场行为及信息监管的模式；没有半强式监管这种模式。

4.【答案】C

【解析】规范管理方式又称准则主义，这种管理方式注重保险经营形式上的合法。对于形式上不合法者，主管机关给予处罚，而只要形式上合法，主管机关便不加干预。故 C 项正确；公告管理方式又称公告主义，即国家对保险业的实体不加以任何直接监管，而仅把保险业的资产负债、营业结果及其他有关事项予以公布；没有合法管理方式这种保险监管方式说法；实体管理是指国家制定完善的保险监管规则,政府保险监督管理部门根据法律法规规定赋予的权力,对保险市场,尤其是对保险企业进行全面、有效的监督和管理。

5.【答案】B

【解析】保险监督管理部门对保险监督管理对象进行监督管理的方法主要有现场检查和非现场检查两种。其中,现场检查是指保险监督管理机构及其分支机构派出监督管理小组到各保险机构进行实地调查。

6.【答案】ABCD

【解析】一个国家对保险进行监管的手段主要有法律手段、经济手段、行政手段和计划手段。

7.【答案】BCD

【解析】广义保险监管,是指在一个国家范围内为达到一定的目标,从政府、社会、保险行业各个层次上对保险企业、保险经营活动及保险市场进行监督和管理。广义的保险监管者包括政府保险监管部门、保险行业自律组织和社会监督机构;保险评级机构属于社会监督机构。

8.【答案】C

【解析】保险行业自律组织又称同业公会,是保险人或保险中介人自己的社团组织,具有非官方性。

9.【答案】C

【解析】保证保险人的偿付能力是保险监管最根本的目的,因此,对保险公司的偿付能力进行监管是保险监管工作的核心。故 C 项正确;ABD 项也是保险监管的内容与工作,但不是保险监管工作的核心。

10.【答案】ABCD

【解析】中国银行保险监督管理委员会的监管职责包括:(1)拟定保险业发展的方针政策,制定行业发展战略和规划;审批保险公司及其分支机构、保险集团公司、保险控股公司的设立;会同有关部门审批保险资产管理公司的设立;(2)审查、认定各类保险机构高级管理人员的任职资格;制定保险从业人员的基本资格标准;(3)依法监管保险公司的偿付能力和市场行为;负责保险保障基金的管理,监管保险保证金。